スポーツクラブの社会学

『「コートの外」より愛をこめ』の射程

水上博司／谷口勇一／浜田雄介／迫 俊道／荒井貞光

青弓社

スポーツクラブの社会学――『「コートの外」より愛をこめ』の射程

目次

第2部　「コートの外」より愛をこめ［復刻］　荒井貞光
――スポーツ空間の人間学

装丁――斉藤よしのぶ

まえがき

水上博司

『スポーツクラブの社会学――『「コートの外」より愛をこめ』の射程』は、コミュニティ型のスポーツクラブ(以下、クラブと略記)がテーマである。日本全国各地には、都市や地域の活性化に役割を果たすクラブが数多く活動している。こうしたクラブの社会的意義はどこにあるのだろうか。本書では、このテーマに答えるために、いまから三十年以上前の一九八七年にスポーツ社会学者の荒井貞光が著した『「コートの外」より愛をこめ――スポーツ空間の人間学』(遊戯社)で提唱されたスポーツ空間概念を射程とした。ではなぜ、三十年以上前のスポーツ空間概念を用いるのか。ここで、その理由を説明しよう。

日本スポーツ界では、コーチや施設、チームや仲間、ルールや大会といった〈スポーツをする〉条件が整っていたとしても、次のような課題を理由にスポーツが楽しめないことも多い。課題の例をキーワード的にあげれば、因習的で閉鎖的なスポーツ組織、組織役員の老齢化や世代交代の遅れ、会議体の形骸化、過度な勝利至上主義、非民主的な主従関係、非科学的なトレーニング、体罰やハラスメントなどだ。すでに、私たちは、これらの構造的な課題に対して対処療法的な対策だけでは不十分であることに気づいている。

なぜ人々は〈スポーツをする〉条件が整っていたとしてもスポーツを楽しめないのだろうか。こうした問いは『「コートの外」より愛をこめ』でも同じように投げかけられていた。その問いへの答えが、スポーツ空間概念の「コートの中」と「コートの外」にあった。荒井はあえて「コートの中」を〈スポーツをする〉プレー空間、「コートの外」を〈スポーツになる〉コミュニケーション空間に区別した。特に後者のコミュニケーション空間に過剰な集団主義や精神主義がはびこると人間関係はギスギスする。こんな人間関係のままでは〈スポーツをする〉

プレー空間の豊かさが失われる。スポーツは楽しめないものになってしまうのだ。このように「コートの中」と「コートの外」のバランスを欠いてしまうと、スポーツを楽しむためのバランスも崩れてしまう。それは〈スポーツになる〉条件が整っていないことを意味する。

本書がテーマにするクラブでは、この「コートの中」と「コートの外」のバランスが維持されたスポーツ集団とスポーツのあり方を問うことになる。私たちはスポーツ空間概念を用いてクラブを問うことからコーチや施設、チームや仲間、ルールや大会といったスポーツのありようを見直してみたいと考えている。

そこでまず私たちは、〈スポーツをする〉空間や行為のありようを疑ってみることにした。〈スポーツをする〉ためのコーチや施設、チームや仲間、ルールや大会といった条件が整えられても、スポーツの行為者には、それが〈スポーツになる〉空間や行為の条件にはなっていないと疑ってみるのだ。たとえば、日本の若者たちの多くが、コミュニケーション不足を生み出すスポーツ集団内の厳しい規律や人間関係に疲れて「もう自分がやりたいスポーツにはなっていない」とスポーツからドロップアウトする。こうした事例には大いに疑いの目を向けるべきなのだ。

こうして本書は、『「コートの外」より愛をこめ』を射程にして、「コートの中」と「コートの外」の空間が豊かに創造できるクラブ論のあり方を、次の四つの言葉をキーワードにして論じた。「ゆらぎと共争」「ゆとりと超脱」「さぐりと共育」「つながりと熟議」は、順に第1部「スポーツクラブの社会学」の第1章から第4章に当てはまる。序章では、本書の「問い」と「独自性」と「構成」を記した。詳細な本書の特徴は、この序章から読み取っていただきたい。また、本書第2部には『「コートの外」より愛をこめ——スポーツ空間の人間学』を復刻した。ただ、この単行本に収録されていた「付論　フェイントふうスポーツウォッチング」と「おわりに」は割愛した。「中国新聞」の連載コラムをまとめた「付論」のスポーツ風景は、三十年以上前とは思えないリアルさで現代のスポーツ世相を斬る。第2部の数々の写真からもわかるとおり、カメラをもって東奔西走する荒井の在野精神を垣間見ることができる。だが、付論で描かれる話題も文字どおりフェイントふうで東奔西走だ。残念だが、割愛のほうがいいと判断した。
二〇二〇年春。新型コロナウイルスの猛威は、オリンピック・パラリンピックの「東京二〇二〇」大会を開幕延期に追い込んだ。コロナ騒動をめぐる延期プロセスは、五輪至上主義のスポーツシステムが政治と経済のパワーゲームであることを突き付ける。「東京二〇二〇」大会は〈スポーツをする〉人々の〈スポーツになる〉条件にはならない。未踏の「東京二〇二一」大会へのプロセスは、「東京二〇二〇」以上に政治と経済のパワーゲームに翻弄され、〈スポーツになる〉条件を問う論議は、より遠のくはずだ。そんな「東京二〇二〇」と「東京二〇二一」のパワーゲームの渦中にいながらも、日本のスポーツ界は、生活のなかのスポーツの豊かさとは何か、スポーツの公共性とは何か、を鋭く問う姿勢を忘れてはならない。この問いに、『「コートの外」より愛をこめ』を射程にした本書が、スポーツのあるべき姿を描くヒントになってくれることを願っている。

二〇二〇年四月

第1部　スポーツクラブの社会学

序章

「コートの中」と「コートの外」からスポーツクラブを問う

水上博司

1　市民スポーツクラブと社会学

社員のシンボルから市民のシンボルへ

大分トリニータ、ベガルタ仙台、サンフレッチェ広島、アルビレックス新潟、シーホース三河、琉球ゴールデンキングス、香川ファイブアローズ。これらはサッカーやバスケットボールのプロリーグに加盟するトップチームの名称である。大分、仙台、広島、新潟、香川といった都道府県名や都市名、三河や琉球のような地域名はクラブのホームタウンを意味している。こうしたホームタウン名をつけたクラブやチームが数多く登場し始めたのは、一九九三年の日本プロサッカーリーグ（Jリーグ）の開幕からだ。[1] 開幕から二十六年目を迎えた二〇一九シーズン。Jリーグの三つのカテゴリーにはJ1十八、J2二十二、J3十八のクラブが加盟している。これらのクラブすべてにホームタウン名がついているのだ。[2] ジャパン・プロフェッショナル・バスケットボールリーグ（Bリーグ）も二〇一五年のリーグ創設に際して加盟十八クラブの名称を同じようなホームタウン名とした。[3]

こうしたホームタウン名がつく前までは、サッカーでもバスケットボールでも企業名がついたクラブ名だった。

企業が組織の一部門としてクラブの運営を丸抱えする、いわば企業運動部型の実業団だった。企業の業績が上向きのときは、社員の結束のシンボルとして応援にも熱が入り、企業の広告塔にもなった。しかし、一九九〇年代以降、企業の業績低迷が続くと企業は真っ先にクラブの運営から手を引く。まるで業績立て直しのシンボルとして利用されたかのようにクラブは簡単に消滅したのだ。[4] クラブに所属していたアスリートたちは、消滅と同時に競技生活に終止符を打つか、他企業の実業団へ移籍する。仲間とともに協力者を募ってクラブを自分たちで設立するケースは少ない。残念ながら当時の日本スポーツ界では代替となるべきスポーツ組織のあり方が検討されることはなく、企業運動部型のクラブの消滅が続いた。

しかしながら、そのまっただなかで、一九九三年の新リーグ開幕に向けて着々と準備をしてきたのが日本サッカー界だった。これまでの企業お抱えの形態では、企業の都合でクラブは簡単に消滅してしまう。これではサッカーのクラブ文化は育たない。クラブは、地域の人々から愛され、地域のシンボルとして、地域づくりにも貢献しなければならない。こうした地域に根差した地域スポーツクラブ像はJリーグの活動方針[5]とクラブ加盟条件[6]にはっきりと表れた。クラブ名には、企業名を認めず都道府県名や都市名を付けなければならない。企業のシンボルから地域のシンボルへ。社員のシンボルから市民のシンボルへ。こうしてJリーグの加盟クラブは、企業が運営の前面に出ることはなく、後方から支援するような立場になっていく。代わって前面に出てきたのがホームタウンの市民であった。[7] とはいえ、Jリーグのクラブの運営は市民だけに任されるわけではない。理念に共感した行政や企業も運営の協働主体である。このようなクラブの利点は行政が設置した公共スポーツ施設をクラブのホームグラウンドやホームアリーナとして活用できること、企業一社のお抱えクラブではなく地元企業複数社が資金的なサポーターになることである。JリーグやBリーグに加盟するクラブは、市民・行政・企業の三位一体で運営されているのだ。

総合型地域スポーツクラブ政策

本書が対象とする「スポーツクラブ」とは、市民のシンボルとしてのクラブである。市民が運営者にもサポーターにもプレーヤーにもなってクラブを支える。スポーツを生涯にわたって楽しむことができる市民主役のスポーツクラブである。そうしたクラブの規模やタイプはまちまちである。そこで本書では、ホームタウンサイズを一中学校区から国内の大都市を除いた市区町村サイズまでとしてイメージしたい。いわばJリーグやBリーグなどトップチームやトップアスリートだけが所属できるような都市型のスポーツクラブではない。市民が生涯を通じてスポーツライフを楽しむことができる地域に根づいたコミュニティ型のスポーツクラブである。

一九九五年から国の政策としてスタートした総合型地域スポーツクラブ（以下、総合型クラブと略記）政策の理念は、コミュニティ型のスポーツクラブに当てはまる。では総合型クラブとは、どのような特徴を持ったクラブなのか。クラブネッツが二〇〇二年に発表した『ジグソーパズルで考える総合型地域スポーツクラブ』では、その特徴を次の①から⑩の十項目に整理している。[8] ①親睦と社交を最優先しよう。②クラブの公共性とは何かを考えよう。③住民の自発的・自治的運営をめざそう。④日常生活圏域の会員を考えよう。⑤多世代の仲間を集めよう。⑥継続できるスポーツ活動にしよう。⑦メンバーシップの制度を確立しよう。⑧クラブハウスの所有をめざそう。⑨公共スポーツ施設の運営受託をめざそう。⑩地域住民の指導者を発掘しよう。この十項目から、生活圏である地域の学校施設や公共スポーツ施設を拠点にしたコミュニティ型のスポーツクラブがイメージできる。小学生や中学生、高校生が、このクラブに学校の枠を超えて所属できること。世代も種目も志向も競技レベルの枠も超えて複数種目のスポーツを生涯にわたって楽しむことができること。指導者は学校の先生ばかりではなく、専門的な資格を持つ地域の指導者も加わること。地域の人々が総合型クラブを地域のシンボルとして位置づけること。子どもから高齢者までがライフステージに応じたスポーツ参加を目指すこと。[9] このようなライフスタイルとしてスポーツを楽しむ環境を地域に創出していくスポーツ組織づくりが総合型クラブ政策なのである。

この政策は、二〇〇〇年に発表された「スポーツ振興基本計画」で、わが国の生涯スポーツ政策の中核的施策に位置づけられた。基本計画では、「全国の各市区町村において少なくともひとつは総合型地域スポーツクラブを育成[10]」するという到達目標が掲げられた。多種目・多世代・多志向のスポーツニーズに応えるために複数のチームやサークルがクラブ内部に組織化される。クラブ内ではそれぞれのチームやサークルが多様なニーズに対応するための環境を整えていく。総合型クラブの下で複数のチームやサークルが共存しているのだ。総合型クラブ政策が始まって二十四年以上が過ぎた。現在、日本全国では三千五百九十九の総合型クラブが活動している。[11]

2　本書の問い

マネジメント論への偏重

総合型クラブを対象にした研究は数多く蓄積されてきた。しかしながら、その多くは総合型クラブの設立や運営のための管理者行動論やマネジメント論の研究成果に偏っている。そこには総合型クラブの組織特性とその意義に着目し、そこから論じるクラブ文化論と言えるものはなかった。

総合型クラブに関する研究では「行政介入を極力避けた地域住民主体による自立的な地域スポーツクラブ論」を問う。ただこの自立性ゆえに総合型クラブの運営ノウハウに乏しい地域住民には、「自立的運営の基盤となる経済財とマネジメント人材を発掘するためのマネジメント論」だけが直近の課題に役立ち期待に応えるものになってしまった。[12]

総合型クラブには、異なるニーズを持ったチームやサークルの代表者による合意形成を通じた民主的な運営が求められる。このことに対して管理者行動論やマネジメント論は、魅力的な研究枠組みになったのだろう。[13]しかも二十年以上におよぶ総合型クラブづくりでは、マネジメント実践の成功例や失敗例から、その因果法則も明らかにされてきた。しかしながら、マネジメント論では、その学問的な性格から、総合型クラブの組織特性を文化論的にどのように説明できるのか、といった問いには答えることはできない[14]。

一方、スポーツ社会学では、クラブの公共圏の可能性に注目した[15]。菊によれば「これまでの単一種目・同世代型のクラブでは、メンバー内のスポーツに対する志向や活動内容に不協和音が出てきたとき、このクラブからの離脱や引退を余儀なくされ、よりいっそうメンバーの小規模化、孤立化が促進されていく傾向[16]」があったという。単一種目、単一世代、単一志向のメンバーで構成されるクラブからは、多様なスポーツニーズに応えようとするクラブ観は醸成されにくい。さらに菊が述べた「近代の閉塞的、孤立的な人間関係を解放し、外部経験としての対話を推進する[17]」ことに、総合型クラブの文化論的な意義の一端がある。それは総合型クラブが、これからのスポーツや地域のあり方をめぐってクラブ内外の人々の対話を形成する起点になること、すなわち、スポーツクラブとは、コミュニケーションを通じた「スポーツによる公共圏[18]」を生み出す社会空間でもあるということだ。

クラブ文化論の可能性

こうした社会空間の可能性に気づくと、どうしても取り上げておかなければならないクラブ文化論がある。それはいまから三十年以上前の一九八七年、スポーツ社会学者の荒井貞光が発表した『「コートの外」より愛をこめ[19]』というユニークな単行本である。この本のなかではチームとクラブの違いを語り、チームワークに対して造語のクラブワークを提唱した。クラブワークという言葉は、なぜ生み出されたのか。その理由は、「コートの中」と「コートの外」という独自に編み出されたスポーツ空間概念のユニークさにある。詳細は後述するが、「コートの中」はプレー空間、「コートの外」はコミュニケーション空間として区別する。この二つのスポーツ空間の並立がスポーツの成立条件として重要な枠組みになっているのだ。すなわちそれはスポーツ空間におけるプレーとコミュニケーションを、どちらも豊かに享受できることを問う。この問いを突き詰めていくことから、チームとクラブの違いを説明し、クラブワークという言葉の誕生となった。また、スポーツ空間概念は、ゲーム、コーチング、ミーティング、マネジメント、ボランティア、サポーター、クラブハウスといったスポーツ空間や行為のあり方を再考させてくれるものとなった。[20]

二つのスポーツ空間概念には、「メンバーの小規模化、孤立化」を招く「単一種目・同世代型」のクラブ観は存在しない。そこには「近代の閉塞的、孤立的な人間関係を解放し、外部経験としての対話を推進する」クラブ観がベースにある。[21]荒井のクラブ文化論に向き合うことは、日本スポーツ界の閉鎖性を克服し、対話を通したスポーツの民主化を目指すことなのだ。

こうして本書は、コミュニティ型のスポーツクラブを日本に根づかせ、継続可能にしていくためにはいったい何が必要なのかを問いの中心に据えた。

3　日本スポーツ界の今日的課題

総合型クラブや日本スポーツ界には、どのような課題があるのだろうか。私たちは、多様な課題のなかから次の四つに注目した。それを第1章から第4章のサブタイトルとして問いかけた。第1章「「コートの外」空間におけるクラブワークをめぐる「ゆらぎ」」では「なぜ、総合型地域スポーツクラブの理念は必ずしも現実と一致しないのか」、第2章「トライアスロンにみるスポーツ空間の「ゆとり」」では「市民スポーツ／地域スポーツはいかにして「スポーツになる」のか」、第3章「「待つ」行為における「さぐり」」では「「共育」コーチングとして指導者に求められるのはどのような姿勢か」、第4章「語らいと熟議がもたらす「つながり」」では「これからのミーティング空間に求められるのはどのようなコミュニケーションか」である。以下にこれらの課題の一端を簡潔に説明しておきたい。

スポーツとゲームのオルタナティブ

現代スポーツ界では、eスポーツ、B3スポーツ、パルクール、パデルなどのアーバン系スポーツの登場に象徴されるように、スポーツの競争性を成立させる条件が大きく変容してきている。[22] 近代の人々が考案してきたスポーツの原型は、競争性に付随する勝敗と成果をごく一部のアスリートの成功物語として描き出す。日本のスポーツ界は、高嶋航が「スポーツの軍事化」[23]のプロセスを歴史的に明らかにしているとおり、スポーツの娯楽性を排除し、禁欲的な鍛錬主義と勝利主義を擁護するスポーツ観を残存させた。こうしたスポーツ観に抗うようなアーバン系スポーツの登場は、近代スポーツの競争性を超越する。スポーツの楽しさや喜びは実践者が主体となって自由に創造する。このスポーツはジュニアからシニアまで世代を問わず日本スポーツ界でも受け入れられつつある。このようなスポーツのオルタナティブは、これからのスポーツのあり方に再考を求めるはずだ。[24]

また、スポーツのオルタナティブは、競技会の仕組みや大会への参加資格条件、いわばゲームをめぐる成立条件にも再考を求める。そしてゲームの成立条件は、スポーツやチーム、クラブのあり方を規定する。スポーツの代表的なゲーム方式がトーナメントやリーグである。古くから採用されている四十七都道府県対抗型の日本一決定戦方式は、日本スポーツ界のゲーム性を特徴づけているばかりではなく、クラブやチームの形態とそれらを統括する組織構造をも決定づけている。プレーヤーはレギュラーとして選抜されればゲームへの参加条件が得られる。一方、選抜されない数多くのプレーヤーには、ゲーム参加のチャンスが極端に少なくなってしまう。勝利のために優先されるチーム結成方式である。学校運動部に入部しても中学や高校の三年間で一度も公式戦に出場できない子どもたちは実に多い。これからのスポーツでは、能力を有するアスリートが優先される参加条件のゲームばかりではなく、誰もがゲームへの参加が認められる方式が構想されなければならない。eスポーツプロデューサーの犬飼博士は、「遊ぶべき確率」がゲームに参加するすべてのプレーヤーに高い確率で維持されることが重要であるという。eスポーツでは、プレーヤーのうち誰か一人でも「遊ぶべき確率」が低くなってしまうようなゲーム方式が生み出されてしまうと、それは「クソゲー」といわれる遊べないゲームになってしまう。[25] これからのスポーツの競技会や大会は、トーナメントやリーグといった近代スポーツの代表的なゲーム方式ではなく、すべてのプレーヤーが、どれだけ「遊ぶべき確率」を高く維持し続けることができるのかを問う方式を模索すべきだろう。

日本スポーツ界は、スポーツのオルタナティブとそこに表れるスポーツの楽しさや喜びを享受できるような新たなアイデアやそれを維持する柔軟な発想が必要である。そのためには禁欲的な姿勢を生み出しやすいわが国のスポーツ競技会や大会そのものを再考しなければならない。ある要素からプレーヤーの楽しさや喜びが新たに生み出されているならば、それを排除しないような仕組みを積極的に採用するべきだ。本書の第1章と第2章の論考は、こうした日本スポーツ界の課題に対して論じている。

コーチングとミーティングの非民主性

スポーツの競争性をめぐるオルタナティブとプレーヤーの「遊ぶべき確率」を維持するゲーム方式。これに対して真っ先に再考が迫られるべきスポーツ的行為はスポーツ指導、すなわちコーチングである。日本スポーツ界では、経験主義に基づく非科学的なトレーニングが横行している。コーチによる体罰や暴言などのハラスメントは後を絶たない。年間を通じて休息日もないトレーニング漬けの日々は、鍛錬主義と勝利主義を擁護するコーチングの結果である。またスポーツ組織にはびこる上意下達の閉鎖的な人間関係とそれに基づく集団統率法も、従順なプレーヤーであることを求めるコーチングの結果である。

社会問題化するコーチングの課題の多くは指導者とプレーヤーとの対話不足に起因することが多い。[26] これを解消する場がミーティングに代表されるコミュニケーション空間である。この空間でどのようなコミュニケーションが生み出されているのか。その質が問われなければならない。ミーティング空間は、スポーツの魅力を伝える場である。そうした認識はスポーツ関係者らにも根づいているはずだ。しかしながら、昨今のコーチングでは、ミーティング空間に非民主的なコミュニケーションが蔓延している。しかもその非民主性は、競技団体や連盟などのアソシエーションにも広がり、チーム、クラブ[27]といった日本のスポーツ組織全般に広がっている。[28]はたしてミーティングを通じた民主的な合意形成は、どのような人々によっておこなわれていく必要があるのか。日本スポーツ界における民主的なガバナンスの再考は急務なのだ。

このようなコーチングとミーティングとの危機的状況を自覚しながら、指導者は日々の実践の改善につとめなければならない。本書の第3章と第4章は、コーチングとミーティングをめぐる課題に対して論じている。

4 「コートの中」と「コートの外」とは

荒井の『「コートの外」より愛をこめ』のスポーツ空間概念は、社会学でどのように説明できるのか、また、どのような意義を持っているのか。本書では、第2部に『「コートの外」より愛をこめ』を復刻しているが、本節でスポーツ空間概念のエッセンスを説明しておきたい。

スポーツに「なる」

まずスポーツ空間概念の「コートの中」と「コートの外」を説明しよう。そもそも、なぜこのようなスポーツ空間概念を思いついたのだろうか。このことに触れている次の言葉を引用しよう。

スポーツをするという場合、われわれはそこで用いるときのスポーツという言葉に、単に種目の総称としてではなく、それへ何らかの人間的な行為の意味をこめて使っている節はないだろうか。〈スポーツをする〉という表現よりも、むしろしているテニスやバレーボールが〈スポーツになる〉かどうか――このことを無意識のうちにせよ、問うているところがないだろうか。[29]

〈スポーツになる〉かどうか、とは私たちにはなじみがない言い方だろう。しかしながら、強制的にやらされているスポーツが周りからは〈スポーツをする〉という空間に見えたとしても、当の本人には〈スポーツになる〉ための条件が整っているとは言えない。そのことがスポーツの楽しさや喜びを満たすとは思えない。こんなふうに考えてみれば、〈スポーツをする〉という条件が整っていたとしても、それが〈スポーツになる〉ための条件であるのかが問われなければならない。

　こうした問いを考えるために荒井はスポーツ空間概念を考案した。それは「コートの中」と「コートの外」の二つがそろわなければ〈スポーツになる〉ための条件が満たされないのではないか、という仮定に基づく。では、「コートの中」と「コートの外」は、〈スポーツになる〉ためのどのような空間を意味しているのだろうか。「コートの中」と「コートの外」とは、バレーボールやサッカーの「コートの中」のプレーコートと「コートの外」のコートサイドという空間的な違いだけを意味しているのではない。「コートの中」と「コートの外」で振る舞うスポーツ実践者の行為や役割は、「コートの中」と「コートの外」を区切る境界線で明確に切り替わるのだ。さらに「コートの中」は「コートの外」のために、「コートの外」は「コートの中」のために、相互に補完しあっていると考えているのである。これが二つのスポーツ空間概念を理解する重要な出発点である。

「コートの中」は、字義のとおりプレーコート、プレーエリアである。ハラハラ・ドキドキする競技空間。しかしその空間は、競技ルールのもとで勝負を決する場だけを意味しているのではない。遊びに夢中になっている子どもたち、大会に向けてトレーニングに励む選手たち、毎朝のランニングを日課にしている高齢者、そんな日常から離れた非日常のプレー空間としてその意味は幅広い。ただ、スポーツであっても遊びであっても、「コートの中」で遵守するべきルールや規範はメンバー間で尊重されなければならない。こうしたルールと規範の下でスポーツに熱中する。遊びでは運に左右されるゲームに没頭する。このハラハラ・ドキドキの非日常性の心情が

「コートの中」の行為と役割を形作っていく。「コートの中」では仕事や学校や家庭にまとわりつく日常の地位や役割から解放されて、非日常的なスポーツ空間を楽しむ。スポーツのプレーフルな心情がじゃまされないバリアの役割を果たしているのだ。[30]

一方の「コートの外」は、「コートの中」の勝敗や能力の優劣で人間をラベリングしない。敵味方のプレーヤー同士でもフラットな人間関係で交わされるコミュニケーション空間である。ヤレヤレとリラックスするための空間。またスポーツマンシップやファイティングスピリットを互いに称え合う和やかなコミュニケーション空間だ。「コートの外」では仕事や学校や家庭にまとわりつく地位や役割はもちろん「コートの中」での勝者と敗者、レギュラーと補欠、先輩と後輩、監督と選手、現役とOB・OGといった人間関係はフラットになる。そんな緊張感から解放されたプレーヤーは、スポーツ後のリラックス空間を享受し、〈スポーツになる〉という充実感を味わうのだ。

〈スポーツをする〉空間は「コートの中」の条件だけでよかったかもしれない。〈スポーツになる〉空間とは、「コートの中」と「コートの外」の二つの条件を満たす状況をいう。荒井は、スポーツをしている当事者が〈スポーツになる〉ことを自覚できるスポーツのあり方を探求したのである。

共存の空間

「コートの外」は、単なるリラックス空間だけを意味しているのではない。大切なことは「コートの外」のコミュニケーションに「コートの中」の人間関係が持ち込まれないこと。「コートの中」での勝敗や能力の優劣が、そのまま「コートの外」でのコミュニケーションや意思決定の優劣にならないことである。これを可能にするのが次に引用した「共存」の考え方である。

> 持ちつ持たれつの関係とは、お互いに助け合い、協力しあっていく関係である。協力しあうといっても、

一つの確固とした、明確な目的のために一致団結するといったコミュニケーションではない。その種のコミュニケーションは、勝つためや生産性をあげるために協同するチームワークである。

そうではなくて、もう少しゆるやかな目的意識のもと、お互いに一つの世界でうまくやるために譲り合う。そこには、必要なものを持ち寄ったりする工夫や配慮が基本にある。G・ジンメルという社会学者は、人間の集合状態に互助（Füreinander）、対立（Gegeneinander）、共存（Miteinander）があるとして三つをタイプ化した。「コートの外」の社会関係は、ジンメル流に言えば共存のイメージに最も近い。[31]

「コートの外」は、複数の「コートの中」の人間関係をつなぐ役割を果たす。Aという「コートの中」のプレーヤーとBという「コートの中」のプレーヤーは、「コートの外」の空間を通じて共存する。AとBをつなぐ「コートの外」の空間は、別々の「チーム」でも「クラブ」という統一組織の下で共存する。「コートの外」のコミュニケーションは、「共存の空間」を生み出すのだ。その質は決して非民主的であってはならない。

しかしながら、日本スポーツ界では、この「共存の空間」が、複数のチームをつなぐ役割として認識されず、単一種目のチーム内で結束する空間として認識された。こうしてチーム内の閉鎖性が強まり、封建的で非民主的な集団運営が批判の的になった。日本スポーツ界は禁欲的な鍛錬主義を「コートの外」のコミュニケーションにまで広げてしまったのである。[32]荒井があえて「コートの中」と「コートの外」という二つのスポーツ空間概念を提唱して、そこに期待される人間の地位や役割、行為の切り替えを説明しようとしたのは、「コートの外」とは、複数のチームのメンバーがフラットなコミュニケーションを通して共存する空間である。この空間が創出できるところにクラブが存在する価値があるのだ。こうして荒井はチーム内の結束の姿をチームワーク、複数のチームがつながる姿をクラブワークとして区別した。荒井のクラブ文化論は、二つのスポーツ空間概念を自覚させ、チームとクラブの違いからスポーツのあり方を再考させてくれるのである。

ユニークなスポーツ言葉

荒井は二つのスポーツ空間概念から「集団論やネットワーク論、指導者論、リーダーシップ論、規範論等々[33]」を展開した。これらの各論では実際のスポーツ現場で、これまでのスポーツ観を改めることができるわかりやい言葉を用いて、これからのスポーツへの関わり方を提唱した。具体的には、ハラハラとヤレヤレ、チームとクラブ、コーチとマネージャー、頑張るとリラックス、競争と共存、権威と影響、ルールとマナー、スポーツマンシップとゲームズマンシップ、チームワークとクラブワーク、ルールを守る場とルールをつくる場、といったユニークな言葉である。

こうした言葉の展開をめぐって荒井は、「コートの外」が「地」であり、「集団論やネットワーク論、指導者論、リーダーシップ論、規範論等々」が「図」であるという。本書に当てはめれば、第2部の「地」から第1部の「図」への展開だろう。[34]

荒井が提唱したクラブ文化論の特徴は、ユニークな言葉でチームとクラブの違いを明確化したこと、クラブの組織特性を人々の地位や行為からイメージ化できる言葉を数多く提唱したことである。そんな言葉へのこだわりは次の引用からうかがえる。

> 私の関心は、筋肉を弛緩することの大切さを「リラックス！」という〝ことば〟で認識し、その〝ことば〟によってからだの自律が強化されるように、スポーツ世界の文化的・社会的領域にも、リラックスと同じような機能を果たす〝ことば〟があるのではないか、である。[35]

こうした言葉が多くのスポーツ実践者らのスポーツ行為や役割に対して自己反省を促し、さらにスポーツ実践者らが独自のクラブ文化論を論じる当事者にもなる。こうしたユニークさを生かしながら、本書では『「コートの外」より愛をこめ』を射程にして、次節で紹介する社会学的な個別論考を編纂した。

5　本書の独自性

本書の第1部は四つの個別論考である。

第1章は谷口勇一「「コートの外」空間におけるクラブワークをめぐる「ゆらぎ」――なぜ、総合型地域スポーツクラブの理念は必ずしも現実と一致しないのか」。

第2章は浜田雄介「トライアスロンにみるスポーツ空間の「ゆとり」――市民スポーツ／地域スポーツはいかにして「スポーツになる」のか」。

第3章は迫俊道「「待つ」行為における「さぐり」――「共育」コーチングとして指導者に求められるのはどのような姿勢か」。

第4章は水上博司「語らいと熟議がもたらす「つながり」――これからのミーティング空間に求められるのはどのようなコミュニケーションか」。

そして、第2部は荒井貞光の『「コートの外」より愛をこめ――スポーツ空間の人間学』の復刻である。

こうした個別論考は、次のような考察に基づいて論じられている。『「コートの外」より愛をこめ』が発表された一九八〇年代、当時の日本スポーツ界には昨今よりも封建的なスポーツ集団の運営や活動が根強く残っていた。チームとクラブの違いとは何か、がスポーツ実践者の関心にはなかった。荒井は、こうした指導観や集団観を取り去るために、あえて「コートの中」と「コートの外」を明確に区分けしたスポーツ空間概念を生み出した。ただ発表から三十年以上が過ぎた今日、「コートの中」と「コートの外」に境界線を示して、これを区分けするのはなじまない。すでに、「コートの中」の競技空間には、オルタナティブなスポーツとそのスポーツ観を体験できるゲーム方式が登場している。プレーの形態とそれに伴う楽しさや喜びも多様である。また「コートの外」の弛緩した和やかなコミュニケーションだけでは、クラブという複数のチームが共存したスポーツ組織を民主的に運営することは難しい。このように捉えれば「コートの中」と「コートの外」を意味づけてきた荒井の解釈だけでは不十分である。

そこで本書では、これまでのスポーツ空間概念をそのまま用いるのではなく、日本スポーツ界をめぐる今日的課題を視野に入れて「コートの中」と「コートの外」を捉え直してみた。ただ、荒井のクラブ文化論のこだわりでもあった「言葉」には工夫をした。それは第1章の「ゆらぎと共争」、第2章の「ゆとりと超脱」、第3章の「さぐりと共育」、第4章の「つながりと熟議」である。本書では、スポーツ実践者らが、これらの社会学的な言葉から「そういう見方でもいいいんだね」と肩の力を抜いて「コートの中」と「コートの外」のソースコードを自由に変換してもらいたい。スポーツ空間概念とこうした社会学的な言語をベースにしたクラブ文化論が読者の数ほど論じられることを期待している。このことが本書の独自性である。

一九七〇年代、アメリカの心理学者ミハイ・チクセントミハイによって提唱されたフロー概念は、心理学にとどまらず歴史学や教育学、社会学や工学、そして医学にいたるまで多様な学問と実践領域から人間が享受する楽しさや喜びの多様な意味の解釈を可能にした。フロー概念は、読者によって様々な新解釈が生み出され、それらは排除されることなく木の年輪のように刻まれて大樹となった。クラブ文化論は、そういう意味ではスポーツをめぐる多彩な分野に越境して論じられる可能性を持っていると言えるだろう。

6　本書の構成

最後に各章の内容の一端を紹介して本章を締めくくりたい。

第1章の谷口勇一「「コートの外」空間におけるクラブワークをめぐる「ゆらぎ」――なぜ、総合型地域スポーツクラブの理念は必ずしも現実と一致しないのか」では、総合型クラブのフィールドワークとクラブスタッフ（関係者など）へのインタビューを通じて、「コートの中」のチームワークといった社会関係になじめずやむなく競技から離脱していくスポーツ実践者の「ゆらぎ」とクラブワークが築けないスポーツ実践者の「ゆらぎ」に着目した。谷口は、この課題を解決するために「共争」としての「クラブマッチ」空間が必要ではないか、という問題提起をした。クラブマッチとは、他クラブとの「共争」を通してクラブへの帰属アイデンティティの高揚を目指すような新たなゲーム方式である。いわば「コートの外」のクラブワークに「コートの中」の競争原理を読み替えた「共争」による対抗戦型ネットワークなのである。こうした谷口の論考の参考には、第2部第2章「豊かなスポーツ空間の創造」の「タテマエの参加、ホンネの参加――スポーツの世界の社交論」（本書一九三―二〇二ページ）と「チームワークからクラブワークへ――スポーツ・ネットワーキング」（本書二一四―二二四ページ）を読んでもらえるといい。

第2章の浜田雄介「トライアスロンにみるスポーツ空間の「ゆとり」――市民スポーツ／地域スポーツはいかにして「スポーツになる」のか」では、日本のトライアスロンの聖地といわれる皆生大会のフィールドワークを通して、競争を伴う勝敗価値だけでなくトライアスリートや応援者らの間で突発的に起こった偶然の出来事や出会いをも「コートの中」の貴重なスポーツ体験として価値づけていく。皆生大会ではスポーツの楽しさや喜びを共有する「ゆとり」によって「コートの中」に豊かなコミュニケーション空間が生み出される。浜田は競争と豊かなコミュニケーションが同等の価値を持って「コートの中」で並存しうるのではないかという。スポーツの勝敗価値にも「ゆとり」から生み出される貴重な体験にも同等の〈スポーツになる〉価値があるのだ。ここで言う「コートの中」の「ゆとり」は、「コートの外」の社会関係にも通じる。「コートの中」の競争性の価値を「超脱」した出来事や出会いを「コートの中」から排除するのではなく「コートの外」に通じる価値として「ゆとり」をもって受け入れる姿勢である。こうした浜田の論考の参考には、第2部第1章「スポーツ空間論の試み」

の「遊びの理論とスポーツ」「「コートの中」と「実社会」」「「コートの外」の意味と意義」（本書一二八―一六九ページ）を読んでもらえるといい。

第3章の迫俊道「「待つ」行為における「さぐり」――「共育」コーチングとして指導者に求められるのはどのような姿勢か」では、広島県西部に伝わる伝統芸能、十二神祇神楽のフィールドワークを通して、指導者と学習者がともに成長する「共育」コーチングについて論じた。迫は「共育」という指導の立場をとりながら鷹揚に待つことで、性急な結果主義によって「コートの中」で引き起こされる暴力や体罰などの問題を乗り越えられるという。「共育」空間は、指導者の模範的動きを学習者が模倣する「なぞり」と学習者がどんな動きの習得につまずいているのかを指導者が探り出す「さぐり」といった二つの相互行為が生み出す社会関係である。すなわち「コートの中」のコーチング空間に「コートの外」の社会関係を意味する「共育」空間の考え方を挿入したのである。こうした迫の論考の参考には、第2部第1章の「現代スポーツと「コートの外」」（本書一六九―一九二ページ）と第2章の「コーチ、マネージャー、オーナー――指導者の類型論」（本書二三四―二四六ページ）を読んでもらえるといい。

第4章の水上博司「語らいと熟議がもたらす「つながり」――これからのミーティング空間に求められるのはどのようなコミュニケーションか」では、「コートの外」が「ヤレヤレできるリラックス空間」として捉えられるだけでは、総合型クラブのような複数チームの共存は難しいのではないかという問いを出発点にした。水上はこれからの「コートの外」は、「ヤレヤレできるリラックス空間」である語らい型と「ワクワクできるミーティング空間」である熟議型の二つのコミュニケーションが必要であるという。熟議型コミュニケーションとは、十分な話し合いや議論を通じて異なる意見や考えを調整していくことである。その合意プロセスでは「自分の意見・考えを反省的に問い直す」のではないか。言い換えれば、複数チームによるボトムアップ式の民主的ガバナンスをクラブ運営に構築していくのだ。こうした水上の論考の参考には、第2部第1章の「「コートの外」の意味と意義」「現代スポーツと「コートの外」」（本書一五五―一九二ページ）と第2章の「チームかクラブか――スポーツ集団論の展開」と「チームワークからクラブワークへ――スポーツ・ネットワーキング」(本書二〇二―二二四ページ)を読んでもらえるといい。

五輪史の悪夢の一つに「東京二〇二〇」オリンピック・パラリンピック競技大会の開催延期が加わった。この難事は、学校スポーツ活動や自治体主催のスポーツイベント、プロ野球やサッカー、大相撲といったプロスポーツにも影響を及ぼした。数多くの大会やイベントは中止、無観客興行やリーグ戦の中止も相次ぐ。学校の休校やテレワークの働き方も長引く。その影響からか、皮肉なことに日中の公園では、子ども同士や家族で自由にスポーツを楽しむ光景が見られる。ウイルス感染の恐怖が過ぎ去れば、既存のスポーツシステムが再び機能し始めるのか。それともこの難事に向き合うことで既存のスポーツシステムの限界を自覚し、新たなスポーツシステムを探求するのか。コミュニティ型のスポーツクラブは、後者の新たなスポーツシステムに貢献したい。本書は、こうした問いに役立つことを願っている。

注

(1)高橋義雄『サッカーの社会学』(NHKブックス)、日本放送出版協会、一九九四年

(2)日本プロサッカーリーグ公式ウェブサイト(https://www.jleague.jp/)[二〇一九年七月二十二日アクセス]

(3)ジャパン・プロフェッショナル・バスケットボールリーグ公式ウェブサイト(https://www.bleague.jp/)[二〇一九年七月二十二日アクセス]

(4)佐伯年詩雄『現代企業スポーツ論――ヨーロッパ企業のスポーツ支援調査に基づく経営戦略資源としての活用』(現代スポーツ論シリーズ二十一世紀の新しいスポーツモデルを考える)、不昧堂出版、二〇〇四年

(5)日本プロサッカーリーグ「Jリーグ活動方針」『J.LEAGUE HANDBOOK 2019』日本プロサッカーリーグ、二〇一九年

(6) 日本プロサッカーリーグ「Jリーグ規約第二十一条〔Jクラブのホームタウン(本拠地)〕第二項」「Jリーグ規約」二〇一二年施行、二〇一八年一月二十四日改正」二〇一二年

(7) 日本サッカー協会『JFA中期計画2015―2022』日本サッカー協会、二〇一五年、二二ページ

(8) 水上博司「総合型地域スポーツクラブのビジョンづくり10のポイント」、黒須充/水上博司編著、クラブネッツ監修『ジグソーパズルで考える総合型地域スポーツクラブ』所収、大修館書店、二〇〇二年、一一―一五ページ

(9) 文部科学省『スポーツ基本計画』文部科学省、二〇一二年

(10) 文部科学省『スポーツ振興基本計画』文部科学省、二〇〇〇年

(11) スポーツ庁『平成30年度総合型地域スポーツクラブ育成状況調査』スポーツ庁、二〇一八年

(12) 黒須充/水上博司「公益財団法人日本体育協会と情報ネットワーク支援NPOの相補的関係性――「動員」と「象徴的運動」の関係から創出される公共圏をめぐって」、日本体育学会編「体育学研究」第六十二巻第二号、日本体育学会、二〇一七年、四九二ページ

(13) 水上博司/黒須充「総合型地域スポーツクラブの中間支援ネットワークNPOが創出した公共圏」、日本体育学会編「体育学研究」第六十一巻第二号、日本体育学会、二〇一六年

(14) 同論文五五六ページ

(15) 菊幸一「「地域スポーツクラブ論――「公共性」の脱構築に向けて」、近藤英男/稲垣正浩/高橋健夫編『新世紀スポーツ文化論』(「体育学論叢」第四巻)所収、タイムス、二〇〇〇年、八六―一〇四ページ

(16) 同論文一〇二ページ

(17) 同論文一〇二ページ

(18) 同論文一〇三ページ

(19) 荒井貞光『「コートの外」より愛をこめ――スポーツ空間の人間学』遊戯社、一九八七年

(20) 同書六ページ(本書一二五ページ)

(21) 前掲「地域スポーツクラブ論」一〇二ページ

(22) 高橋豪仁「オールタナティブなスポーツと公共性――あるスケボー・コート設置運動を事例として」、奈良教育大

学編「奈良教育大学紀要」第五十四巻第一号、奈良教育大学、二〇〇五年

(23) 高嶋航『軍隊とスポーツの近代』(越境する近代)、青弓社、二〇一五年、三一四―三五七ページ

(24) 犬飼博士/中村隆之/簗瀬洋平「ゲームデザイナーが構想する〈拡張スポーツ〉の原理とその夢」、宇野常寛編『PLANETS Vol.9 東京2020 オルタナティブ・オリンピック・プロジェクト』所収、第二次惑星開発委員会、二〇一五年、六四―七一ページ

(25) 同論文六四ページ

(26) 日本体育学会体育社会学専門領域「学校運動部における「体罰」――問題の所在とその批判的検討」「体育社会学専門領域シンポジウム抄録」、「日本体育学会大会予稿集」第六十四号、日本体育学会大会組織委員会、二〇一三年

(27) John W. Loy, Barry D. McPherson and Gerald S. Kenyon, *Sport as a social phenomenon, carried in Sport and Social System*, Addison-Wesley Publishing Company, 1978, pp. 3-26.

(28) 「ボクシングの混乱　JOCの責任が問われる」「主張」「産経新聞」二〇一八年八月十日付

(29) 前掲『「コートの外」より愛をこめ』二五―二六ページ(本書一二九ページ)

(30) 同書四六―五八ページ(本書一四二―一五一ページ)

(31) 同書八〇ページ(本書一六六ページ)

(32) 同書六五―八四ページ(本書一五五―一六九ページ)

(33) 同書六ページ(本書一二五ページ)

(34) 同書六―七ページ(本書一二五ページ)

(35) 同書二ページ(本書一二三ページ)

第1章

「コートの外」空間におけるクラブワークをめぐる「ゆらぎ」

――なぜ、総合型地域スポーツクラブの理念は必ずしも現実と一致しないのか

谷口勇一

1　総合型地域スポーツクラブの現在地

思惑どおり？のクラブ展開

いわゆる「育成期」を乗り越え、「成熟・発展期」を迎えようとしている総合型地域スポーツクラブ（以下、総合型クラブと略記）を取り巻く今日的状況はどのようなものなのか。フィールドワークの折、しばしば得られる以下のような地域住民の「声」は、総合型クラブの現状を理解するうえで興味深い。ナラティブに示してみよう。


（筆者）「総合型地域スポーツクラブってご存じですか？」

（住民）「知らんな」

（筆者）「そうですか。では、〇〇クラブってご存じですか？」

（住民）「しっちょんよ（知っているよ）。わしもそこの会員なんで（なんだよ）。小学校の体育館とかで健康

教室とか試合とかやりよるわ」

前記の問答で筆者から向けられた問いは、なかば確信犯的なものである。会話中の○○クラブは、まさに総合型クラブを意図して設立されたものだからである。回答者である住民には、すでに総合型クラブという言葉自体に対する認識が存在していない。すなわち、スポーツ政策の一環として展開されてきた総合型クラブ構想は、「総合型」という、いわば、政策的意図を脱却し、地域に根づいた活動へと転換・定着しつつある、ように思われる。

「スポーツの」クラブであるはずなのに

しかしながら、総合型クラブの会員である地域住民からは、以下のような声も聞こえてくる。「○○クラブの活動は、自治会の潤滑油というかね、住民間のコミュニケーションをよくするのに貢献しちょんわ（しているね）」「クラブのスポーツ活動は健康づくりのため、それに、みんなが楽しめるようにするためにやられよんね（やられているね）」

前述した「声」の存在からは、総合型クラブが掲げてきた理念――スポーツによる地域形成ならびに再構築が成就されつつある状況を看取できるだろう。しかし、それだけでいいのか。異なる「声」にも耳を傾けてみたい。「スポーツを本格的にやろうと思ったら、子どもたちはスポ少（スポーツ少年団）とか部活動やろ。大人だったら……、そうやのお、うちのクラブじゃ無理やろうなあ」

総合型クラブが意図するスポーツシーンは、一定の範域内（中学校区）での多様な価値観・志向性を有するプレーヤーが共存する様態（場）の創造にほかならない。しかし、今日の総合型クラブの多くは、健康づくりやレクリエーションに傾斜しすぎたため、スポーツの中核的要素の一つである「競技性」を欠いたものになっている状況がある、または、「競技性」があるチームと他のチームとの共存状態を形成することに困難さが生じている可能性が高いのかもしれない。

そこで、本章では、総合型クラブでの「クラブワーク」の実際に焦点を絞りながら、今後のクラブ育成とその発展に向けた示唆を見いだしてみたい。なお、「クラブワーク」とは、荒井貞光が創作したスポーツ集団・組織を取り巻く新たな概念であり、「チームワーク」に終始してきたスポーツ集団・組織論を超克した、いわば先鋭的な解釈枠組み（フレームワーク）である。

2　総合型クラブがもたらしたもの

二〇〇〇年に出された「スポーツ振興基本計画」に端を発する、わが国の総合型クラブ育成展開は、前述したような「事例」の存在に鑑みても、一定以上の社会的な知名度と存在意味を獲得しつつあると言えるだろう。事実、総合型クラブ創設数は、確かに増加傾向で推移してきたわけだが、一方では、クラブの消滅事例も散見されるようになった。

以下では、荒井が提唱してきた「チームとクラブ」「チームワーク」「クラブワーク」をはじめとしたスポーツクラブ文化論の内容を踏まえ、総合型クラブがわが国のスポーツ界にもたらすことになった具体的事象について理解を深めてみたい。

「チームワーク」から「クラブワーク」へという難しさ

総合型クラブをはじめとした「クラブ」とは、複数「チーム」の集合体だとされている。チームには「チームワーク」、クラブには「クラブワーク」なる作業（working）がそれぞれ存在していて、両者を取り巻くワーキングの内容は明確に異なるものであることを認識しなければならない。

荒井によれば、「チームワークは、競争のための協同というネットワークである。クラブワークはそうではない。○○のためにという目的意識は弱い。どちらかといえばなくてもよいくらい。しかし共存、できれば共栄もしたい」[1]とされている。もう少し理解を深めてみよう。チームワークの一般的なイメージと目的について、大意、以下のように述べている。スポーツのシーンに当てはめた場合、ゲームの勝利ということになるだろう。「コートの中」で、一点でも多く取るために、メンバーが団結する。そのネットワークこそがチームワークである。「コートの中」のネットワーク、すなわち、チームワークはつくりやすい。なぜならば、目標が一つであるから。「相手に勝つ」、それがすべてである（場合がほとんどだろう）。ところが、クラブワークは、強さと弱さ、シロウトとベテランといった複数のチームワーク間のネットワークをつくろうとするのだから難しいのである。[2]

総合型クラブ育成は、地域に存在してきた（いる）、いわば多種多様な「チーム（ワーク）」間のネットワークを構築しようとするワーキングにほかならない。難しい作業であることは容易に想像できるだろう。ましてや総合型クラブ育成構想には、以下のような期待内容も向けられてきた。すなわち、筆者が指摘してきたように「地域住民の運動・スポーツ実施率の向上やスポーツライフの質的向上といった、いわば純粋な「スポーツ」の振興にとどまらない政策的意図が内包されている。それは、「行政主導から住民主導」によるスポーツ社会の実現に他ならず、ひいては、スポーツを契機とした主体的市民もしくは自発的市民社会の創出が期待されて[3]」いるのである。

ただでさえ、難しさを伴うと考えられるスポーツでのクラブワークづくりとともに、スポーツ以外の事柄——スポーツ（総合型クラブ）による「新しい公共」の創出をも担わざるをえない事情は、クラブ育成に関与・従事する人々に大いなる「ゆらぎ」の契機をもたらすことになったのである。

クラブワークをめぐる「ゆらぎ」

「ゆらぎ」とは何か。社会福祉領域での実践的研究者である尾崎新は、現場レベルでの「ゆらぎ」の意味と必要性について、次のような見解を示している。すなわち、「「ゆらぎ」は、まず物事の基礎、システム、あるいは人の判断、感情などが動揺し、迷い、葛藤する事態である。そして、動揺や葛藤はしばしば混乱、危機につながるために、「ゆらぎ」は混乱、危機を意味することも少なくない」としたうえで、「「ゆらぎ」を変化・成長・再生の契機と捉える見方も存在する。（略）「ゆらぎ」は、多面的な見方、複層的な視野、新たな発見、システムや人の変化・成長を導く契機でもある」[4]としている。

総合型クラブ育成に関与することになった地域の多くは、まさに「ゆらぎ」の渦中にあると言えるだろう。総合型クラブ育成が社会的な関心事となる以前の地域スポーツ活動は、行政主導で振興されてきた。具体的には、住民を対象としたスポーツ教室や地域での運動会の実施といった各種イベントの開催が主なものであり、そこでは、地域住民の多くが近隣住民との地縁を重んじながらも、いわば、受動的な参加パターンに終始するケースがほとんどであった。また、地域には、同好のスポーツクラブ・サークルといった「私的な」スポーツ集団・組織が（まさに「チーム」として）存在し、行政からの支援を受けてきた。このように、行政の全面的支援がなされてきた地域スポーツには、「脱行政主導」、さらには「新しい公共」の創出を目指す総合型クラブ構想の出現によって、各種の「ゆらぎ」が生じることになったのである。「ゆらぎ」とは、「常に不安定な状態におかれながらも、そこから新たな価値観や枠組みを生み出す構造を有するものであり、発展的循環ループを構造とする」[5]、まさに、社会的・人間的な営為にほかならない。少々大仰に言えば、ひとはみな、ゆらぎつつ生きるものであり、そこから身を背けた途端に発展・成長は止まってしまうのかもしれない。クラブワークをめぐる「ゆらぎ」もまた、総合型クラブの発展にとっては不可避な営為なのである。

わが国でのスポーツ指導・支援の意味するところは、往々にして「チームワーク」づくりに焦点化されてきたと言えるだろう。しかしながら、総合型クラブ育成の意図するところは、まさに「クラブワーク」――チームワーク間のネットワーク形成に向けられている。総合型クラブ育成に関与した地域では、「どうなることやら……」といった不安定な状態にありながらも、「どうせやるなら、いい活動に！」という意気込みを萌芽させることになった（新たな価値観や枠組み創出機運の高まり）。クラブ育成と発展の過程で、何度となく「障壁」の存在に気づき、試行錯誤を余儀なくされながらも（発展的循環ループ）、徐々に、「自分（たち）らしさ」を形成・構築しつつあると言えるだろう。総合型クラブ運営の構造が発展的循環ループであるかぎり、クラブワークをめぐる「ゆらぎ」はいまもなお関係者のなかに存在し続けているのである。

3　総合型クラブでのクラブワークの実際

総合型クラブによる自己点検・評価

二〇一八年時点で、総合型クラブは全国に三千五百九十九クラブが育成されている。[6] 順調な増加傾向にあるなかで、各クラブのマネジメントはどのような状態にあるのか。

図1は、O県内の総合型クラブのなかで、創設五年以上経過した十四クラブに実施（回答）してもらったKPI（Key Performance Indicator＝重要業績評価指標）の平均値を示した結果である。七項目中、高い評価となった内容は、「事業の多様化」（平均値四・〇）、「日常生活圏（地域密着）」（平均値三・八）であり、逆に低い内容は、「理念の共有」（平均値二・二）、「連携体制の確立」（平均値二・六）、「クラブライフの定着（マイクラブ意識）」（平均値二・七）となった。なお、本調査（KPIへの回答）は、二〇一六年に実施されたO県内総合型クラブ連絡会議の折におこなわれたものであり、その一部を独自に集計している。

「事業の多様化」が順調であることは、クラブを取り巻く「プログラム・サービス」の充実度を反映するものだろう。一方で、評価が低い「理念の共有」「連携体制の確立」「クラブライフの定着（マイクラブ意識）」といった内容は、クラブワークに関連するものと理解して差し支えない。以下では、総合型クラブでのクラブワークをめぐる「ゆらぎ」の実際に迫りながら、総合型クラブの今日的課題内容について理解を深めていこうと思う。

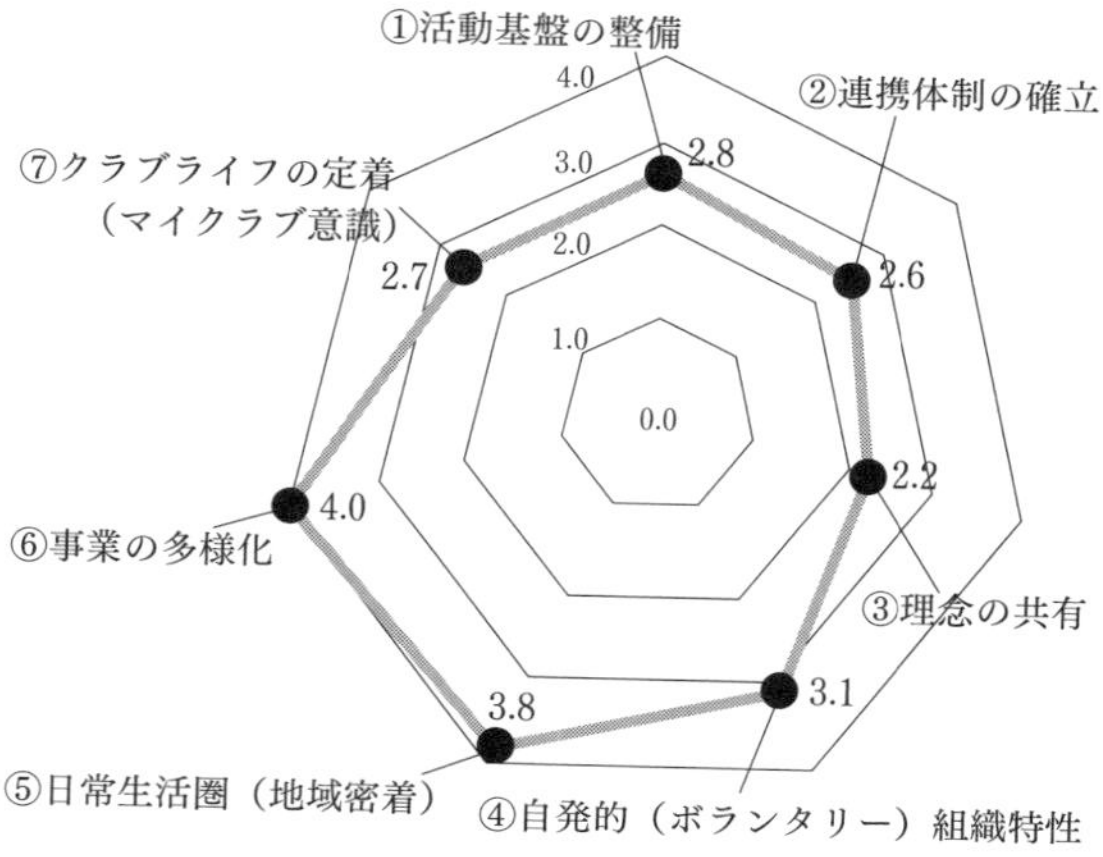

図1　総合型クラブによる自己点検・評価
（KPI；O県内14クラブ）

クラブワークという呪縛

総合型クラブをフィールドワークで研究するなかで、数多くのクラブマネジャーとの接点を得てきた。以下では、すでに十数年来の付き合いとなった二人のクラブマネジャーから得た会話データをもとに、クラブワークをめぐる「ゆらぎ」の実際について迫ってみたい。なお、以下に記す二人の会話データは、二〇一七年十一月から十二月にかけて、筆者の研究室に所属するゼミ学生の卒業論文研究[7]の折に聴取した内容の一部である。

A氏は、三十年近く勤務してきた消防局を中途退職し、総合型クラブ育成に尽力してきたという経歴を有する。地元自治体（K市）の体育指導委員（現在もスポーツ推進委員）だったために各種の講習会で総合型クラブ構想に接するなかで、「使命感にも近い」思いに至り、クラブ育成に関与することになった。所属クラブの創設から二〇二〇年で十七年目を迎えることになるが、クラブワークに関しては、「いまだに悪戦苦闘中」だという。まさに、A氏のクラブは、「ゆらぎ」の渦中にあると言えるだろう。悪戦苦闘の内容を示す会話データを紹介する。

「総合型に関わってきて、いちばん興味深い言葉がクラブワークだったですね。はじめて聞いた言葉だった。チームとクラブの違いを理解できたとき、チームをまとめていく、つなげていけるのはわししかおらんっち思った。確かに総合型やりだしたら、すぐにできたように思う。チームがつながったって。会員数が徐々に増えてきて、NPOも取得して、指定管理もこなして、行政にも物言えるようになってきて、でもなあ、クラブとしては発展、成熟しようとしているのかもしれないけど、なんかこう、クラブとしての一体感みたいなものが見いだせていないというかね」

「なんとなくわかっているんですわ。なんだろう、クラブワークばっか気にしてて、それぞれのチームワークを気にしてなかったというか、いい成績あげたチームはたたえてあげないといけない。でも、そういうことやると勝ち負けにこだわっていないチームがおもしろくないんじゃないかって……」

「みんなで楽しく、いやな気持ちになることがないように、ということばかり考えていた時期もあったような気がしていて。なんだろう、クラブであっても、一つの方向を目指すというチームワーク的なベクトルがいるんじゃないのかなって最近思う」

A氏から得られた会話データの内容は、図1中の「理念の共有」、さらには「クラブライフの定着（マイクラブ意識）」に関わる内容と言えるだろう。A氏が関与するクラブは、県内でも早期（二番目）に創設されていて、会話データのとおり、着実な発展を遂げてきた。それでもなお、A氏は、クラブでの理念の共有と「再構築」、さらには、クラブ会員のロイヤリティー向上を意図したビジョンの「再創造」を意識している。なかでも、「チームワーク的なベクトルがいるんじゃないのかなって」という内容からは、クラブワークをめぐる困難とともに、固定観念化しつつある「クラブワーク」論の超克——乗り越えるべきクラブワーク論の存在を見いだすことにもなるだろう。

A氏の会話データの意味するところは以下のとおりである。すなわち、クラブ内には競争、競技に重きを置くチームの存在が重要であること、そして総合型クラブでもまた、そのことを重要視すべきという意向が存在しているものの、それは、自らのクラブだけでは不可能であり、他のクラブとの「競争」関係がないことには成立しえない、という思いを抱いているものと理解できる。ただし、A氏は、関与しているクラブ（総合型クラブ）を構成する「チーム」のすべてが「競争」を基軸としたチームワークに向かうべきとの認識をもっているわけではない。「非競争」を志向するチームワークであっても大切なクラブの構成員であることに変わりはない。「競争」と「非競争」という相反するチームワークの共存はどのようにして可能になるのか。そのことは、A氏を取り巻く葛藤であるとともに、多くの総合型クラブが直面している「ゆらぎ」にほかならない。

「チームありきのクラブ」という発想

繰り返すが、クラブは複数のチームの集合体にほかならない。クラブ本体、そしてクラブワークに力点を置きすぎることで、チーム（ワーク）が軽んじられるとしたら、それはまさしく本末転倒かもしれない。A氏の発言内容には、そこらあたりのニュアンスを読み取ることができそうである。

チームワーク、クラブワークについて、荒井は次のように述べている。

チームワークのエネルギーは上昇志向であるのに比べ、クラブワークのそれは、水平志向である。なぜなら、共存のための協同ネットワークでは、他を踏み台に上がりようがない。持ちつ、持たれつでやっていく。上昇志向が中央志向であったのに比べて、水平志向は地方志向と言ってもよい。クラブワークは、地方の論理なのである。(8)

クラブワークは水平志向であり、地方志向といってもいい、という発想はあらためて興味深い。サッカーJリーグのクラブ構想は確かに地方志向であるわけで、事実、地方都市であっても、クラブの成績いかんによっては、確かな「自己主張」がなされている状況にもある。だとしたら、クラブ（ワーク）であっても、上昇志向は成立するのではないのか、という疑問も浮上する。

A氏が発している「クラブであっても、一つの方向を目指すというチームワーク的なベクトルがいるんじゃないのか」という内容は、乗り超えるべきクラブワーク論を示唆しているように思えてならない。すなわち、総合型クラブに求められるクラブワークとは、クラブを構成する個々のチームワークへの共感と共有の精神に見いだすべきなのだろう。荒井が言う「持ちつ、持たれつでやっていく」クラブワークは、ときとして、「個々のチームワークは置いといて」、「とにかく、クラブのために共存しましょう」とする、いわば「タテマエ」(9)のつながり合いをチームに強要してしまいかねない。すると、「おれたちの（チーム）活動は真剣、でもあそこは楽しみだけを追求している」といった活動形態に関する意識差ならばまだしも、「こっちはあいさつをはじめ教育的配慮も大切にしている、でもあっちはそういうことさえ全く気にしていない」といった「ホンネ」が飛び交うことになった途端、「タテマエ」のつながり合いは成立しないことになる。ひとのつながりとは、「タテマエ」だけでは持続不可能であることは誰しもが知るところである。真のクラブワークとは、クラブを構成しているチーム（ワーク）をめぐる「ホンネ」がクラブ内で共有され、認め合われている状態にこそ見いだされるべきなのである。クラブワークに存在する「タテマエ」について論じた荒井であってもなお、「ホンネ」の重要性を十分に認識していたのである。以下にそのことにまつわるエピソードを紹介しよう。そのうえで、クラブワークをめぐる留意点について認識してみたいと思う。

筆者の広島での大学院生活が始まって間もない頃だった。荒井が部長を務めていた広島大学トライアスロン部の遠征に付き合って広島県庄原市で開催された比婆山スカイラン大会に参加したことがある。「あなたもさあ、この前まで現役だったんだしさあ、走ればいいじゃんかよ」と促され、八キロ（だったと思う）の部に出場した。しんどかった……。それはいい。三時間ほど車を運転し、大学に戻り、研究室前に集合した。出場した部員たちによる反省会の折、筆者が発したという「お説教」の内容を、後年、荒井は事あるごとに述懐していた。いわく、「このひと（筆者）がさあ、学生たちにお説教したんじゃ。先生は休日に泊まりで付き合ってくださったんだ。おまえたちお礼の一つもないのか！って。出来立ての「クラブ」（「部」とはいわれていない）じゃったけえね、そういうこと言ってもらって、ほんまにうれしかった」。当の本人（筆者）は、発言したこと自体、よく覚えていないのだが。

荒井は、warm な人間関係を基礎とするクラブ（ワーク）であってもなお、hot でかつ「ホンネ」を尊ぶ人間関係に基づくチーム（ワーク）的な関係性(10)――教育的なつながり合いの必要性を認識し、望んでいたのだろう。荒井にもまた、クラブワークをめぐる「ゆらぎ」がおおいに存在していたのだろう。

「持ちつ、持たれつ」のクラブワーク論の真意とは、クラブを構成するチーム間の「認め合い」をもって醸成、成就されることにある。「認め合い」とは「真心（まごころ）の共振」にも近しい。前述したエピソードになぞらえたとき、部長だった荒井は、「見返り」を期待するでもなく、遠征に帯同していたわけである。しかしながら、荒井は、「（遠征に）帯同してもらうことが当然」という態度に終始していた学生たちに接したことで、warm な人間関係以前の、cold な関係にも近い cool な距離感覚のなかでイライラすることが常だった、とあえて理解しておこう。

「認め合い」、そして「真心（まごころ）の共振」に満ちたクラブワークとはどのようにして醸成可能になるのか。そのことについてはのちに論じることにする。

4　学校運動部活動とクラブワーク

部活動と総合型クラブをめぐるクラブワーク

数多くの総合型クラブが課題だと認識している「連携体制の確立」もまた、クラブワークをめぐる「ゆらぎ」の内容に相違ない。総合型クラブの連携先は多岐にわたる。対行政、対企業、対社会福祉協議会、対住民自治会、対他の総合型クラブなど。そのなかの一つに学校運動部活動（以下、部活動と略記）も当然入ってくるだろう。ここでは、部活動と総合型クラブ間のクラブワークの実際とゆくえについて考えてみよう。

B氏は、元中学校の保健体育教師であり、総合型クラブ育成に専心するため、定年を待たずして教職を退いた経歴を有している。B氏は、勤務校であり、自らの出身校でもあった中学校に赴任した折に「部活動を中核とした総合型クラブ」を創設し（二〇〇五年設立）、全国的にも注目されることになった。当該中学校の全生徒ならびに全教職員が総合型クラブの会員になり、放課後と休日の部活動が、地域住民とともに総合型クラブ活動として実施されてきた。教職員は、顧問として部活動の指導に関与するが、総合型クラブのスタッフによる「外部指導」もあわせて実施されることから、特に未経験種目を担当する教員にとっては、有益な関係性が構築されようとしていた。しかしながら、B氏が人事異動で他校に転動になった後、当該の総合型クラブと部活動との関係は消滅することになった(11)。

そのような経緯もあってB氏は、「誰がみても恥ずかしくないクラブに」すべく、また、「再度、部活動との関係性を構築」することを企図し、当該総合型クラブの専任マネジャーへの転身を遂げることになった。まさに、気骨あふれる方である。

「学校の部活動との関係づくりは、改めて本気になって取り組みたい事柄の一つだね。教員をしていたときは、すべての生徒たちにとって良好なスポーツ環境をつくるために、総合型が有効だと思っていた。でもいまは少し違う。部活動が地域スポーツと連携しないことには成り立たない時代を迎えたわけだけど、総合型クラブの経営側からみたら、部活動を巻き込むことができたら経営の安定は間違いなしだから」

「学校の部活動こそ、実はスポーツクラブの原型みたいなものだと思ってきた。〇〇中学校のなかには、陸上部があり、野球部があり、水泳部があり、サッカー部があり、それぞれの部はチームなわけ。それらのチームが〇〇中スポーツクラブとして仲間意識を強められればそれだけでクラブ。そこに地域住民の参加、関与ができたら、それだけで総合型。でも、そこが難しい……」

「学校って、知らないうちにクラブワークを体現してるところ。大会とかで好成績を残した部を称賛するし、他の部もその気になる。全国大会なんか行った暁には、誇り高い気持ちになれる。（略）うちのクラブ（総合型クラブ）も競技力がいる。会員がクラブを誇りに感じられるような。部活動がその役割を果たせたらいちばん早い。でも、難しい……。教員はそんなこと考えもしない」

部活動と総合型クラブの関係構築（連携体制の確立）は、昨今のわが国のスポーツ政策上の重要課題の一つである。黒須充は、「総合型クラブは中学校区程度の範囲を基盤に育てることが推奨されているが、これは中学校の部活動改革とセットで考えていくことを意味している」とし、「運動部活動がこのままの状態で存続することはかなり難しくなっており、これからの学校運動部のあり方を考えた場合、緩やかに活動主体を学校から学校を含めた地域社会に移していくことが望ましい(12)」という考え方を示してきた。また、二〇一八年三月には、スポーツ庁が「運動部活動の在り方に関する総合的なガイドライン(13)」を公表し、「部活動と総合型クラブの一体化」を意図した指針を提示することになった。

B氏の発言内容は、部活動というわが国のスポーツ界が構築、継承してきたシステムにこそ、多くのスポーツ関係者が見いだすべきクラブワークの原型が存在していることを教示するものであり興味深い。しかしながら、B氏から発せられた「でも、難しい……」という言葉は、部活動と総合型クラブの一体化、もしくは総合型クラブとの関係を基軸とした部活動運営に対する機運が学校（教育界）で高まらない状況に対する諦めの感さえ漂わせてしまっている。なぜ、総合型クラブによる部活動を巻き込んだクラブワークは進行しないのか。そこには、教員をはじめとした教育関係者による総合型クラブ理念に対する「期待感の低さ」が存在していそうである。

総合型クラブは教員からどうみられているのか

図2は、部活動顧問教員を対象に実施した質問紙調査結果の一部である。調査は二〇一〇年に実施され、五千七百八十九人の回答を分析対象としている(14)。

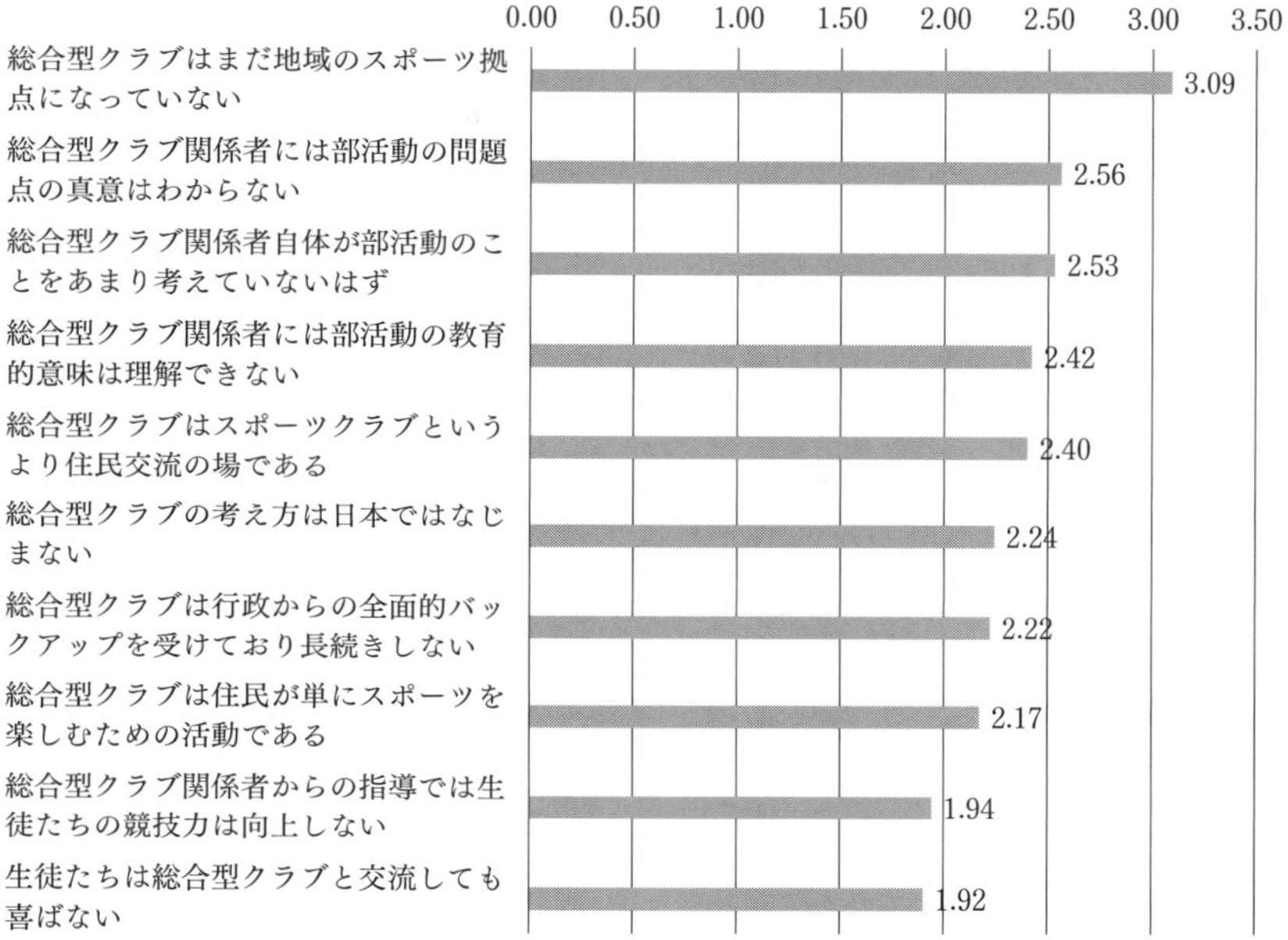

図2　部活動顧問教員の抱く総合型クラブに対する印象（九州内全中学校、高等学校を対象）
※「4　そう思う」から「1　そう思わない」の4件法。各項目の平均値を算出。

部活動顧問教員に対して総合型クラブに対する印象を尋ねたところ、上位項目としては、「総合型クラブはまだ地域のスポーツ拠点になっていない」（平均値三・〇九）、「総合型クラブ関係者には部活動の問題点の真意はわからない」（平均値二・五六）、「総合型クラブ関係者自体が部活動のことをあまり考えていないはず」（平均値二・五三）、「総合型クラブ関係者には部活動の教育的意味は理解できない」（平均値二・四二）、「総合型クラブはスポーツクラブというより住民交流の場である」（平均値二・四〇）などであった。

当該の研究では、「部活動と総合型クラブの連携関係構築」に対する意識もあわせて尋ねている。その結果は、「大変賛成である」一九・四％、「まあ賛成である」六一・〇％、「やや反対である」一四・六％、「反対である」五・〇％であり、一見すれば、大多数の顧問教員が連携関係の構築に賛成の意向であるように思われる。しかしながら、「まあ賛成である」を選択した者たちが抱く「まあ」にこそ、部活動と総合型クラブの連携関係構築についての顧問教員の真意が存在しているものと解釈すべきなのだろう。すなわち、顧問教員は、図2の結果のように、「総合型クラブは部活動のことをわかっていないでしょ」という意識を強く抱いていて、有益な関係にはなりえないという思いが心の深層に存在している状態なのである。「部活動との連携体制の確立」を希求する総合型クラブ関係者が数多く存在しているにもかかわらず、教員と教育関係者の意識は、同等の次元にはないのである。

そのことは、教員と教育関係者から得られた言説にも象徴的である。すなわち、「総合型クラブではレクリエーション的活動を、部活動は競技力向上をといった棲み分けができれば、生徒たちにとって有益であるように思える」「総合型クラブにおいても生徒たちの競技力向上に貢献できるようになったら学校は連携を本格的に検討することになるでしょう」といった内容からは、総合型クラブとの協働関係——クラブワークの構築を志向しようとしない、いわば「待ちの姿勢」に終始する教員文化の一端を垣間見ることになる。[15]

部活動をめぐるチームワークの意味(の大きさ)

なぜ、顧問教師の多くは総合型クラブとの連携関係——クラブワークを志向しない(できない)のか。それは、部活動を取り巻く「チームワークこそがすべて」という意識が強固に存在、継承されてきた事情のためである可能性が高い。荒井は、「チームワークというと、技術的結合よりも、心理的結合の方に重きを置きたくなる。チームワークの発現空間を「コートの中」から「コートの外」へ「実社会」へとズルズル広げたくなってしまうのである」[16]と述べている。部活動(「コートの中」)で構築されるチームワークは、学校生活をはじめとした生徒ならびに教師たちの日常生活(「実社会」)にもわたり、大きな影響力を有してきた(いる)。強力な影響力を有する部活動にあるチームワークの存在は、顧問教員のクラブワークへの志向性を喚起させることさえなかったわけである。言い換えれば、部活動に関与する者の多くは、クラブワークをめぐる「ゆらぎ」と無関係でいられたのである。

部活動というスポーツ教育制度は、青少年期のスポーツシーンに大きく貢献してきたし、現在もなお貢献し続けていると、個人的には信じている。しかしながら、否、だからこそ、新しいスポーツシーンの構築を企図し、育成してきた総合型クラブ理念との共存を困難にしてしまっているのである。とはいえ、強固なまでのチームワークに固執し続けてきた部活動もまた、変革の兆しをみせつつある。前述した「運動部活動の在り方に関する総合的なガイドライン」の公表は、その契機を確実にもたらした。

前述のとおり、顧問教師をはじめとした部活動関係者の多くは、部活動を取り巻いて構築され続けてきた「チームワーク」の意味と価値にだけ「しがみつき」、そこに存在してきた各種の課題存在を認識しながらも、改革に向けた具体的行動を起こしてはこなかった（起こす必要がなかった、とも言えるだろう）。部活動を取り巻く関係者——顧問教師たちやスポーツ・教育行政では、「改革と踏襲をめぐる躊躇いの常態化」という文化内容が形成、継承されてきた可能性が高いのである。(17) そのせいで、部活動では、それぞれの部が有するチームワークになじめず離脱せざるをえない生徒たちの存在を看過してきたし、そもそもチームワークづくり自体が困難である「素人の」顧問教師の存在もまた看過し続けてきたのである。しかし、それらこそまさに看過してはならない要素だろう。部活動が有してきた（いる）「チームワーク」——チームとしてだけ存在することには、メリットとデメリットの両面があることを自覚すべきなのである。メリットを生かし、デメリットを解消する途を、クラブワークに見いだせはしないだろうか。

このたびのガイドラインを契機として、顧問教師をはじめとした部活動関係者の多くは、総合型クラブとの間で構築すべきクラブワーク論への関心を惹起せざるをえない状況を迎えることになる。その際、部活動が形成、継承してきたチームワークを基軸とした各種の教育的効果をどのようにして今後も継承していくべきなのか。部活動と総合型クラブの連携可能性を含め、求められるべき新たなクラブワーク論には、どのような視座が肝要になるのか。次項で論じることにする。

5　クラブワークと総合型クラブのゆくえ

クラブマッチ（Club match）によるクラブワーク

前述してきたA氏やB氏を取り巻くクラブワークをめぐる「ゆらぎ」は、どのような視座をもって乗り越えられることになるのか。以下では、「クラブマッチ」なる新たな概念を基軸とした新たなクラブワークの創出可能性について言及していく。

荒井はスポーツ集団の三つの基本型を、競争／協同関係に基づく「チーム」、共存／協同に基づく「クラブ」、そして、「クラブ」と「クラブ」を連合／協同のもとにつなぎ合わせていく「アソシエーション」とした[18]。「チーム（ワーク）」と「クラブ（ワーク）」については本章でも論じてきたが、新たなクラブワーク論の創出にあたっては、「アソシエーション」のあり方こそが肝要になる。

今日の総合型クラブを取り巻くアソシエーションは、日本スポーツ協会内に存在するSC全国ネットワークに代表的である。そしてまた、全国規模（組織）であるSC全国ネットワークのほかにも、地方、地域（都道府県、市町村）単位でのアソシエーションが数多く創設されてきた。それらのアソシエーションには、クラブ間のネットワーク構築に伴って生じることになる、もしくはクラブごとに存在する各種の課題を補完しあう機能が期待されてきた。すなわち、これまでのアソシエーションの役割は、クラブのさらなる充実発展を意図した情報交換と情報の共有に終始してきた感が強いのである。無論、そのような機能は重要であるものの、前述してきたようなクラブワークをめぐる「ゆらぎ」——さらなる充実発展を意図しているクラブの実情を踏まえたとき、アソシエーションに求められる新たな視座は「競い合わせる」へと向かうべき、なのではないだろうか。クラブの構成集団であるチームの多くは、競争／協同を基本型として活動することになる。しかしながら、競争を基本型とするチームでは、所属するクラブ（ワーク）をめぐる共存／協同への順応が強く期待され始めた途端に、ときとして、「共存の遵守」といったクラブ内に存在する規範に迎合せざるをえない状況になり、ある種の欲求不満状態に陥ってしまうのである。クラブの構成集団であるチーム（ワーク）をどう保障できるのか、そこには、クラブワークをめぐる新たな視座――「共争」のしくみづくりが不可欠だと思われる。

社会学者のラルフ・ダーレンドルフは、「社会及び集団の内部、または複数集団相互の対立から生じるコンフリクトが秩序の形成を促し、新たな社会体系の統合に貢献する側面がある[19]」と論じたし、ゲオルク・ジンメルもまた、「コンフリクトは社会や集団の一体性と境界性とを設立し、維持することに役立つ[20]」とした。社会学者が言うコンフリクトと本書で言うところの「共争」は決して同義ではないものの意味合いとしては近い。なぜならば、クラブはジンメルが言うところの「一体性と境界性」、さらには「維持」機能を尊ばざるをえないのだから。チーム共争は、クラブの構成集団であるチーム間に派生するコンフリクト（争い）によって醸成されるのである。チームは他のチームの活躍に刺激を受け、ときに共鳴・共振し、ときに高まり合う関係性をつくりだす。前出のB氏も言っていたが、特定の部活動が好成績をあげると、他の部活動も「引っ張られる」ように強くなっていく、という事例をスポーツ関係者の多くは承知している。「共争」とは、クラブ内のチームが高まり合っていく関係性にほかならないのである。

新たなクラブワークの基本型として加わる「共争」の関係性はクラブ単独ではつくりえない。そこには、クラブとクラブを連合／協同のもとにつなぎ合わせていくアソシエーションの存在と機能性が肝要になるわけである。総合型クラブを取り巻くアソシエーションは、いまこそ、クラブ間のマッチ（match）――「クラブマッチ」のシステム構築を検討すべきである、と提言したい。特定の圏域内（市区町村単位など）で、種目を限定してでも、年間リーグ戦を創造してほしい。のちのちは、圏域間の「（総合型クラブ）選手権」が多くの種目で実施できたらなおいい。アソシエーションによる新たな「クラブマッチ」システムの導入は、「共争」を新たな基軸としたクラブワークを創出するとともに、ひいては、クラブをめぐる「一体性」の醸成に貢献することになるはずである

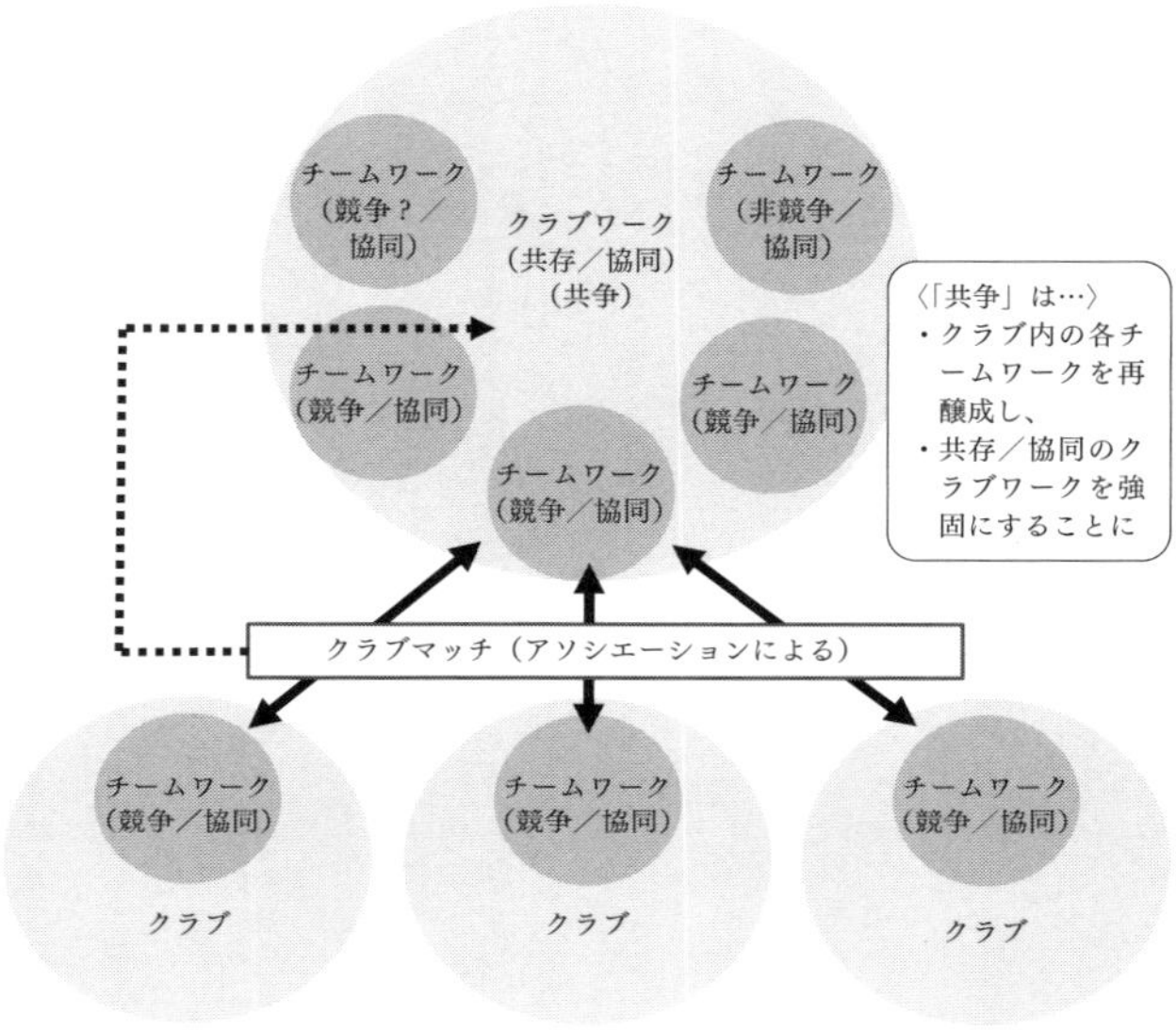

図3　クラブマッチによる新たなクラブワークの創出概念図

（図3）。

クラブワークをめぐる「コートの外」空間の新たな意味

「クラブマッチ」による新たなクラブワークの創出についてもう少し論じていく。

クラブには、競争／協同の基本型にさほど関心を有していないチームもまた存在している。健康志向、レクリエーション志向、さらにはスポーツ以外の活動に重きを置くなど、クラブ内には多様なチーム（ワーク）が存在しているし、存在したほうが好ましいとも思える。

それら、いわゆる「非競争」の志向性を有するチームにとって、クラブマッチおよび「共争」を基軸としたクラブワークはどのような意味を持つことになるのか。結論から言えば、クラブマッチはそれらのチームにとっても有効なクラブワークになりうる、のである。

理由は二つある。一つは、クラブ内の競争／協同を基本型とするチームが「元気」に活躍し始めたとき、そのことは「非競争」の志向性を有するチームにとっても誇らしい存在になりうるはずということ、もう一つは、競争とは異なる「競い合い」方が可能だからということである。特に後者については、総合型クラブのゆくえを決定づける重要な視座の一つとも思われる。総合型クラブには、スポーツによる「新しい公共」の創出が期待されてきた。「新しい公共」の解釈は多岐にわたるが、ここでは「クラブと行政の協働関係に基づく良好なまちづくり」と定義しておこう。良好なまちづくりとは、健やかな心身を獲得する住民が増加傾向にある状態、さらには、住民の多くが居住地域（まち）に対して強い愛着心を有するようになる状態にほかならない。クラブ内の「非競争」の志向性を有するチームは、他のクラブとの「まちづくりマッチ」のなかで「競い合えば」いいのである。総合型クラブを取り巻くアソシエーションは行政と協働のうえ、まちづくりクラブマッチをコンテスト化して「首長杯」にしてもいいだろう。それに伴って「非競争」―「競争・協同」の志向性の違いを超越した「共争」のクラブワークが機能し始めることになるはずである。

前述してきた、「共争」を加えたクラブワーク論の創出にあたっては、「コートの外」での新たな機能性が求められることになる。クラブワーク生成の「空間」である「コートの外」の機能性について、松尾哲矢は以下のような発展的見解を示している。すなわち、「「コートの外」のいわば内向きなヤレヤレ空間では、外向きのスポーツをめぐる生活課題の議論を可能にする空間設定は難しく、むしろヤレヤレ空間から「ワレワレ空間」とも言える、お互いが対等な立場でこれからのスポーツクラブやスポーツ環境のあり方について、真剣に議論し合える（略）「コートの外の外」とでもいうべき「ともに議論し創り上げる」空間と関係が高度に構築されることが重要[21]」だと論じている。松尾が言う「コートの外の外」なる空間は、本章の趣旨に当てはめた場合、クラブ（の構成員）の「アソシエーションへの関心喚起」を促す空間として理解することも可能であり示唆に富む。荒井が提唱した「コートの外」空間における「ヤレヤレ」なる心情表現は秀逸なものである。しかしながら、「ヤレヤレ」空間の意味は、昨今のクラブが希求し始めつつある新たなクラブワーク――クラブメンバーの帰属意識の高揚などを図る場合には、少々希薄にすぎるのかもしれない。なお、「コートの外」での新たな機能性については、本書第4章で議論される。

前述したクラブマッチによる新たなクラブワークの創出では、総合型クラブを統括するアソシエーションでの発想の転換が第一義的に求められることになる。しかしながら、そのことの成就は、アソシエーションの「構成員」である各クラブの「ワレワレ」意識の醸成なくしてはありえないことも事実である。総合型クラブを取り巻くクラブワーク論は、他のクラブとの「外向き」な関係性（クラブマッチ）の創造から、「内向き」の関係性（共争）を創出する、といった旧来までとは異なる段階を迎えようとしているのである。

おわりに――クラブワークをめぐる「ゆらぎ」のゆくえ

本章では、総合型クラブを取り巻く今日的状況を理解しながら、クラブワークをめぐる「ゆらぎ」の意味と可能性について言及してきた。本章で提示した副題である「なぜ、総合型地域スポーツクラブの理念は必ずしも現実と一致しないのか」の結論としては、「総合型クラブ政策を策定する段階で、クラブワークに伴う困難性を十分に承知していなかったから」ということになりそうである。そのことは、本章で述べたとおり、わが国のスポーツシーンの多くがチームワークにだけ注力してきたという歴史的経緯に起因するところが大きいと言えるだろう。慌てることなく、それぞれの事情に応じたクラブワークを形成・構築していきさえすればそれでよし、とも思うところだが、共存／協同、さらには共争を基本型とするクラブワーク論は、総合型クラブというスポーツシーンにとどまらず、今日と今後のわが国の社会で重要な意味を持ち始めようとしている。ダイバーシティ社会の到来はその証左にほかならない。クラブワークをめぐる「ゆらぎ」は、ダイバーシティ化を志向するわが国の社会動向と軌を一にする、いわば、「必然としての試行錯誤」なのである。むしろ、スポーツ界から、ダイバーシティ社会を創造していくといった気運と気概を高めていきたいものである。

「発展的循環ループ」の構造にあるクラブワークをめぐる「ゆらぎ」には、決着点なるものは存在しそうにない。だとしたとき、クラブワークに関与する人々に求められる心得はおのずとみえてくる。すなわち、何度となく出現する障壁と相対するときに伴う「苦しさ」を、「喜び」と「楽しさ」に転化できるセンスを身につけていくことなのだろう。スポーツパーソンは、成功体験よりも失敗体験のほうが数多いこと、そして、数少ない成功体験が自らの人生に多大な影響をもたらすことをよく承知している。「ゆらぎ」もまた、それと同じであると認識し、クラブワークとスポーツライフに関わっていきたいものである。

注

(1) 荒井貞光『「コートの外」より愛をこめ――スポーツ空間の人間学』遊戯社、一九八七年、一六四ページ(本書二二一ページ)

(2) 同書一五七―一六一ページ(本書二一六―二二〇ページ)を要約。

(3) 谷口勇一「「揺らぎ」の存する場所――コミュニティ形成が期待される総合型地域スポーツクラブ育成をめぐって」、松田恵示/松尾哲矢/安松幹展編『福祉社会のアミューズメントとスポーツ――身体からのパースペクティブ』(Sekaishiso seminar)所収、世界思想社、二〇一〇年、一八七ページ

(4) 尾崎新「「ゆらぎ」からの出発――「ゆらぎ」の定義、その意味と課題」、尾崎新編『「ゆらぐ」ことのできる力――ゆらぎと社会福祉実践』所収、誠信書房、一九九九年、一―二九ページ

(5) 前掲「「揺らぎ」の存する場所」一九〇ページ

(6) スポーツ庁「総合型地域スポーツクラブ」(http://www.mext.go.jp/sports/b_menu/sports/mcatetop05/list/1371972.htm)[二〇一八年十月八日アクセス]

(7) 川畑悠太「プロフェッショナルとしてのクラブマネジャーの実相――彼らに学ぶべき総合型地域スポーツクラブ育成(経営)をめぐる真の価値とは」大分大学教育福祉科学部二〇一七年度卒業論文、二〇一八年

(8) 前掲『「コートの外」より愛をこめ』一六六ページ(本書二二三ページ)

(9) 同書一二二ページ(本書一九三ページ)

(10) 荒井貞光『クラブ文化が人を育てる――学校・地域を再生するスポーツクラブ論』大修館書店、二〇〇三年、一三四ページ

(11)谷口勇一「部活動と総合型地域スポーツクラブの関係構築動向をめぐる批判的検討――「失敗事例」からみえてきた教員文化の諸相をもとに」、日本体育学会編「体育学研究」第五十九巻第二号、日本体育学会、二〇一四年

(12)黒須充「総合型地域スポーツクラブの理念と現実」、菊幸一/清水諭/仲澤眞/松村和則編著『現代スポーツのパースペクティブ』所収、大修館書店、二〇〇六年、一一八―一三七ページ

(13)スポーツ庁「運動部活動の在り方に関する総合的なガイドライン」二〇一八年

(14)谷口勇一/甲斐義一「総合型地域スポーツクラブ動向と部活動顧問教師をめぐる「揺らぎ」の諸相」、九州体育・スポーツ学会編「九州体育・スポーツ学研究」第二十五巻第二号、九州体育・スポーツ学会、二〇一一年

(15)谷口勇一「地方自治体スポーツ行政は部活動改革動向とどう向かい合っているのか――総合型クラブ育成を担当した元指導主事の意識からみえてきた行政文化の諸相」、日本体育学会編「体育学研究」第六十三巻第二号、日本体育学会、二〇一八年

(16)前掲『「コートの外」より愛をこめ』一五九―一六〇ページ(本書二一八ページ)

(17)前掲「地方自治体スポーツ行政は部活動改革動向とどう向かい合っているのか」

(18)前掲『クラブ文化が人を育てる』一九九ページ

(19)ラルフ・ダーレンドルフ『政治・社会論集――重要論文選』加藤秀治郎編・監訳、晃洋書房、一九九八年、二〇九ページ

(20)ゲオルク・ジンメル『社会学――社会化の諸形式についての研究』上、居安正訳、白水社、一九九四年、二六二ページ

(21)松尾哲矢「「つながり」の方法としてのスポーツクラブとコミュニティ形成」、前掲『福祉社会のアミューズメントとスポーツ』所収、一八四―一八五ページ

[付記]本章はJSPS科研費JP17K01726(研究科題名「部活動改革動向をめぐる指導主事(教員)とスポーツ行政における「揺らぎ」の構造」)による助成を受けたものである。

第2章
トライアスロンにみるスポーツ空間の「ゆとり」
——市民スポーツ／地域スポーツはいかにして「スポーツになる」のか

浜田雄介

1　スポーツになっていない？

一九八〇年代

一部の競技者に限らず、多様な人々が多様な仕方でスポーツを享受する、いわゆる市民スポーツが日本で台頭してきたのは、一九八〇年代に入ってからだ。[1] この時期に日本でもおこなわれるようになったスポーツの一つに、トライアスロンがある。国内初のトライアスロン大会は八一年八月に、鳥取県米子市の皆生温泉開発六十周年記念事業として開催された[2]（現在の全日本トライアスロン皆生大会。一部を除いて、総じて以下、「皆生」と略記）。八五年にはいくつかの主要な大会が立ち上がり、そのなかの全日本トライアスロン宮古島大会はＮＨＫによって生中継された。この「日本のトライアスロン元年」[3] の到来を機に、トライアスロンは地域の市民参加型スポーツイベントとして全国的に広がっていった。

本章では新しくも伝統的な「皆生」の事例を通じて、市民スポーツ／地域スポーツにおいてスポーツを享受するとはどういうことだろうかと問い直してみたい。なぜなら、ただ環境が整って機会が増えただけでは、多様な人々が多様な仕方で享受できる「スポーツになっている」とは言えないかもしれないからだ。まずこの点に関して、「皆生」が始まったのと同じ一九八一年に起稿された[4]『「コートの外」より愛をこめ』を参照することから始めよう。以下のように、同書の問題意識にはスポーツが人口に膾炙していく当時の趨勢がはっきりと反映されている。

> 結論的に言えば、テニスやジョギング、野球やスキー、ゲートボール、その他多くのスポーツ種目が、老若男女を問わずポピュラーになり、様々なスポーツイベントが、競技場でテレビでもてはやされる中で、スポーツそのものは、その真の意味と意義を急速に喪いつつある。種目は盛んになっているが、スポーツそのものは逆に衰退しているのではないか。やっているテニスやゲートボール、バレーやサッカーがスポーツになっていないのか、いるかどうか、そのあたりを見直そうというのが、本書の基本的な姿勢である。[5]（傍点は引用者）

この引用からは、筆者である荒井貞光の、必ずしもスポーツを享受しているとは言えない状況への危惧が読み取れる。それにしても、スポーツがその隆盛に反して「その真の意味と意義を喪いつつある（スポーツではなくなりつつある）」のはなぜだろうか。引き続き、「実社会」「コートの中」「コートの外」の三つからなる荒井のスポーツ空間論をもとに整理していこう。

「競争」の圧力

荒井によれば、私たちが日常生活を送る「実社会」とスポーツ活動をおこなう「コートの中」は、ともに「競争」を社会関係の基調としている。[6] 様々な規範や役割などが絡み合う「実社会」の複雑さと、[7] スポーツしかない「コートの中」の単純さ[8]の違いはあるが、どちらも何らかの成果を得る（「take」）ために自らを駆り立て、努力していく営みが求められることに変わりはない。[9]

重要なのは、人々が「コートの中」での「競争」で普段では味わえない気分をともにし、またいつもとは違う自分や他者を感じられるかということだ。[10]「コートの中」でスポーツがすべてになっているとき、人々は「実社会」の「イライラ」[11]するような複雑さに囚われていない。「コートの中」とは、「実社会」から完全に自由になって自律して生きることのできる空間であり、そのように生きることこそが、まさに「楽しさ」や「喜び」といったスポーツの中核的な価値を享受する体験なのだ。[12]荒井が言うスポーツの真の意味と意義とは、「実社会」から分離した「コートの中」の非日常性を指していると考えていいだろう。

裏を返せば、スポーツの真の意味と意義が失われつつあるとは、「実社会」との「癒着」[13]によって「コートの中」の非日常性が脅かされている事態にほかならない。なぜこのようなことが起こるのか。はじめにふれた市民スポーツの台頭を、スポーツが多くの人々にとって「実社会」における「競争」の手段になったことの現れだと仮定して考えてみよう。ある時期からスポーツには、競技成績はもとより、健康のため、教育のため、自己実現のため、地域活性化のためといった「実社会」に資する成果が強く求められるようになった。このことに伴ってスポーツは、しなければならない、成果を出さなければならないものになり、人々はスポーツを介した「競争」へとせきたてられて[14]「実社会」から「コートの中」に向かうようになった。つまり――第4章では異なる見解が示されているが――「実社会」の「競争」の圧力が「コートの中」に入り込むことで、両空間の境界が消失してしまうのだ。

ひとたび何らかの目的のための手段と化すと、「楽しさ」や「喜び」といった心が躍るような体験を損なう力がスポーツにはたらき始める。[15]身体機能を高めて心地よく過ごすためにあるはずのフィットネスの中毒化[16]や、生徒の主体的なスポーツへの取り組みに教育的意義が付与されるべき運動部活動の過熱化（ブラック化[17]）などは、スポーツの過剰な手段化に起因する問題の典型例だろう。このようにして、あらゆる「コートの中」の「競争」が非日常性に向かう本来の機能を果たさなくなる[18]可能性が浮かび上がってくる。

「ゆとり」あるスポーツ空間

「実社会」から「コートの中」を再び分離し、その非日常性を回復するために提唱されるのが、「コートの外」という第三の空間だ。荒井の別の著作から、その要点を確認しよう。

「コートの外」を、ルールやロールやゴールを越えた、あるいは脱ぐ時空間としてとらえたい。素の空間であることからすれば、基調の社会関係は脱競争、超競争である。[19]

右の引用にある「ルールやロールやゴール」は、「実社会」と「コートの中」の両方にかかっている。それらを「越え」るあるいは「脱ぐ」とは、何にも従っていない、何の役割も担っていない、何の成果も目指していないということであり、その意味で人々は「競争」から「超脱」した「素」になっている。スポーツの世界に「コートの外」があることで「実社会」と「コートの中」の分離（切り替わり）が確固としたものになるのだが、[20]「競争」の圧力が蔓延している現代社会では、そのような空間は構成されにくい。[21]

スポーツが手段化すると「楽しさ」や「喜び」といった体験は損なわれてしまう、と先に述べた。[22]それは思いがけずふと到来する「偶然性」と、人それぞれ、その時々の「特異性」という体験の本質が、「実社会」の「競争」では捨象されるからだ。手段化したスポーツには目的や期待に応じたものとしての「必然性」が求められるし、それはまたいつでも誰にとっても同じ成果が見込まれるという「一般性」に還元されてしまう。そして組織や制度などによってスポーツを管理統制する動きが強まり、「ルールやロールやゴールを越え」ることは許されなくなる。結果として、スポーツはあらかじめ定められた枠組みのなかでの「競争」に終始し、その結果に対する評価へと偏重していくのだ。何が起きるかが決まっていて、常に同じで、結果の良し悪しを問うだけのスポーツは、荒井の言葉を借りれば「ハラハラ」[23]も「ヤレヤレ」[24]もできないつまらないものに、さらにはつらいものにさえなるだろう。

ここから構想されるのは、体験の「偶然性」と「特異性」を損なわない、「競争」以外の社会関係も許されるスポーツ空間[25]をつくることの必要性ではないだろうか。荒井が「プールサイド」[26]や「酒宴」[27]といった「コートの外」の例から示唆しているのは、「コートの中」と「コートの外」の違いは物理的な位置関係ではなく、生成的に変化する空間の質によるということだ。したがって本章では――基本的には文字どおり「コートの中」の外部に位置すると考える荒井の「コートの外」の原義からは離れてしまうかもしれないが――、スポーツがすべてになる「コートの中」ででも、「競争」からの「超脱」が可能になると主張したい。先取りして述べると、「皆生」には「コートの中」に「コートの外」がある、「コートの中」でありながら「コートの外」でもあるようなスポーツ空間の「ゆとり」[28]が見いだされる。この「ほかの大会と比べて、随分遅れている部分もある」[29]「皆生」に顕著に現れる「ゆとり」の諸相を、市民スポーツ／地域スポーツにおけるスポーツ享受の具体的なありようとして、そして市民スポーツ／地域スポーツが「スポーツになる」ことへの手がかりとして、これから描き出していくことにしよう。

2　「皆生」の始まり

「のん気で楽しい鉄人レース」

スイム（水泳）、バイク（自転車）、ラン（ランニング）の三つの長距離種目を連続しておこなうトライアスロンをまずもって特徴づけるのは、その長時間にわたる苦しさだろう。ゆえにトライアスロンには、「過酷」「限界への挑戦」「自分との闘い」といった類いの表現がしばしば付される。しかしながら、第一回「皆生」の場合は少し違う面もあったようだ。「のん気で楽しい鉄人レース」という見出しで当時の様子を報じた新聞記事から、いくつかの箇所を抜粋しよう。

トップの二人が手をつないでゴールイン——。二十日、鳥取県米子市で行われたトライアスロンは、まるでお祭りだった。

自転車コース六ヵ所、マラソンコース十ヵ所に設けられた、飲食のためのテーブルが大にぎわい。「十六ヵ所とも全部食べた」豪の者も少なくなかった。

疲れきった体にマラソンはだれもがこたえたみたいだ。十分走って十分休む人。途中で横になる人もいる。夜中の十二時までに入れば「完走」と認められるのだから、あわてない。

最後のランナーがゴールしたのは、夜十時に近かった。お祭り騒ぎの十五時間にわたるレースは月に照らされた中で幕を閉じた。(30)

これらの描写は「皆生」が、例えば高度経済成長下の日本のスポーツに顕著だった「追いつき追い越せ」と頑張る求道的な真剣さ(31)をもって、純粋に強さや優劣を競い合う大会ではなかったことへの驚きを表しているようにも思われる。また二人の優勝者が出たこと、道路使用許可上の問題で選手を自動車で輸送しなければならない区間があったことに対して、「皆生」は競技ではないという批判も向けられた。(32)

トライアスロンの魅力

競技ではないのなら、第一回「皆生」とは何だったのか。大会発足から現在(第三十八回時点)まで競技役員として「皆生」の運営に携わり続けているAさんに、お話をうかがった。当時の皆生温泉街づくり推進協議会[33]では、海と温泉を生かすこと、「お色気」を売りにしたイメージから脱却し、健康志向の高まりに応じてスポーツと温泉を楽しめる街を目指すこと、皆生温泉を知ってもらうために「日本一か、せめて日本初」の催しとすることなどをコンセプトにして、皆生温泉開発六十周年記念事業の話し合いが進められていた。それは今日の「スポーツツーリズムの原点」だったとAさんは振り返る。

ハワイで「トライなんとか」というスポーツがおこなわれている、というある委員の話をきっかけに「皆生」の開催が決まったのは、一九八一年の春先だった。しかし「皆生」以前まで、トライアスロンは国内のほとんどの人にとって未知のスポーツだった。それはAさんたちも同じで、集まった映像や資料だけではどうしても全容がつかみきれない。そのような折、八一年二月におこなわれたハワイのトライアスロン大会（現在の「IRONMAN World Championship」）に日本から出場した選手がいるという情報が入り、そのうちの二人に協力を仰ぐことになった。

準備を進めるなかで、Aさんは「トライアスロンのいちばんの魅力とは何なのか」と彼らに尋ねた。一人から返ってきたのは、「勝ち負けじゃない」という答えだった。彼は途中でマッサージを受けたり伴走者と合唱したりしながら、二十六時間近くかけてフィニッシュ地点にたどり着いた[34]。そこでは大会関係者らが、歓声とともにボートのパドルをフィニッシュゲートに見立てて彼を待っていた[35]。彼はこのときのことについて、「速さだけじゃなくて、一人でやり遂げたことに対するご褒美のような気持ちをくれて、それが本当にうれしかった」のだと、Aさんに話したという。

Aさんたちにとって、第一回「皆生」は思ってもみないことの連続だった。批判が向けられた自動車による選手輸送では、一部のドライバーが気を利かせて近道をしたために、スイムフィニッシュ地点からバイクスタート地点までの区間で順位が入れ替わった。バイクでは悪路でパンクしたタイヤの修理を、コースの近隣住民が手伝った。フィニッシュ地点まで残り数百メートルに差しかかった「最後のランナー」に、誰かが「もういいがな」

と声をかけて完走扱いにし、そのまま打ち上げ会場に連れていった。二人の優勝者を出すことは、「皆生はそれでいいじゃん」というその場の雰囲気で認められた。

確かに、第一回「皆生」は競技と呼ぶにはほど遠い大会だった。しかしAさんによれば、競技役員をはじめとする大会運営に関わった人たちは、誰もそのことを問題にしなかった。競技性のなさが全く問題にならないほどに、第一回「皆生」は「おもしろ」かったというのだ。換言すれば、第一回「皆生」ははからずもその運営上の不徹底さによって、「勝ち負けじゃない」トライアスロンの魅力にあふれていたということになるだろう。

「落とし物」

選手たちもまた、「勝ち負けじゃない」「何か」[36]を「皆生」から感じ取っていたようだ。第一回「皆生」について報じた先の新聞記事のなかで、優勝者の一人は「このレースは、全身の力を使っての結果ですからね。ドラマでないドラマです。人と人のふれ合いというか、現在の日本に欠けているもの—落とし物を見つけたような気持ちです[37]」と語っている。彼が言う「落とし物」とは何だろうか。なぜ「皆生」で「落とし物を見つけ」ることができたのだろうか。

ここで私たちは、「実社会」「コートの中」「コートの外」の三つを思い出すことができる。まず「全身の力を使っての結果」とは、トライアスロンをすることにすべてがかけられた「コートの中」の「競争」の結果と読み替えられる。またその「競争」の結果は、誰しもにとって思いがけない劇的なものだった（「ドラマでないドラマ」）。以上から、「皆生」という「コートの中」が「実社会」と明確に分離していたこと、そしてそのなかで彼が「偶然性」と「特異性」を伴う体験をしていたことが推察される。

続く「人と人のふれ合いというか、現在の日本に欠けているもの」は、「実社会」にはない社会関係、すなわち「コートの外」に相当する表現だと考えられる。すでに紹介したように、厳然たる競技ではなかった第一回「皆生」には、いくつかの特徴的な「人と人のふれ合い」があった。そして手を取り合った二人の優勝者の姿に象徴されるように、それらの「ふれ合い」は「ルールやロールやゴール」といった「競争」の枠組みに回収されないところで生じていた。「全身の力を使」う長く険しい「コートの中」の「競争」でありながら、その最中あるいはその果てで「競争」から「超脱」する「コートの外」の共存を許す「ゆとり」が、あの日の「皆生」にはあったのだ。したがって荒井のスポーツ空間論から理解するならば、「落とし物を見つけた」の意味するところとは、人々が普段では味わえない気分をともにし、いつもとは違う自分や他者を感じるスポーツの「楽しさ」や「喜び」の発見だったとまとめることができるだろう。

3　「皆生」の現在

「聖地」の形

現在の「皆生」は日本のトライアスロン発祥の「聖地」として、また本州で唯一のロングディスタンス（最長距離のカテゴリー区分のこと。以下、ロングと略記）の大会として、高い人気を誇っている。種目ごとの距離設定はスイム三キロ、バイク百四十キロ、ラン四十二・一九五キロで、総合の制限時間は十四時間三十分とされている。出場定員は個人の部が九百四十人、一種目ずつを三人でつなぐリレーの部が六十組で、個人の部では都道府県ごとの出場枠数に配慮しながら、過去の競技実績などに基づいて出場の可否を選考する。例年七月の三連休中日に開催されている同大会には「灼熱の皆生」という異名があり、また坂道を多く含むバイクコースの厳しさでも知られている。

スイム二・五キロ、バイク六十三・二キロ、ラン三十六・五キロ、総合の制限時間十七時間、定員百人に対して五十三人が出場した第一回「皆生」は、未知なるものへと旅立つ「冒険」[38]だった。それに比べて、大会の規模が拡大し、出場のために一定以上の能力と実績が求められる現在の「皆生」は、明らかに競技として洗練されている。日本トライアスロン連合の競技規則と皆生トライアスロン協会が別に定めた競技規則（ローカルルール）を適用し、電子計測器で正確に記録を管理する現在の「皆生」では、パンク修理を近隣住民に手伝ってもらうのは違反行為に該当しうるし、フィニッシュ地点の手前で打ち上げ会場に行ってしまえば、記録はＤＮＦ（不完走）になるだろう。

一方で、「皆生」にはいまもなお競技化が徹底されていない部分、Ａさんいわく「目をつむらざるをえないもの」が存在している。「皆生」が国内の他の多くの大会と決定的に異なるのは、一時通行止めなどの交通規制がかけられていない公道で競技がおこなわれることだ。ローカルルールの共通規則は、警察官の誘導によって選手が優先される一部の場合を除いて、競争中は通常の交通法規に従わなければならないこと、交通違反や事故などの責任は選手個人が負うことを明記している。[39] 大会中の事故に対応するための保険はかけられているが、選手はバイクの場合は軽車両、ランの場合は歩行者として、法的には他の道路利用者と同じ扱いを受ける。バイクでは一般の自動車と道路を共有し、信号での選手の優先通行はトップ通過から一時間後までに限られる。また交通量が多い国道を横断しなければならない箇所では、降車して地下道を歩く。ランコースはほぼすべてが歩道で、数多くある信号を遵守しなければならない。もちろん信号待ちで立ち止まっている時間も、記録に加算されることになる。

Ａさんが「よく三十何年もこんなコースで続けたなあ」と言うほどに、「皆生」は大会とその外部が隔てられていない。第三十七回の競技説明会では、「皆生」が選手や競技役員、ボランティアの尽力だけでなく、大会に全く関係ない人々や大会によって迷惑を被っているかもしれない人々の理解によっても成り立っていることが、副競技委員長から説明された。だからスイムとフィニッシュ地点の陸上競技場を除く「皆生」の競技の大部分は、地域の「観光」や「普通の生活」のための道路を「奪う」ことがないよう、むしろそれらに「溶け込んでいる」ように進んでいく。これが「皆生」をロングの大会として続けていくことのできる唯一の形なのだ。

「皆生」での応援と支援

したがって「皆生」では、選手や競技関係者以外の者が大会に入り込んで、コース上を移動することができる。その結果として生じることの一つが、自動車や自転車で先回りしながらの選手への応援だ。例えばバイクコース前半の鳥取県道二十四号線（大山観光道路）や、後半にあたる鳥取県道三百十号線から広域農道にかけての坂道などは、応援者たちにとって定番の応援場所になっている。

写真1　私設エイド

応援者の自動車とバイクの接触事故が起こるなど、このような応援方法は大会の存続に関わる問題にもつながっている。一方で、熱心な応援者は選手、さらには「皆生」そのものを支え盛り上げる存在だとも言える。特に親しい「仲間」[40]の選手に向けて、まだ姿が小さいうちからやがて姿が見えなくなるまで、拍手や並走、ときにメッセージを書いたボードや鳴り物を交えながら名前を叫んだり叱咤激励の言葉をかけたりする応援者の姿は、このことを端的に表している。

また「皆生」では、手製の立て札で残りの距離を教えてあげたり、家の庭からシャワーで水をかけてあげたりといった、非公式な形での選手への支援もおこなわれている。そのなかで、ここでは私設エイドに焦点を当ててみよう。エイドとは、選手が競技中に補給や処置を受けるための場所として大会がコース上に設置しているエイドステーションの略称だ。私設エイドとは大会以外の有志が私的に設置したエイドステーションのことで、選手への応援とともに、清涼飲料水や果物、そうめん、アイスクリームなどといった飲食物、身体を冷やすための水や氷などが提供される。

第三者が介入して選手に助力する私設エイドは、考え方によっては大会の適切な管理運営や競技の公正性を揺るがしかねない存在だ。しかし「皆生」は、私設エイドを排除しようとはしない。特定の選手に限った支援の禁止や衛生面の徹底などを呼びかけながら、そうした活動を容認し続けているのだ。Aさんは私設エイドをはじめとする選手への非公式な支援について、もし一律に規制をかけてしまったら「おもしろみが減る」と述べている。この「おもしろみ」とは、競技性のなさが全く問題にならないほどに「おもしろ」かった第一回「皆生」に重ね合わせて考えていいだろう。

「皆生」に残る「ゆとり」

一九九四年に日本トライアスロン連合が設立され、またオリンピック競技種目への採択が決まるなど、国内でのトライアスロンの競技化は九〇年代に著しく進展した。[41] そのなかで、九五年の第十五回「皆生」を特集した専門誌の記事は、競技化の流れにそぐわない私設エイドについて「水やスポーツドリンクだけでなく、蜂蜜入りのスペシャルドリンクまでも飲ませてくれて、プログラムでゼッケンを照らし合わせて名前を呼んで励ましてくれる。そんな自発的な応援団に、毎年どれだけの選手が救われていることか。それを画一的なルールで縛ってしまったら、シビアなレースではなく、大らかなチャレンジとしてのトライアスロン像を保持してきた皆生大会のアイデンティティは、喪失してしまうだろう[42]」と評している。「皆生」はただ「目をつむらざるをえな」かったのではなく、「勝ち負けじゃない」第一回の「原型」を残そうと努めてきたのだ。[43]

現在の「皆生」があるのは、Aさんたち皆生トライアスロン協会の主要メンバーの「意地」や「愛着」によるところも大きい。かつて、運営上の負担が少ないショートディスタンスの大会にすれば「皆生」の存続も容易になると、特に行政の側から何度も意見が出された。しかし、「ボランティアは三分の一で済むじゃないですかとか。（略）遅くとも時間制限四時間だから、夜までかかんなくていいじゃないですかって散々言われて。そういうやつは来なくていいよって」と、Aさんたちは頑なにロングでの開催にこだわってきた。第一回「皆生」で二人の優勝者が示した、「競争」を超えた領域に至る長いレースのプロセスを大切にする「トライアスロンのアイデンティティー」(44)を削ってまで効率化をはかりたがる「知らない人たち」の発想は、Aさんたちには受け入れがたいものだったのだろう。「原型」をなくしてただ継続しているだけでは「意味がない、皆生大会じゃない」のだ。

　このように、様々な条件や問題、思いなどが重なって形作られてきた現在の「皆生」には、第一回と同様の「ゆとり」が残っていると考えられる。それでは、「皆生」の「ゆとり」あるスポーツ空間で、人々はどのような体験をしているのだろうか。

4　「皆生」の「ゆとり」と体験

トライアスロンの二重性

「皆生」での年代別入賞歴を有するQさんがトライアスロンの大会に出場するのは、「そのときなりに、できる最大くらい」の練習を積み重ねて、「その結果を自分自身にフィードバックしたい」からだ。「順位を狙う」こともあれば、練習中のけがで思うように練習ができなかったときなどには「完走」を目指すこともある。「結果」を出すために、Qさんは競技中に自分を「コントロール」しようと試みている。「もうちょっと行けるよ」とか「抑えて、気持ち抑えて」といった具合に、Qさんはその時々の「状態や痛み」に対してどこまでできるのかを、「コーチである自分」と「対話」する。長時間の苦痛を伴いながら限界近くで自分を「コントロール」することは、「コートの中」の「競争」のために担われる役割だと捉えられる。この役割を必死に遂行

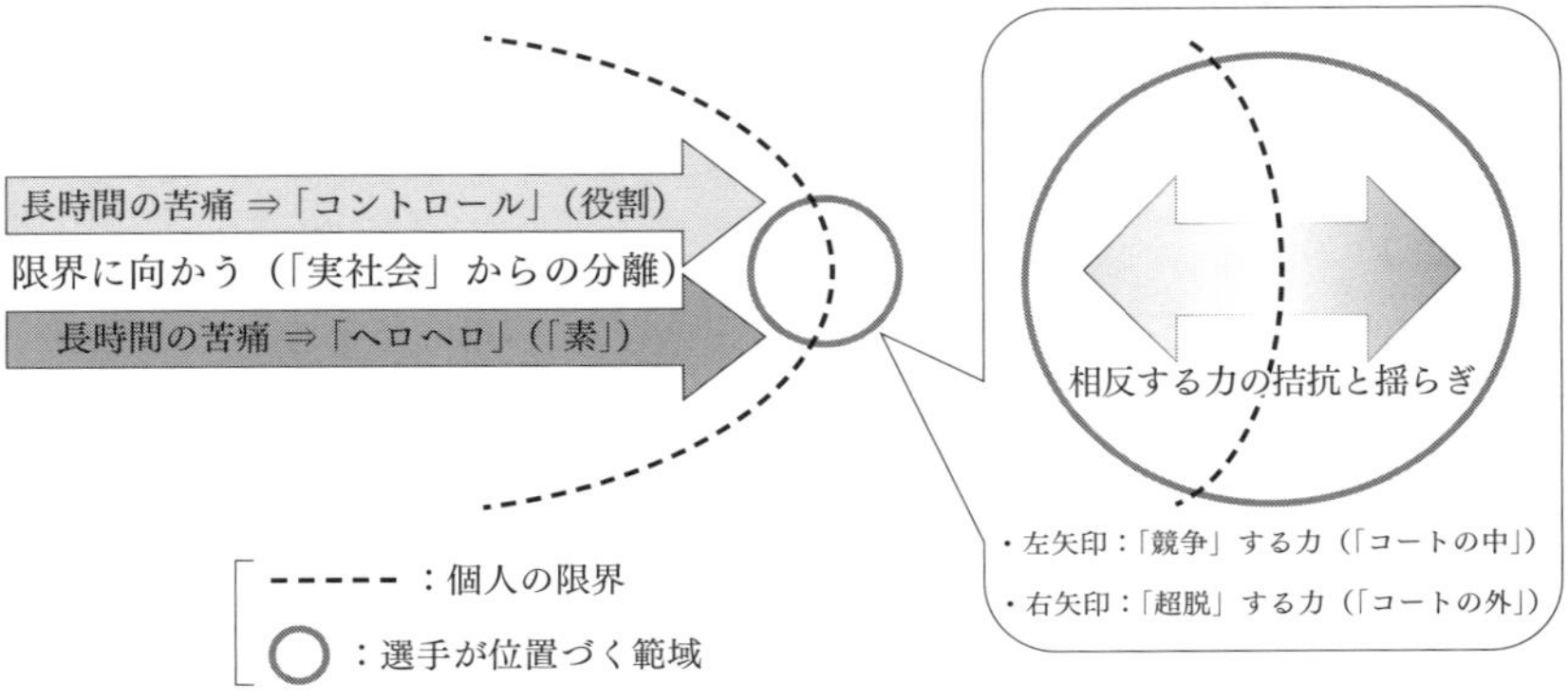

図1　トライアスロンの二重性

するほどに「シンプルなことしか考えられな」くなり、「実社会」の日常的な諸役割は陰に隠れることになる。[45] このようにして、トライアスロンという「コートの中」の非日常性が確立されていく。

一方で、トライアスロンでの「コントロール」とは、非常に困難なことのように思われる。理性の弱さを露呈させるほどの苦痛は、いわば自分の「コントロール」を不可能にするものだからだ。[46] この意味でトライアスロンとは、自分で自分を普通ではない状態に追い込み、壊してしまうことに等しい。競技中の破壊が進んだ状態に関して、Qさんは「ヘロヘロとしか言いようがない」と述べている。「あくまできついだけ」の「ヘロヘロ」の状態では、「実社会」の諸役割だけでなく、自分を「コントロール」する「コートの中」の役割までもが無意識のうちに消失しうる。[47]

図1はQさんの語りとこれまでの議論をもとに、トライアスロン競技中の選手の二重性[48]を表したものだ。長時間の苦痛を介して自分の限界に向かうことによって、選手は「実社会」から切り離されていく。選手は「結果」を出すために自分を「コントロール」する役割を担いながら（上側の矢印）、同時に「ヘロヘロ」になって企図せざるままに「素」の自分をさらけ出そうともしている（下側の矢印）。

また図中の円は、選手が競技中に身を置き続ける範域を意味している。そのなかで、選手は「コートの中」で「競争」する力と、「コートの外」へと「超脱」する力の間で揺らぐ存在になっている。先の応援や支援がこのような存在に向けられたときに、選手と応援者がともに「競争」から「超脱」する「ふれ合い」が生じる可能性があるのだ。

選手の側からこのことを確認するために、再びQさんの語りを引いてみよう。「皆生」のランを記録した映像のなかに、水鉄砲を持って選手に呼びかける見知らぬ応援者に水をかけてもらおうと、Qさんが笑顔で両手を広げて歓声を上げる場面があった。そのような自身の姿について、Qさんは「動物的」だと説明する。Qさんにとって、「動物的」とはただ「暑いから飛び込む、暑いからかけてくれ」と自らが欲するままに他者に向かう「普通はない」事態であり、また「無条件でちょっと嬉しいいうか楽しい」体験でもあった。さらにQさんが「コントロールはいかにも人間ですよね」とも話していることに鑑みると、「動物的」とは「競争」から「超脱」した状態に相当する表現だとみなせる。そして「動物的」な体験が「無条件に嬉しいいうか楽しい」のは、Qさんと応援者の関係が何の「ルールやロールやゴール」も媒介していない直接性と即時性[49]によるものだからだろう。

「give and take」

ここで、「コートの外」の社会関係の原理的特徴に「互譲」や「持ちつ持たれつ」（「give and take」）[50]といった語があてられていることに着目したい。「give and take」とは、成果の獲得を目指す「競争」（take）でも、一方が他方に際限なく与える「奉仕」（give）でもない。それは「ルールやロールやゴール」によらない人間が互いの人格[51]（固有性）を受け入れ支え合う、ただ与え合う[52]ような関係のあり方を指している。このことからすれば、「皆生」では直接性と即時性のなかでただ与え合う関係が成立していると解釈できる。

人々が「皆生」で与え合うものとは何か。Fさんは初めて「皆生」に出場したときのことを「甘くない。水泳上がった時点で「しんどー」とか思った。ほんでバイクもペース配分できてないけえ、ボロボロになって、半分くらいで。もうしんどいままで（バイクを）終わって。ほいでもうボロボロじゃけえ（ランを）走る気力もないよね。「もうやめよう」とかって思って」と振り返る。そしてこのような「皆生」の「競争」の厳しさとともに

Fさんの記憶に深く刻まれているのは、二人の選手たちから「パワー」をもらった体験だ。

「その人（「皆生」初出場以前に自転車店で紹介を受けたある選手）とバイクの途中に、俺はもう飛ばしすぎてからばてとって、その人がたまたま淀江の上りのところにおってから「頑張れ！」とか言って（背中を）押してもろうたのがすごい印象的で。すごいその手がね、パワーになったんよ。「行かにゃいけん」と」

「ほいでその人と同じチームの人か誰かがバイク終わった時点で同じだったんよ。「もうしんどい！」とかって言いよったん。「もうしんどいですわー」とか言いよったら、「こっから感動のゴールがあるんよ！」とか冗談を、その人は何回も出とるけえ余裕があったんじゃけど、「ああ、そうなんかなあ」とか思って。「しんどさを超えてみんな行くんじゃ」とか思って」

「皆生」初出場でみごと完走を果たしたFさんは、このときの体験を以下のように受け止めている。

「そういうふうに人の言葉とかでもすごい後押しされたんよね。こうちょっとしたこととかで、（手で）ポンと、ポンと押しただけでもね。でもそれが普段「頑張れ」ってね。しんどくって何かあっても「頑張れ」って言われてもそう（頑張ろうと）は思わんけど、レースでポンってやられたことが力になるのもまた不思議なことなんよね。自分の気持ちに置き換えられるいうのがね。でもその二人のことっていうのはやっぱいまだにいうか、思い出せばやっぱり残っとるよ。あれがあったからちょっと頑張れたないうのが」

「普段」は感じられない他者の「パワー（力）」が、「ボロボロ」の揺らぐ存在になったことで直に感じられ、受け入れられるようになる。その「不思議」さこそが、Fさんが「競争」から「超脱」していたことの証左なのだ。さらに付け加えるならば、Fさんに「パワー」を与えた他の選手たちのはたらきかけは、反対にFさんから「パワー」を与えられて生じたとも考えられる。このことに関して、次に応援者の体験を参照してみよう。

私設エイドでの「ふれ合い」

ランコースの私設エイドで、Gさんは「水かけますよ！アイスありますよ！」と選手たちに呼びかけ、また

Gさんたちがかける水の冷たさに対する選手の反応をきっかけに、笑い声や会話が生まれる。「頑張ってください！」と声援を送る。Gさんが「頑張ってください！一歩一歩！」と言って再び走りだす選手に、「ありがとう」と応える。そのような私設エイドでのやりとりが「楽しい」し「嬉しい」のだと、Gさんは述懐する。

「毎年これ（私設エイド）を楽しみに来とるんよ」と話す選手、「しんどそう」な選手、「熱中症になった」選手など、Gさんは「皆生」で選手たちの「いろんな姿」を目の当たりにする。そのうちにGさんは「（選手は）しんどい思いしとるけど、前に進もうとしとって。その姿を見たら応援せにゃいけんなって思う」という、選手たちを支えようとせずにはいられない衝動に駆られる。なぜそうなるのかは「（自分でも）よくわからない」のだが、それはおそらく、揺らぐ存在になった選手たちの「いろんな姿」が意識的な理解に先立つ感受性に直接に訴えてくることによって、⁽53⁾「少しでもパワーになって、それが励みになって、少しでも先に行けたらいいなって」というGさんの思いが呼び起こされるからだろう。

またGさんが「（選手に）「頑張れ」って言うけど、実際にその姿を見たら、私もパワーもらいますよね」と語っていることは興味深い。Gさんにとって、「パワー」をもらうとは「元気になれる。感動するし、何ですかね、心が熱くなるというか。前向きになれるというか」といった体験を指している。Fさんの語りとあわせて考えると、「皆生」の選手同士、選手と応援者の間には、互いに「競争」から「超脱」したところで「パワー」を与え合う関係が生じうるということになる。

「一期一会」

同様の関係は、選手とボランティアやマーシャル（審判員）の間にも見て取ることができる。「皆生」の競技説明会では、審判長からただ違反を取り締まるのではなく選手たちをサポートしていきたいこと、フィニッシュ地点で選手たちの帰りを待っていることなどが伝えられる。またAさんは「たぶん私の見た限りでは」と前置きしたうえで、「頑張ってください。何が何でも完走してください」という「皆生」のボランティアの選手に対する「熱意」は「日本一」だと自負する。「皆生」のボランティアやマーシャルは、競技上の役割や規則などにしばられないところでも、選手と関わっているのだ。

フィニッシュ地点まで残り数百メートルの地点に、ランコース最後の信号と横断歩道がある。その信号が目の前で赤に変わってしまった選手が、両手を膝についてうなだれるように立ち止まる。そして少しだけ顔を上げると、その選手はコース誘導のボランティアに声をかける。フィニッシュ地点までの道のりを尋ねられたボランティアは、不意の呼びかけに対して方向を指す身振りとともに、選手にこの先のコースがどうなっているのかを真摯に伝える。それを聞いて再び身体を起こした選手は、まっすぐ立っていることができず左右にふらつくほどに消耗しきっている。ボランティアはそのような選手の姿から目を離さず、さらに少し言葉を交わす。やがて信号が青になると、ボランティアは拍手と声援で選手を送り出す。横断歩道を渡った先では、応援者に交じってマーシャルが拍手とともに「ラストです！」「お疲れさまでした！」と、ここまでたどり着いた選手たちを労っている。

考えてみれば、誘導員や審判員が応援してくれるスポーツというのも珍しいかもしれない。あるボランティアの体験記には「日常では決して感じることのできないことを、山のように感じさせてくれる、それが私の中の皆生トライアスロンです。（略）あそこまで限界に近づいてスポーツをしている人を間近に見ると、知人、友人関係なく、公平な気持ちで心から声援を贈りたくなるのです[54]」とつづられている。選手との「一期一会[55]」の邂逅が、「コートの中」や「実

写真2　選手とボランティア

社会」の役割を脱いで自分の感情に素直に付き合える社会関係[56]へと向かわせる。「皆生」では、そのような社会関係が許容されているのだ。

現在の「皆生」は、少なくとも「のん気で楽しい鉄人レース」と呼ばれることはなくなった。それはあくまでも「過酷」「限界への挑戦」「自分との闘い」などと形容される「コートの中」の「競争」を基本としている。ただし「皆生」では、誰もが少しの間だけ、そのような「競争」からはずれてもいい。そして「競争」からはずれたその先は、第一回と変わらない「おもしろ」さに通じているにちがいない。

5　百八十五・一九五キロの果てに

「フィニッシャーズストリート」

「いってらっしゃい」と送り出された選手たちが、「おかえりなさい」と迎えられる。それが「皆生」のフィニッシュ地点だ。

かつて温泉街の路上に設けられていた「皆生」のフィニッシュ地点手前には、「フィニッシャーズストリート」と呼ばれるおよそ二百メートルの直線があった。フィニッシャーズストリートは「皆生」で唯一全面的に交通規制がかけられた公道使用区間だったが、それでもコースの内外は明確には区切られていなかった。「皆生」の十五周年記念誌には「うねる波、灼熱の太陽、立ちはだかる坂、幾度もくじけそうになる心…多くの試練を越えてきた挑戦者たち。そして、家族、友達、沿道の応援者、ボランティア…挑戦者たちの孤独な戦いをゴールまで支えた多くの人々。フィニッシャーズストリートに、両者を隔てるフェンスやロープがないのは、両者の存在なくしては語れないトライアスロンの素晴らしさを、皆生の人々が何よりも尊んでいる証だろう[57]」と記されている。フィニッシャーズストリートとは、皆が「ルールやロールやゴールを越え」て生きることのできる、「コー

写真3　夜のフィニッシュ地点

トの中」の果てにある「コートの外」だったのだ。

温泉街周辺の住宅増加などを理由にフィニッシュ地点は陸上競技場に変更され、また選手との接触事故を回避するために応援者専用の入り口なども設置された。しかし現在でも、最後の直線がフィニッシャーズストリートだということに変わりはない。優勝者から制限時間の間際にフィニッシュする選手まで、最後まで自分の持てる力を出し尽くそうとしても、家族や友人たちに迎えられてともに走ってもいい。「大会がある限りはこの（フィニッシュ地点の）絵姿は守り通す」とのAさんの言葉のとおり、「皆生」は「（参加した人々）それぞれに価値を持ち帰って」もらう大会であり続けている。

スポーツの「楽しさ」や「喜び」

「皆生」に見いだされるスポーツ空間の「ゆとり」は、今日の市民スポーツ／地域スポーツに強く求められているものかもしれないし、反対に全く受け入れがたいものかもしれない。ならば市民スポーツ／地域スポーツが「スポーツになる（スポーツではなくならないようにする）」には、この「ゆとり」をめぐる両義性と向き合い、さらにそこから「超脱」しなければならないように思われる。つまり「ゆとり」を企てるのでも拒むのでもなく、「ゆとり」があってもいいということを受け入れられたとき、私たちはスポーツを享受できるようになるのではないだろうか。

最後に、第三十六回「皆生」から一つの場面を紹介しておこう。大会終了から十分ほどが経過したフィニッシュ地点では撤収作業が進められ、残っていた選手や応援者たちも帰路に就こうとしていた。そのとき、閉鎖されていた陸上競技場の門が開けられ、一人の選手が家族や友人とおぼしき応援者たちと手をつないで場内に入ってきた。彼ら／彼女らはトラックをゆっくりと進み、やがて最後の直線に差しかかる。フィニッシュ地点には、もうテープは用意されていない。それでも彼ら／彼女らはつないだ手を高く上げて、笑顔でフィニッシュゲートをくぐっていった。

選手は振り返って深くお辞儀をした後、フィニッシュ地点で待っていた他の応援者やボランティア、大会関係者たちからの拍手や声かけに笑顔で応え、感謝の言葉を伝える。[58]制限時間に間に合わなかったこの選手の記録は、DNFだ。また陸上競技場の閉門時間が競技規則で定められていることからすれば、本来なら彼は最後まで走ってはいけなかったのかもしれない。しかし記念撮影をする選手や応援者たちの表情は、「楽しさ」や「喜び」に満ちている。おそらくこのときの体験は、彼ら／彼女らにとってスタートする前には思いもよらなかったものだろう。そして一人ひとりに価値あるものとして、彼ら／彼女らの心に残り続けることだろう。このような体験の可能性を開くことのできる市民スポーツ／地域スポーツなら、「スポーツになっている」と言っていいはずだ。

注

(1) 佐伯年詩雄「スポーツ組織の近未来」、中村敏雄／髙橋健夫／寒川恒夫／友添秀則編『21世紀スポーツ大事典』所収、大修館書店、二〇一五年、四〇〇ページ

(2) 皆生トライアスロン協会『FRONTIER 全日本トライアスロン皆生大会15周年記念誌』皆生トライアスロン協会、一九九五年、三ページ

（3）「Looking Back——あの瞬間《とき》——1985年4月28日 沖縄県・宮古島」、ランナーズ編「トライアスロンJAPAN」一九九八年五月号、ランナーズ、二七ページ

（4）荒井貞光『「コートの外」より愛をこめ——スポーツ空間の人間学』遊戯社、一九八七年、二七九ページ

（5）同書四四—四五ページ（本書一四二ページ）

（6）同書五〇ページ（本書一四五ページ）

（7）同書六一ページ（本書一五三ページ）

（8）同書四八ページ（本書一四四ページ）

（9）同書六二ページ（本書一五四ページ）

（10）同書三〇—三一ページ（本書一三二—一三三ページ）

（11）同書六二—六四ページ（本書一五三—一五五ページ）

（12）文部科学省「スポーツ基本計画」二〇一七年、三ページ（https://www.mext.go.jp/sports/content/1383656_002.pdf）［二〇二〇年三月十二日アクセス］

（13）前掲『「コートの外」より愛をこめ』八七ページ（本書一七〇ページ）

（14）同書七二ページ（本書一六〇ページ）

（15）奥田睦子「地域スポーツが拓く共生社会とその仕組み」、全国スポーツ推進委員連合編「みんなのスポーツ 公益社団法人全国スポーツ推進委員連合機関誌」第三十九巻第十二号、日本体育社、二〇一七年、一四ページ

（16）ジグムント・バウマン『リキッド・ライフ——現代における生の諸相』長谷川啓介訳、大月書店、二〇〇八年、一六一—一六二ページ

（17）内田良『ブラック部活動——子どもと先生の苦しみに向き合う』東洋館出版社、二〇一七年、五二ページ

（18）前掲『「コートの外」より愛をこめ』四二ページ（本書一四〇—一四一ページ）

（19）荒井貞光『クラブ文化が人を育てる——学校・地域を再生するスポーツクラブ論』大修館書店、二〇〇三年、六八ページ

（20）前掲『「コートの外」より愛をこめ』七六—七七ページ（本書一六三—一六四ページ）

(21) 同書一一七ページ（本書一九〇ページ）
(22) 小丸超『近代スポーツの病理を超えて――体験の社会学・試論』創文企画、二〇一八年、一五―一九ページ
(23) 前掲『「コートの外」より愛をこめ』五五―五八ページ（本書一四九―一五一ページ）
(24) 同書七六―七七ページ（本書一六三ページ）
(25) 同書一一一ページ（本書一八七ページ）
(26) 同書七四―七五ページ（本書一六二ページ）
(27) 同書一一四―一一六ページ（本書一八八―一九〇ページ）
(28) 前掲『クラブ文化が人を育てる』二〇七ページ
(29)「トライアスロンの原点が息づくレース」、ランナーズ編「トライアスロン JAPAN」一九九七年十月号、ランナーズ、一四ページ
(30)「朝日新聞」一九八一年八月二十一日付夕刊、三面
(31) 西山哲郎『近代スポーツ文化とはなにか』世界思想社、二〇〇六年、一五八―一五九ページ
(32) 間瀬庄作『皆生温泉・湯けむり裏ばなし』今井書店、二〇〇〇年、二三三―二三四ページ
(33) 皆生温泉街づくり推進協議会「皆生トライアスロン81」皆生温泉街づくり推進協議会、一九八一年、三ページ
(34)「朝日新聞」一九八一年十二月十八日付、一七面
(35) 永谷誠一「夜明け前のトライアスリートたち 最終回 コンビ、無事フィニッシュ」、ランナーズ編「トライアスロン JAPAN」一九八五年五月号、ランナーズ、一三ページ
(36)「勝負の先にある「何か」をつかむため。」、Gentle Breeze 編「Triathlon Trip」第七号、Gentle Breeze、二〇一〇年、一四ページ
(37)「朝日新聞」一九八一年八月二十一日付夕刊、三面
(38)「Road to the Dream――鉄人たちの見る夢」、ランナーズ編「トライアスロン JAPAN」二〇〇四年十月号、ランナーズ、四四―四五ページ
(39) 皆生トライアスロン協会「第38回全日本トライアスロン皆生大会競技説明資料」二〇一八年、一九ページ

(40) 浜田雄介「エンデュランススポーツの実践を支え合う「仲間」――トライアスリートの互酬的実践の記述的分析から」、日本スポーツ社会学会編「スポーツ社会学研究」第十七巻第一号、日本スポーツ社会学会、二〇〇九年、七五ページ

(41) 日本トライアスロン連合「トライアスロンとは？」(https://www.jtu.or.jp/join/)［二〇二〇年三月十二日アクセス］

(42)「第15回全日本トライアスロン皆生大会 ずっとこうして15年」、ランナーズ編「トライアスロン JAPAN」一九九五年十月号、ランナーズ、二二ページ

(43)「第11回全日本トライアスロン皆生大会 皆生11年目の夏 伝統の大会に新星現る！」、ランナーズ編「トライアスロン JAPAN」一九九一年十月号、ランナーズ、三九ページ

(44) 八尾彰一「勇者たちの季節。八尾彰一 皆生トライアスロン参戦記」、ランナーズ編「トライアスロン JAPAN」二〇〇五年十月号、ランナーズ、一〇ページ

(45) 前掲『「コートの外」より愛をこめ』五一ページ（本書一四六ページ）

(46) ジョルジュ・バタイユ『内的体験――無神学大全』出口裕弘訳（平凡社ライブラリー）、平凡社、一九九八年、一七三―一七四ページ

(47) 前掲『「コートの外」より愛をこめ』五二ページ（本書一四六―一四七ページ）

(48) 浜田雄介「純粋贈与としてのエンデュランススポーツ」、広島市立大学国際学部〈際〉研究フォーラム編『〈際〉からの探究――つながりへの途』（「広島市立大学国際学部叢書」第七巻）所収、文眞堂、二〇一七年、二一一―二一三ページ

(49) ジョルジュ・バタイユ『宗教の理論』湯浅博雄訳（ちくま学芸文庫）、筑摩書房、二〇〇二年、二一ページ

(50) 前掲『「コートの外」より愛をこめ』七八―七九ページ（本書一六四―一六五ページ）

(51) 同書七八ページ（本書一六五ページ）

(52) 前掲「純粋贈与としてのエンデュランススポーツ」二一一ページ

(53) 作田啓一『生の欲動――神経症から倒錯へ』みすず書房、二〇〇三年、一〇一ページ

(54) 前掲『FRONTIER 全日本トライアスロン皆生大会15周年記念誌』二四ページ

(55) 皆生トライアスロン協会「もうひとりのアスリートたち」(http://www.kaike-triathlon.com/hitori.htm)［二〇二〇年三月十二日アクセス］
(56) 前掲『「コートの外」より愛をこめ』一〇八ページ（本書一八四ページ）
(57) 前掲『FRONTIER 全日本トライアスロン皆生大会15周年記念誌』一九―二〇ページ
(58) 前掲「第38回全日本トライアスロン皆生大会競技説明資料」一四ページ

［謝辞］本章の執筆にあたって調査へのご協力とご支援をたまわった皆生トライアスロン協会の方々、貴重な体験談を教えてくださったトライアスリートの方々、多くの有益なご助言をいただいた先生方に、記して深く感謝を申し上げます。

［付記］本章はＪＳＰＳ科研費 JP15K16478（研究課題名「エンデュランススポーツにおける消尽と歓待に関する実証的研究」）による助成を受けたものである。また本章中の写真の肖像権はすべて皆生トライアスロン協会に帰属する。

第3章

「待つ」行為における「さぐり」

——「共育」コーチングとして指導者に求められるのはどのような姿勢か

迫 俊道

1 スポーツと「待つ」行為

スポーツ空間の性急さ

スポーツ社会学者の荒井貞光は独自のスポーツ空間論を展開してきた。荒井の著書『「コートの外」より愛をこめ』にそのエッセンスがまとめられている。荒井は実際にスポーツをする場である「コートの中」をハラハラ気分の場、「実社会」をイライラ気分の場と表現し、「実社会」と「コートの中」という空間の間に「コートの外」を位置づけて、「ヤレヤレ」とくつろげる気分が生じる可能性を見いだしている。(1)

荒井は、「コートの外」の実践者だった。筆者は一九九四年四月に開学した広島市立大学の一期生であり、入学式の翌日に教員だった荒井と顔を合わせた。当時の同大には、大学生活について学生が教員に相談しやすいように、一人の教員に二、三人の学生を割り当てた「ペア教員」という（荒井が考えた）制度があった。私の担当は荒井だった。荒井は研究室で、「いつ開けたかわかんねえよ、賞味期限切れかも」と笑いながら、ペットボトルに残っていたオレンジジュースをコップに注いで渡してくれた。荒井研究室の扉の外には厚紙のボックスがあった。荒井はそこに自分の研究室のカギを入れ、「このカギで研究室に入っていいから」と言っていた。荒井は自分の研究室の一部を公共空間と位置づけ、学生が授業の合間などに「ヤレヤレ」と歓談（飲食なども）できるような「コートの外」風の居場所づくりをしていたわけである。

話を荒井の著書に戻そう。荒井は、「コートの外」が失われると、選手が行為する空間は「実社会」と「コートの中」だけになり、イライラする気分とハラハラする気分だけの繰り返しになると述べている[2]。著書はサブタイトルにもあるようにスポーツ空間論に関するものだが、「コートの外」の着想には当時の「社会のスピード化」[3]という時間的な要因が影響している。荒井は、「マンツーマンの指導でも、中学校時代だけ、高校時代だけというぐあいに、短期間で指導しなければならないとなると、事情が違う。のんびりと「コートの外」などとは言っておれない」[4]と述べ、生涯スポーツ社会ならではの課題を指摘している。

コーチングの課題

荒井によれば、一対一の指導であっても短い期間で成果を出さなければならない状況では「コートの外」を導入することは難しいのだという。そもそも指導する時間が少ないことで「コートの外」空間が失われる。時間的にゆとりがない環境にあっては、指導者が選手に対して発する言葉も具体性を欠いたものになってくる。荒井はそのことを物語るエピソードとして、旧西ドイツのデットマール・クラマー（サッカー指導者）が、「ただ「頑張れ！　頑張れ！」というコーチングを、どこをどのように頑張るのかというコーチングに切り換えようという努力した」[5]ことを紹介している。このように時間的に制約がある状況では、組織全体に向けて「頑張れ」という抽象的な声掛けをすることにとどまってしまうのかもしれない。

今日、スポーツを取り巻く環境で体罰やハラスメントなど様々な問題が表面化している。体罰については、「スポーツにおける可視化された身体は、指導者に、冷静な言葉を介した説得や納得を導く時間を与えない評価行動、すなわち感情的な言葉や物理的な力の行使といった暴力＝体罰に依存してしまう状況を、つくり出しやすい[6]」と説明されている。ここで指摘されているように、ゆとりのある時間を奪われた性急な環境が暴力や体罰の温床の一つの要因であると言えるだろう。指導者が練習内容などについて十分な説明をおこない、選手の理解を得ているとは言い難い現実がある。

練習場面だけでなく試合の場面でも、コーチングの観点から体罰の問題が指摘されている。二〇一三年六月十三日に放送された『クローズアップ現代＋』（ＮＨＫ総合テレビ）のテーマは「体罰 問われる〝体質〟」で、コーチング学を専門とする研究者が試合での指導者の音声を分析した結果が報告された。接戦の場面で「ばかたれか、本当」という指導者が発した感情的な言葉があった。それに対して研究者は、指導者が感情的になりすぎず、何ができたのかを客観的に選手に伝えていくことの重要性を指摘していた。練習や試合といった場面を問わず、指導者の選手との関わり方、選手をどのように導いていくのか、コーチングのあり方が喫緊の問題になっている。

「待つ」ことの意義

時間に急き立てられた状態では、指導者や選手が精神的に追い詰められやすく、体罰などの問題も生じやすい。ゆとりや余裕がある環境が求められるが、そもそも何事においても何かの技能を習得し、停滞期を脱するには、ある程度の時間が必要である。そのことを示すスポーツからの一例をみてみよう。

批評家の小林秀雄は、プロ野球の元国鉄の豊田泰光選手との対談を「スランプ」という短いエッセーにまとめている。そのなかで小林は、スランプから抜け出るにはどうすればいいのかを豊田に尋ねたところ、豊田はスランプから抜け出るには、ただ「待つ」のだと返答したと書いている。この豊田の返答を受けて、小林は「肉体というものは、自分のものでありながら、どうしてかうも自分の言ふ事を聞かぬものか、スポーツの魅力は、その苦労から出て来る[7]」と指摘している。自分の思いどおりにならない事態があっても、選手は必死に練習をおこない、不意に訪れてくる「僥倖」とでもいうべき瞬間を待っている。スポーツでは伸び悩みや停滞期があるが、その障壁は「待つ」行為によって乗り越えられる可能性がある。

哲学者の鷲田清一は『「待つ」ということ』のなかで、「〈待つ〉は偶然を当てにすることではない。何かが訪れるのをただ受け身で待つということでもない[8]」と説明している。「待つ」ことは、何もしない無為の行為ではない。不安や退屈を感じながらも積極的に活動に取り組むことであり、具体的な行動を実践しながら能動的に「待つ」のである。しかし、「待つ」のは選手だけだろうか、指導者にも「待つ」ことが求められているはずだ。

2　指導者にとっての「共育」

「影響」の概念における「共育」

荒井は指導のよりどころについて、「影響」という指導者と選手の人間関係に着目している。荒井によれば、指導「影響」とは「お互いが接しあう中で、相手の人格や個性に触発され、結ばれていく人間関係の暖かさで、指導者も被指導者もともにメンバーとして成長する。いわば共育のような作用を果たしている指導の状態[9]」「指導者と選手は一体化し、選手の悩みや不安をともに考えていこうとする姿勢[10]」と説明している。荒井は指導者と選手の共同的な取り組みに関して、「オレもやるから、お前もオレを信頼してやれという風でした。道理を説明して、むちゃなことをしません。練習計画も、綿密にノートをとって、すべて納得ずくでした[11]」という水泳選手の具体的な言葉を紹介している。

このエピソードに出てくる指導者は、選手がスランプのとき、悩みを払拭するためにマラソン選手の練習の見学に連れていったという。これについて水泳選手は「人の苦労をみて、視野を広め、何のためスポーツをやるのかを感じさせようとされたのかもしれません[12]」と述懐している。指導者と選手がともに困難な状況を乗り越えようとしている。まさに「共育」の内容を物語るにふさわしい逸話だろう。

ここで紹介した具体例には指導者の言葉も含まれているが、荒井が取り上げている出来事のほとんどは選手の立場から指導者の行動を解釈したものである。指導者の視点から、選手が何を悩み、困っているのか、それを把握しようとした記述ではない。「影響」の概念として「共育」をより明確に位置づけるためには、指導者の側から、指導者の考えや試みなどを描き出す必要があるだろう。

「コートの中」にある「コートの外」

荒井が「「コートの外」がスポーツの世界からしだいに喪失していくにつれ、当然、影響空間も失われやすい」[13]と述べていることからも明らかなように、「コートの外」にこそ「影響」、つまり「共育」にまつわる出来事が展開すると考えられる。しかし、先に指導者と選手のエピソードをいくつか紹介したなかには、「コートの中」での指導者と選手のやりとりも含まれている。つまり、「コートの中」にも「影響」の概念は波及しているのである。

荒井は、「プールサイドが「コートの外」になるかどうかは、その人のスポーツへの関わり方で決まってくると言ってもよい」「心理的・社会的条件がそろって必要かつ十分な条件になる」[14]と述べている。これは、「コートの外」と「コートの中」は単にスポーツをする場かその周辺空間か、という物理的空間で判断されるものではなく、「共育」の出来事が展開されるような場合、そこが物理的にはスポーツをする場である「コートの中」であっても、「コートの外」の機能が発揮されていると言っているのである。「コートの中」にも「コートの外」はあるのだ。

一方で荒井は自身の主張について、「概念的曖昧さや論理的不整合の箇所があることもわかっている」[15]とも述べている。「コートの中」にも「コートの外」があるということは荒井がいう概念的な曖昧さ、あるいは論理的に不整合な部分だろうか、いや必ずしもそうとは言えないだろう。心理学者のミハイ・チクセントミハイのフロー研究を日本に紹介した今村浩明は「学問・研究の領域に「流行」「時代後れ」という概念はそぐわない。既成の理論は絶えざる自己洗練により、また新しい理論は古い理論を放棄することによってではなく包摂することによって、あたかも多数の年輪を抱えた巨木のような重厚さをもち、根を大きく広げ、美しい花を咲かせて豊かな果実をもたらすのである」[16]と述べている。荒井の「コートの外」に関する理論についても同様のことが言えるはずだ。本章で荒井が描き出せなかった指導者側の「共育」の実態を掘り下げることは、「コートの外」と「コートの中」の重なりという新しい解釈を生成することにつながるだろう。

3　伝統芸能における身体所作の指導

伝統芸能の練習環境

ここではスポーツではなく、伝統芸能の神楽に焦点を当て、指導者がどのようにして学習者を教えているのか、その具体的な様子を描出する。神楽の指導場面には、「待つ」行為における「さぐり」という、スポーツ指導論ではあまり指摘されていないが、指導者と学習者がともに成長する「共育」コーチングの問題を考えるうえで大きなヒントになる事例が含まれているからである。管見の限り、伝統芸能の指導者を対象とした研究は、ほとんどおこなわれてきていない。そこで、筆者がこれまでにおこなってきた、指導者を対象にしたフィールドワーク（広島市の西部に伝わる十二神祇神楽）を取り上げることにする。

まず、神楽と十二神祇神楽について簡単に説明する。神楽は五穀豊穣の儀式として地域の神社でおこなわれてきた。広島県では秋祭りのなかで、神楽が奉納されることが多い。中国地方の神楽を精力的に研究した民俗芸能学者の三村泰臣によれば、広島県内だけでも神楽団の数は三百近いという[17]。十二神祇神楽と呼ばれる神楽は、十二の演目で構成されることからその名前がついたという説があるが、実際には十二を超える演目を有している神楽団が多い。この神楽は儀式舞として位置づけられるものであり、近年人気を博している芸北神楽とは異なって演劇的な要素は少なく簡素で素朴なものである。

筆者は広島市で十二神祇神楽を伝承している神楽団に対するフィールドワークをおこなってきた。神楽の身体所作の伝承過程で、指導者と学習者のやりとりをデジタルビデオカメラで収録し、指導者がどのような意識で学習者を指導しているのかという観点に着目して、必要に応じてインタビュー調査を実施してきた。また、練習場面に持ち込んだノートパソコンを用いて、その日にどのような練習がおこなわれたのか、その際の出来事の概要と筆者が感じたことなどを記録した。インタビュー調査は二〇一七年八月に三人の神楽の指導者に対しておこなった。Aさんは三十歳で神楽の経験年数は二十三年で指導歴は十三年、Bさんは三十四歳で神楽の経験年数は二十三年で指導歴は十二年、Cさんは二十歳で神楽の経験年数は十二年で指導歴は三年であった。インタビューで

写真1　学習者の崩れた所作を再現

写真2　正しい所作を提示

は指導の実際の映像を提示しながら、そのときの行為の意味を尋ねた。

指導者による気づきの促し

「なぞり」という言葉は、伝統芸能に限らず、スポーツや習字など、手本や見本とすべき演技や文字などを模倣する際に用いられる。尼ヶ崎彬は「なぞり」を「この真似は表面的な操作ではなく、いわば全身をもって能動的に遂行される典型事例の反復である。その目的は（あるいは結果は）、自らその具現例を実現することによって、その「型」を身につけることである」[18]と説明している。

神楽の練習では学習者が指導者の模範演技の動きをなぞろうとする。神楽を習い始めたばかりの者は、初歩的な動きであっても、動きのぎこちなさが常に顔を出す。滑らかな動きになるまでにはある程度の経験が必要である。初学者の場合、基本的な所作を習得するのと同時に、舞いの構成も覚えなければならない。指導者が学習者の単純な間違いを指摘する場合は、練習を中断して手足の動きのミスを指摘する。そのときどのように指導者は学習者の未熟な動きを修正するのか。写真とインタビュー調査の結果から、その一例をみてみよう。

写真１と写真２の中央で、右足と両腕を前に出した構えをしているのが、指導者のＡさんである。右側でその姿を見ているのが、神楽を習う学習者である。写真１は両腕が前方に出すぎて上半身もかなり前傾している。写真２は、その動きが修正され、身体の軸がまっすぐに立っていて、両腕も前方に出すぎていない。Ａさんは、まず写真１の動き（学習者の崩れた所作）を見せ、そのうえで写真２の所作（正しい所作）を示した。なぜこのような手続きをおこなったのかを尋ねると、Ａさんからは次のような回答が得られた。

「悪い型をまず先に見して、こっちが本当は正しいんだよって見比べさせて、本人に違いをまず認識してもらわんと直らんかなって思って」

同じ神楽団に所属する指導者のＣさんにも同じ部分の映像を見てもらい、Ａさんが前述のような手順で指導をおこなった理由を尋ねたところ、次のような回答があった。

「自分がやっぱ、こういうやり方だったんだって、気づくと思います。舞っとる方としたら、自分がどういう形かって、たぶんわかんないんですよ」

指導者は正しい身体所作を示し、学習者に対して所作の修正を求めている。学習者が神楽の舞いの手順を覚えることに専心してしまい、所作の細部にまで意識が及んでいないこと（あるいは学習者が指導者の模範演技に近い形で神楽を舞うことができていると勘違いしていること）を指導者は看取している。学習者は指導者の指摘によって自分の所作の至らなかった点に気づき、舞いの所作を修正していく。神楽の指導者は学習者の未熟な部分を見抜き、学習者の不格好な動きを再現することで、学習者に「気づき」を促している。

4　伝統芸能における「さぐり」

指導者の「さぐり」の実際

指導者が学習者の所作に違和感を覚えたとき、自分の身体を用いて、何かを模索、確認するような動きをすることがある。このような行為を「なぞり」と対比する形で「さぐり」と呼ぶことにする。本章では紙幅の関係もあり、また「共育」に関して指導者の思考や行為に着目しているため、指導者が学習者の動きを探索する「さぐり」を中心に取り上げることにする（実際には学習者も「さぐり」を、指導者も「なぞり」をおこなうことが考えられる）。

写真3は左側で学習者が「はなんぼう」と呼ばれる長い棒を持って「煤払い」という演目の練習をおこなっている場面で、右側にいるのが神楽の指導者のCさんである。指導者は手に道具は持っていないが、学習者と同じように神楽を舞っている。この映像をCさん本人に提示し、何のために隣で同じように神楽を舞うのかを尋ねた。

「自分とM君との間に、間じゃないですけど、違いを探すじゃないですけど、やっていくことで自分のなかで、

写真3　学習者の傍らで演技する指導者

「あれ、なんかこうだったっけ」と思いながら、間違っとる部分をなんか一緒にやりながら探しよったんですよ。体に染みついている分、動かにゃあ、思い出せんっていうのがあるんですよ」

　同じ部分の映像をBさんに提示し、指導者が何のためにこのような行動をとっているのかを尋ねたところ、次のような回答が得られた。

「どこで苦労しているか、どこで躓いているかっていうのを自分もやることによって、どういうポイントで自分が意識してやっているかとか、なぜこの動きができないのか、というのをやることによって理解できる。このリズムで左足が入らにゃあいけんのに右足が出る、それはなぜだろう、というのを合わせてやることによって見えてくる。そこを見るためですかね。違和感探るときにやったりします」

　ただ、すべての指導者が自分の身体を用いて学習者と同じように演技をおこない、違和感を説明するための言葉を引き出そうとするわけではない。インタビュー調査の対象者のAさんは「自分で身体を動かすことはなく、頭のなかでイメージし、そのなかで動く」と回答した。

指導者による「さぐり」の意味

　写真3の撮影時に指導者はいくつかのアドバイスを与えていたが、指導者も学習者も納得のいく出来栄えには到達できなかった。撮影から一カ月後に練習を観察した際、筆者は次のメモを記録している。

「以前よりもサマになっていると思う。動きに無駄がないというか、ブレがない、見ていて、決まるところがしっかりと決まっている。安心感がある。それなりの出来栄えだと思う。指導者からも「いい感じ、いい感じ」という声が出た。「あとはもう少し力強さがほしい」、という指導者のコメントがあったが、ほぼこれでいいということだろう」

一カ月で状況は一変していた。一カ月の間、学習者は所作を習得する努力をして、指導者はその模様を注視しながら助言を与え続けてきたことが想像された。指導者と学習者は試行錯誤を繰り返しながら、習得すること、教えることを継続し、ともに悩み、考え、所作の習得を目指して努力を継続しながら「待った」はずである。

指導者が「さぐり」をおこなえば必ず学習者の動きのどこに違和感があるのか、それを的確に説明できる言葉が見つかるとはかぎらない。指導者が原因を「さぐり」あてたと思って学習者に助言をしても、所作が修正できないこともある。また、学習者に何らかの助言を与えるときも、その内容に（間違いの原因を修正できる）確信を持っていない（と思われる）状態でアドバイスをすることもあった。表現を変えながら様々な指摘を学習者に与えても効果がみられないとき、参与観察していた（神楽の経験者である）筆者に「どうしたらいいですか」と尋ねてきたこともあった。さらにきわめてまれなケースだが、指導者が間違った情報を学習者に提供したこともあった。その場合には、学習者が指摘された部分を修正しようとしていく間に、指導者が自分の指摘が間違いであったことに気づき、指導内容を訂正していた。

学習者が抱える課題は千差万別である。指導者は対応の仕方を相手の性格や気質によっても工夫しなければならない。指導者が指示したように学習者が動こうとしても動けない状態になることがある。指導者が間違うこともある。このような紆余曲折が伝統芸能の指導・学習の現場には遍在している。

「待つ」行為としての「さぐり」

指導者は学習者の未熟な所作に初めて遭遇する場合が多い。指導者は自身でも経験したことがない躓きに直面することになっても、学習者をできない状態からできる状態へと導かなければならない。そのため、指導者が学習者に伝えたいことがうまく伝達できない、学習者が指導者の発言を誤解するなど、練習場面で指導者と学習者の双方が混乱する場面が想定される。

身体教育学を専門にする奥井遼が述べているように、「動作を一度身につけてしまえば、できない状態に立って説明する」[19]のは困難である。ある動作ができることと、その動作ができない人をできるように導くことでは、必要とされるのは全く違う能力である。特に指導者としての経験が浅い場合、自分の指導に大いに不安を感じる。指導者のCさんは、「いままで教えたことがないから、これでいいのかわからない。舞い手としての関わり方とは全く違うので、どういっていいのかわからない。いまの指導でいいでしょうか」と心境を吐露したことがあった。奥井は「師匠たちは、正しい振りについて熟知していたとしても、弟子に対する正しい教え方については無知である」「自分の身体を思う通りに動かすことすらできないのに、相手の身体を自分の思う通りに動かすことが極めて困難であることは想像に難くない[20]」と述べている。指導者は学習者に正しく教えようと「さぐる」過程を経て指導者として成長する。指導者がさぐりながら学習者の習熟を待つことは、指導者と学習者がともに育つ「共育」の可能性を開くだろう。

5 スポーツにおける「待つ」行為の可能性

「失敗」を再現する

荒井が指導のよりどころとしてあげた影響のなかの「共育」に関して、指導者側の具体的な出来事を伝統芸能の事例から析出した。写真1の指導者は学習者の失敗した身体所作をみごとに再現してみせた。失敗があまりにも単純だったからである。それに対して、写真3の指導者は学習者の身体所作に違和感を覚え、その原因をさぐった。写真3の学習者は神楽の経験者であり、複雑な動きが要求される演目に取り組んでいた。写真3の撮影時に、指導者は学習者の失敗を再現できなかった。「さぐり」は失敗の要因に接近する行為でもあるが、失敗を再現することは非常に難しい。失敗のメカニズムをさぐる困難さや、その意義に関しては、神楽だけではなく、テレビの撮影やスポーツの領域でもみられる。以下に類似する事例を紹介していく。

二〇一八年十月からNHKの朝の連続テレビ小説で、インスタントラーメンを開発した安藤百福の生涯を取り上げていた。その舞台裏が「産経新聞」で紹介されていた。一九年二月一日付の記事は「「失敗作」の緻密なディテール」という見出しだった。ラーメン開発の撮影で専門家たちを悩ませたのは、「失敗作を作る」ことだったという。その新聞記事の一部を引用する。

> 普段彼らは完成した商品を作っています。しかし、ドラマの中では、数々の失敗を経て完成にたどり着きます。そのプロセスにおいて、麺がうまくできない、乾燥がうまくいかないなど多くの失敗作が生み出されるわけですが、プロの方々にしてみると、失敗作を作るということは完成品を作るより難しかった。(21)

この話は、スポーツ指導にも通底するものだろう。失敗の過程を「さぐる」ことは難しく、そこには深遠な意味があるにちがいない。

二〇一八年平昌オリンピックのスピードスケート女子五百メートルで金メダルを獲得した小平奈緒は信州大学在学時に経験した一カ月に及ぶ教育実習のなかでの経験について、子供にスポーツを教えることをテーマにした授業で、スポーツの苦手な子供の動きのまねができると良い指導者になる、と教わった。「苦手な人の動きのまねができるなら、上手な人の動きもまねできるはず。今度スケートでやってみよう」(22)と語っている。小平はこの後、強豪選手との動きの違いに気づき、自らの滑りに磨きをかけていくことができた。

失敗した動きに立ち会ったとき、指導者はどのような行動をとるべきなのか。頭ごなしに学習者(選手)を叱責するか、指導者が正しいと思う動きをひたすらに提示し続けるか。もちろんこれらの行為が無意味であるとは思わない。だが、学習者（選手）の失敗の要因を探る、失敗を再現してみようとする行為も、指導者にとっては予想外の可能性を生み出すかもしれない、有意義な試みであるだろう。

外から観て、内を感じる

指導者と学習者（選手）の関係について、スピードスケートの結城匡啓の例をみてみよう。結城は選手としてワールドカップで第三位になった経歴を有し、指導者としても小平奈緒など、オリンピックの金メダリストを輩出してきた。結城は選手としても指導者としても、世界のトップクラスに位置する。そんな結城はリンクでは、「選手を外から観て、内を感じようとしている(23)」のだという。この手法を「選手の運動に潜り込む(24)」と表現し「自分と選手とのしきいを取り去り、自分ではない選手を自分で動かそうとしながら選手の運動を観る。過去の運動潜入の感覚が残っていて、それと照らし合わせて違和感が生じる時、その違和感が修正内容となる(25)」と述べている。結城が語る「潜り込む」というのは、伝統芸能の事例で取り上げた指導者の「さぐり」、その理想的な状態であるだろう。

結城のように選手が置かれた状況を的確に把握できないとしても、指導者が選手の状況を探ろうとすることは、アマチュアでもどのようなレベルであっても、スポーツ指導者の心がけや姿勢によって取り組むことができる。おそらくトップレベルの指導者が最初から選手を教えることに長けていたわけではないはずである。輝かしい経歴をもつ一方で、初めて選手の指導に携わったとき、その競技ができることと教えることは必ずしも一致しないということを、身をもって知ったのではないかと思われる。「選手の運動に潜り込む」ことが最初からできるということも考えられなくはないが、選手と意見が食い違う、やりとりが噛み合わないといった経験が重層的に折り重なり、しだいに「選手の運動に潜り込む」ことが可能になっていくのではないかと思われる。

6　「共育」コーチングとして指導者に求められる姿勢

「待つ」行為による「共育」のコーチング

精神科医の春日武彦は「待つ」行為の可能性について、「「待つ」ことには豊かさや予想外の可能性が潜在しており、しかも偶然性や関係性にアクセスするための積極的な方法論ともなり得る[26]」と説明している。問題になるのは「待ち方」である。鷲田清一は「せっかち」であるということは「未来というものの訪れを待ち受けるということがなく、いったん決めたものの枠内で一刻も早くその決着を見ようとする。待つというより迎えにゆくのだが、迎えようとしているのは未来ではない。ちょっと前に決めたことの結末である。決めたときに視野になかったものは、最後まで視野に入らない。頑《かたく》なであり、不寛容でもある[27]」と述べている。肝心なのは鷲田や春日も述べているが、視野狭窄に陥ることなく、鷹揚に待っていられるかどうかである。ゆったりと待つことが、新たな技術獲得や記録向上につながるのだろう。

神楽の指導者たちは教える内容には限界があるという。「基本的な内容を身に付けた後は、自分なりのこだわりや創意工夫を見せてほしい[28]」という。筆者も神楽の最重要演目を身につけるべく、必死になって指導者の助言に従って練習を繰り返していた時期がある。あるときに指導者から、「もう教えない。教えたら、教えたようにしかやらない。あとは自分で考えて舞うように」と告げられたことがあった。指摘された内容を忠実にこなそうとしていた筆者にとって、この言葉は衝撃だった。独創性が求められた、新しい局面に立たされた瞬間だった。指導者が正しいと考える動きを頑なに押し付け、指導者の枠組みでしか考えられない場合、学習者が指導者以上のレベルに到達することはない。指導者が堅牢な構えを解きほぐし、柔軟な思考を持ち、学習者や選手に考えさせることが、コーチングの本質的要素であるはずだ。

「育てる」と「教える」の反転

指導者は学習者を育てるのだが、その過程で指導者が学習者に育てられるという反転が起きる。もちろん、学習者には指導者を育てているという意識はないかもしれない。奥井は「学び」を「学び手が成熟していくことを促す企て――そこには教え手自身もまた成熟していくことも含まれる(29)」と述べている。学習者だけではなく、指導者もまた成長していくことは、まさに「共育」のプロセスそのものである。

指導者が教えることの困難さに直面し、指導者としてできないことができるようになっていく過程を丁寧に記述していくことは、新たな指導論、コーチングの創出につながるだろう。指導者が学習者（選手）の状況を「さぐる」指導スタンスを常に意識して「待つ」こと、その姿勢がスポーツ空間にみられる、性急に結果を求めすぎるという問題（「コートの外」空間の喪失）を乗り越える一歩になりうるかもしれない。

指導者が「さぐり」を放棄して、過去の経験に依存し、指導者が正しいと考える動きを学習者（選手）に強引に押し付けてしまうことは性急な「待てない」指導である。その極端な弊害は体罰という形で姿を現す。実は初歩的で基礎的な段階を除けば、教えることには普遍的な正解がない場合が多いのではないかと筆者は思う。指導者はどう対応すべきか根気強く「さぐり」続けなければならない。ここに指導者が成長する余地がある。

指導者は、杓子定規な教え方になっていないか、伝えることに怠けていないか、常に自問自答する必要がある。言葉や身ぶり手ぶりを尽くして「伝える」方法や内容を更新していかなければならない。指導者と選手が思いを伝え合うことは容易ではない。そのことに指導者は日頃から自覚的にあるべきだ。「さぐり」ながら「待つ」姿勢は、指導者と選手がともに育ち成長する「共育」へとつながる、「共育」コーチングになりうるだろう。

注

(1) 荒井貞光『「コートの外」より愛をこめ――スポーツ空間の人間学』遊戯社、一九八七年、七六―七八ページ(本書一六三―一六四ページ)

(2) 同書九二ページ(本書一七三ページ)

(3) 同書六三ページ(本書一五四ページ)

(4) 同書一九八ページ(本書二四四ページ)

(5) 同書一〇九ページ(本書一八五ページ)

(6) 菊幸一「スポーツにおける体罰」、友添秀則編著『よくわかるスポーツ倫理学』(やわらかアカデミズム・〈わかる〉シリーズ)所収、ミネルヴァ書房、二〇一七年、一一五ページ

(7) 小林秀雄「スランプ」『小林秀雄全集9 私の人生観』新潮社、一九七九年、二七八ページ

(8) 鷲田清一『「待つ」ということ』(角川選書)、角川学芸出版、二〇〇六年、一九ページ

(9) 前掲『「コートの外」より愛をこめ』一九五ページ(本書二四二ページ)

(10) 同書二〇〇ページ(本書二四五ページ)

(11) 同書二〇〇ページ(本書二四五ページ)

(12) 同書二〇〇ページ(本書二四六ページ)

(13) 同書二〇一ページ(本書二四六ページ)

(14) 同書七五ページ(本書一六二ページ)

(15) 同書五ページ(本書一二五ページ)

(16) 今村浩明/浅川希洋志「あとがき」、今村浩明/浅川希洋志編『フロー理論の展開』(Sekaishiso seminar)所収、世界思想社、二〇〇三年、三二一ページ

(17) 三村泰臣『中国・四国地方の神楽探訪』南々社、二〇一三年、二四ページ

(18) 尼ヶ崎彬『ことばと身体』勁草書房、一九九〇年、一八三ページ

(19) 奥井遼『〈わざ〉を生きる身体——人形遣いと稽古の臨床教育学』ミネルヴァ書房、二〇一五年、一四〇ページ
(20) 同書七九ページ
(21)「「失敗作」の緻密なディテール」「産経新聞」二〇一九年二月二日付、二二面
(22)「インサイド 学ぶ・考える・やってみる」「毎日新聞」二〇一〇年四月二十七日付、一七面
(23) 結城匡啓「私の考えるコーチング論——科学的コーチング実践をめざして」、日本コーチング学会編「コーチング学研究」第二十五巻第一号、日本コーチング学会、二〇一一年、一四ページ
(24) 同論文一四ページ
(25) 同論文一四ページ
(26) 春日武彦『待つ力』(扶桑社新書)、扶桑社、二〇一二年、一七三ページ
(27) 前掲『「待つ」ということ』九—一〇ページ
(28) 迫俊道「十二神祇神楽の伝承過程における2つの「段階」——定着的段階と生成的段階」、広島市立大学国際学部〈際〉研究フォーラム編『〈際〉からの探究——つながりへの途』(「広島市立大学国際学部叢書」第七巻)所収、文眞堂、二〇一七年、一六三ページ
(29) 前掲『〈わざ〉を生きる身体』一二ページ

[謝辞] 十二神祇神楽を継承する石内神楽団、上温井神楽保存会の関係者の方々には参与観察、インタビュー調査などに快くご協力いただいた。ここに衷心からお礼を申し上げます。

[付記] 本章はＪＳＰＳ科研費 JP16K01639（研究課題名「伝統芸能の指導・学習過程における「なぞり」の構造とその意義に関する研究」）による助成を受けたものである。

第4章

語らいと熟議がもたらす「つながり」
——これからのミーティング空間に求められるのはどのようなコミュニケーションか

水上博司

1　コミュニケーションの民主化

運動部の閉鎖的体質

学校期のスポーツ集団の代表格である運動部は、スポーツを通じた真の「つながり」を生み出す時空間にはなっていないのかもしれない。運動部は、仲間との深い絆で結ばれた「つながり」を生むスポーツ体験の場である。こうしたスポーツ体験が、自らの人間的成長には欠かせなかったという読者からすれば、冒頭の疑問には素直にうなずけないだろう。しかし一方で、運動部の体験者ほど、運動部が生む「つながり」が同族意識の強い閉鎖的体質を持つことも否定しない。荒井貞光は中根千枝が論じた「タテ社会」の集団論(1)を引用して、運動部が「ソトとウチの区分が強い同質の集団(2)」になっているという。運動部の「つながり」は、ムラ的共同体のような強い結束力を生み出す。そして、日本スポーツ界をさわがせる数々のハラスメント的社会問題は、同族意識の強い「つながり」が原因で起こるのだ。

荒井は最後の単行本に『クラブ文化が人を育てる(3)』という書名をつけた。同族意識の強い「つながり」を生み出す運動部文化のあり方を見直し、クラブを運動部文化とは異なる「クラブ文化」として論じようとした。この「クラブ文化」がスポーツを通じた真の「つながり」を生み出すのだ。荒井は「クラブ文化」を論じることから運動部の何が問題なのか、そのことを読者に気づかせ、運動部のあり方を再考させようとした。

クラブの「つながり」

「クラブ文化」という言葉には、運動部とクラブを異質な「つながり」を持つ集団として捉える前提がある。この二つの集団を区別してクラブ文化は論じられる。具体的には、単一種目型の運動部を「チーム」と呼び、これとは異なる「複数チームの連携共存」集団を「クラブ」と区別する。[4]ではいったい荒井はチームとクラブを区別するために、どのような点に着目したのか。荒井の視点は、「内側の集団力を高めるのと同じぐらいに、外側の集団を利用、活用した方がいい[5]」に表れている。チームが内側の集団力を高める志向をもつなら、クラブは複数チームと連携共存して集団力を高める志向性に基づく。すなわち、一つのチームからみれば、自分たちのチームの外側で活動する異なる種目や世代のチームとの連携共存の場だ。異なるチームであっても同じクラブ名の下でともに所属する。

ドイツ南部バイエルン州キルヒハイム町（Kirchheim）は人口一万二千八百四人。この小さな町に一九六七年創設のＳＶ（Sport-Verein＝スポーツクラブ）ハイムシュテッテン e.V.（eingetragener Verein＝社団法人）がある。バスケットボールや卓球、テニス、フィットネス、ランニング、ウオーキング、ウエートトレーニング、体操、バレーボール、ロッククライミング、柔道、サッカーなど複数の種目別のチームと世代別のチームの集まりだ。町のシンボルとも言える地域スポーツクラブには総勢五十五人の指導者が各チームの指導にあたっている。たとえば、サッカー部門だけで会員は五百五十七人。六歳から四十五歳以上の各世代のカテゴリーごとにチームが結成される。クラブを代表するトップチームまで含めると十七チームの部門構成だ[6]（二〇一五年六月八日調査時点）。

このような複数のチームがクラブという統一組織の下で連携共存する集団こそ、荒井が描こうとしたクラブ文化論の対象である。それぞれのチームでは、目標に向かってメンバーが結束する「チームワーク」が集団力を高める。これに対してクラブでは、複数チームの連携共存のためのチーム同士の交流や一体感の醸成が目標となる。荒井は、こうしたチーム同士が交流する空間を「コートの中」ではなく、「コートの外」に区別する。そして、複数チームの連携共存を「クラブワーク」と呼んだ。[7]

ところが、クラブワークは、チームワーク型の結束原理が根強い日本のスポーツ界には受け入れられていない。そもそもクラブとは語源的には閉鎖的な社交的組織である。それなのにほかの複数チームと連携共存させようとするのだから受け入れにくいのもうなずける。そのため今日でも第1章で谷口が指摘したとおり、クラブワークは総合型地域スポーツクラブ（以下、総合型クラブと略記）政策の「ゆらぎ」の中核に位置づけられる。[8]いったいクラブワークとは、どのようなコミュニケーションを通じて、どのような「つながり」を生み出すのか。

本章では、荒井が提唱した「コートの中」と「コートの外」の違い、チームとクラブの違いを荒井はどのように捉えていたのかを再確認し、「コートの外」のコミュニケーションが和やかな雰囲気の「語らい型」に偏っているのではないかという問題提起をしたい。そのうえで、これまでの「語らい型」コミュニケーション空間に加えて、複数チームの「つながり」を創出する「熟議型」コミュニケーションを論じる必要性を提唱したい。熟議とは十分な話し合いや議論を通じて異なる意見や考えを調整・調停する手法である。[9]政治学者の田村哲樹は、多様な価値観を持つ人々が暮らす今日の社会は、伝統や慣習、法では調整・調停できない事柄が多く、熟議を通じたコミュニケーションが新たな民主主義のあり方を生み出すという。こうした熟議民主主義の利点は、「他者の観点を自分自身の観点に組み込んだり、自分自身の観点から他者の観点を再解釈」することにある。つまり「自分の意見・考えを反省的に問い直す」きっかけになるのだ。[10]本章では、こうした熟議型コミュニケーションの意義を踏まえ、複数チームの連携共存を目指したクラブワークの提唱を試みたい。

2 チームワーク至上主義

チームとクラブの違い

『「コートの外」より愛をこめ』で論じられているチームとクラブの違いを確認しておこう。荒井はスポーツルールのもとで勝敗を決するプレーヤーの競技空間である「コートの中」と、プレー前後に交わされるコミュニケーション空間である「コートの外」に境界線を引いた。プレーヤーがこの二つの空間を行き来できることがスポーツクラブライフにつながるのではないかという主張である。(11) 図1は、「実社会」という空間の中に「コートの中」と「コートの外」の二つの空間を図式化したものである。この図は、「コートの中」の勝敗を競い合うプレーヤーの役割と「コートの外」の勝者敗者を互いに称え合うプレーヤーの役割を区別する。この競技空間と競技後のプレーヤーのコミュニケーション空間の切り替えを自覚した行為こそ、スポーツが「スポーツになる」条件の出発点なのだ。(12)

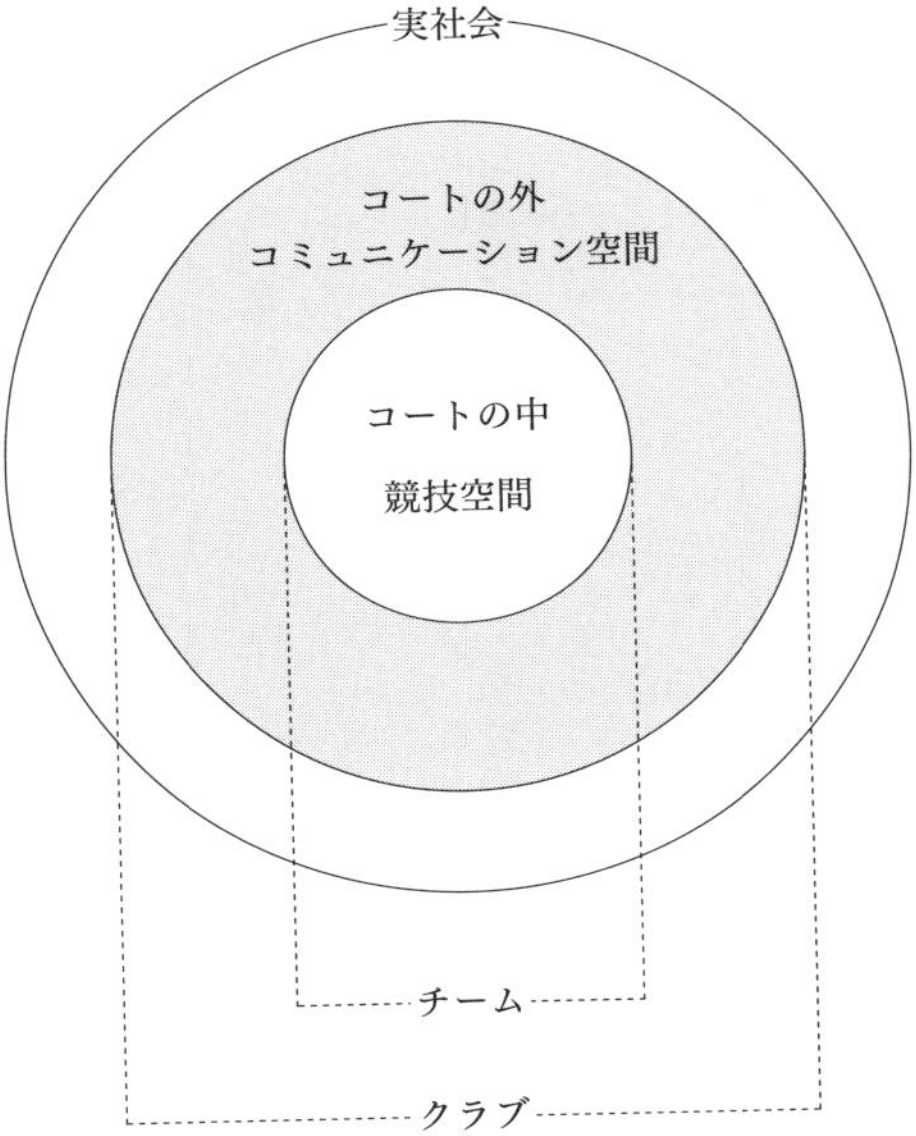

図1　チームとクラブのスポーツ空間

　しかしながら、荒井は「コートの外」が機能していないために、「コートの外」が目指すコミュニケーション空間になっていないという。その理由は、「コートの中」も「コートの外」も同じチーム内のメンバーだからだという。すなわち「コートの外」

に他のチームやメンバーを寄せ付けないことを問題視するのだ。この状態が続くと、チームの結束力は強まっていく。同時にチームの閉鎖性も強まるのだ。それはむしろ運動部文化の集団特性に近いのではないか。「コートの中」ではチームメンバーによってコミュニケーションが完結してもいい。しかしながら、「コートの外」では複数チームの連携共存のためのコミュニケーションが必要である。[13] 元ヤクルトスワローズの選手兼監督の古田敦也は、日本の地域スポーツのあり方をめぐって「複数チームの連携共存」の必要性を次のように述べている。

たとえば横浜には横浜F・マリノスがありますよね。横浜にバスケットボールのチームをつくる際に、そこもF・マリノスにしてしまうんですよ。子供たちがどんなスポーツをやるかわからないけれど、「とにかくF・マリノスでやるんだ」という帰属意識を持ってもらう。たとえば新潟のアルビレックスがすでにそれをやっています。もともとはJリーグのチームだったものが、バスケットボールやウインタースポーツ、最近では野球もみんなアルビレックスという名前になっている。そうなると子供の頃から「とにかくアルビレックス」で、あとは何の競技をやるかの違いでしかなくなるし、違う競技の選手同士の横のつながりも生まれてくる。いままではプロ野球と、Jリーグやその他のプロチームって、同じ地域にあっても名前が違うから、少なくとも「一緒になって地域を盛り上げよう」という感じではなかったですよね。「お前はF・マリノスか、俺はベイスターズだ」って。[14]

古田は、この発言の最後に「競技を超えた総合スポーツコミュニティ」づくりの必要性を提唱している。地域を代表するシンボル的なスポーツクラブの下に、異なる種目の複数チームが連携共存して活動する。競技が異なっていても、同じ地域名・都市名がついたクラブに所属しているのだ。そのことだけでも複数チームにヨコの「つながり」が生まれる。別々のチームでも一つのクラブに所属しているという一体感を覚える。Jリーグに加盟する湘南ベルマーレでは、サッカーのトップチームを運営する株式会社湘南ベルマーレと特定非営利活動法人湘南ベルマーレスポーツクラブの二つの組織体が連携共存する。サッカーを主軸にビーチバレー、トライアスロン、サイクリング、フットサル、ラグビー、ビーチサッカー、フィットネス＆コンディショニング、未就園児向けのキッズベースＺＥＲＯなど、複数のチームやサークルが湘南ベルマーレというクラブの下で連携共存しているのだ。[15] ここで言う「複数チームの連携共存」と「競技を超えた総合スポーツコミュニティ」は、同じ組織構造を持つと言っていい。

親組織の下の複数チーム

まず体育授業中の集団とそのコミュニケーションに言及した次の一コマを紹介しよう。日本人のスポーツ体験には、このような異なる集団間の連携共存を実感できる機会はきわめて少なかった。

> 勝つための助け合いということ。助け合いの仕方は、能力の劣る子、チームプレーの組めない子を少しでもレベルアップさせるため、仲間も教師もその子の尻をたたく。また自分の集団内のコミュニケーションは、外へ広げてはいけない。なぜなら、周りの集団はリーグ戦であれ、トーナメントであれ、皆、自分のグループが勝ち残っていく時のライバルであるからだ。スポーツの世界の人間関係は、競争と協同という対等な二つの社会関係が言われても、実際は競争のための協同づくりというのが、現実の体育授業、スポーツ指導に多かったわけである。[16]

この風景を「コートの中」と「コートの外」に当てはめてみよう。子どもや教師が求めているのは、「コートの中」のチームワークに必要なコミュニケーションである。競争相手の子どもたちとの連携共存に必要な「コートの外」のコミュニケーションではない。日本のスポーツ界は競争に勝ち抜くためのチームワークを賛美してきた。ではなぜチームワークばかりが日本のスポーツ集団の「つながり」として賛美されるのだろうか。再び荒井の引用を取り上げてみよう。

体育会や校友会は学校は校長、社会人のクラブでいうと会社社長が、そのクラブのオーナーであった。つまり、クラブは、学校や会社のお抱えのスポーツ集団であるという伝統が明治以来、ずっと続いてきている。校長や社長という親組織のオーナーがいるのだから、クラブはクラブとして、ちょっとやそっとでは自立できないわけだ。

どのように自立できないかというと、学校や会社の恥になるようなことはしてくれるな、してはならないという規制が働いてくる。学校や会社を代表して出るのだからチームは強く、立派でなければならないということになってしまう。[17]

ここで述べられているクラブは、学校や企業といった親組織の下で運営されるチームといったほうがいい。クラブと称しているとはいえ、地域名や都市名がクラブの名称ではない。学校や企業を親組織にしてチームを運営する。たとえば宮城県仙台市に本社を置く七十七銀行には、硬式野球とバドミントンと陸上競技の実業団チームがある。[18]企業は実業団チームの支援元だ。企業の支援部門が三チームの連携共存と多くの社員の橋渡し役を担う。つまり、複数チームの連携共存の橋渡し役はクラブではなく、学校や企業なのだ。すなわちクラブワークの主体はクラブではなく、学校や企業といった親組織なのだ。この仕組みがほころび始めると学校や企業の運動部・実業団チームは廃部に向かう。こうした親組織への依存体質を改めるために日本サッカー界は一九九三年、Ｊリーグの開幕を契機に複数チームの連携共存をクラブが担うという仕組みを作ったのである。

「コートの外」の消失

荒井は「はたしてスポーツの世界のネットワークは、チームワークしかないのだろうか」と述べた。すなわちこれまでのスポーツ空間におけるコミュニケーションが、内側の集団力を高める「コートの中」のコミュニケーションに偏っていたのではないかと問うのである。さらに「その協同ネットワークの範囲が、「コートの中」から「コートの外」へずんずん広がりやすいこと。「コートの外」のネットワークをも、チームワークと呼んでしまう方向がどうしても肯けないのである[19]」と述べた。

この主張を図式化してみよう。図2は「コートの中」の空間が大きく拡張し、「コートの外」に覆い被さり、「実社会」の空間にまで広がっている。これはチームワーク至上主義を図式化したものだ。すなわち「コートの中」の業績主義や能力主義の社会関係が肥大化し、「コートの外」のコミュニケーション空間にまで持ち込まれている状況である[20]。この状況では「コートの外」でフラットな人間関係によるコミュニケーションは期待できない。「コートの中」の地位や立場を、どこまでいっても引きずっている。一九六〇年代から七〇年代の高度経済成長期の日本は、「チームワークの論理がタテ社会を強め、日本株式会社をつくり上げた[21]」といわれた。チームワークが競争社会で勝ち抜くための重要な社会関係であったのだ[22]。とりわけ年功序列型の社会関係が「コートの中」でも「コートの外」でも変わらないことをよしとしたのだ。

こうした日本人のチームワーク至上主義は、勝者を熱望するスポーツ界にも積極的に受け入れられていく。その受け皿こそ学校や企業の運動部や実業団チームであった。運動部に根強く残る封建的なタテ型社会関係は「コートの中」と「コートの外」の境界をなくした。「コートの外」のコミュニケーショ

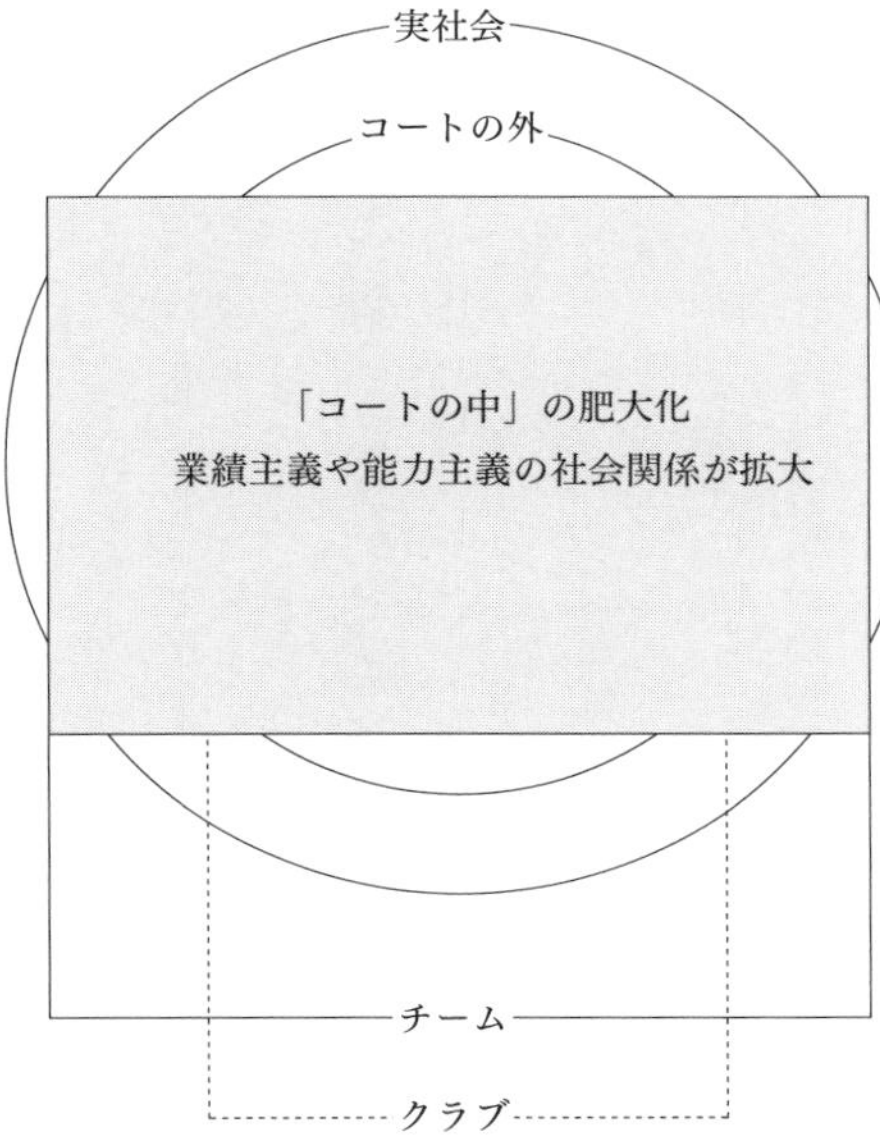

図2　チームワーク至上主義

ン空間にもタテ型社会関係が変わらず持ち込まれてしまったのだ。昨今の日本スポーツ界で社会問題化するパワーハラスメントの背景には、チームワーク至上主義による「コートの中」の社会関係の肥大化によって「コートの外」のコミュニケーションが消失したことがある。(23)

3 語らい型コミュニケーション

宴と講

「コートの外」のコミュニケーション空間は消失しているのだろうか。ここではスポーツにつきものの「宴」や近世日本の「講」に関連づけて、その理由を探ってみよう。日本社会には古くから「宴会」や「無礼講」の言葉でイメージできる親睦の場がある。スポーツ界でもなじみがあるものだ。

スポーツには、宴の場が欠かせない。祝勝会や交流会、練習後や大会後の打ち上げを想像してほしい。スポーツで一汗かいたあとの宴の場は、その目的もスタイルも実に多様だ。ときには崇高な場であることも珍しくない。ラグビーフットボールでは、ゲーム終了後、勝者と敗者がお互いのフェアプレーを称え合うノーサイドパーティーという交流会が催されることはよく知られている。荒井はこうしたコミュニケーション空間を「コートの中」の競技空間とは区別して「コートの外」と呼んだ。すなわち、スポーツの価値は「コートの中」の勝敗だけではなく、ゲーム後の「コートの外」のコミュニケーションにこそスポーツの価値が語れるのだという。(24)ラグビーフットボールのノーサイドパーティーは「コートの外」を説明できる格好の題材だ。ゲーム後、お互いのフェアプレーを称え合うコミュニケーションは、歓談のような語り合いの交流イメージに近い。しかしながら、このコミュニケーションに前節で述べたような「複数チームの連携共存」の組織づくりに必要な話し合いのイメージは持てない。たとえば、チームの代表者らが集まったミーティングや円卓会議はイメージしにくい。このことは次に紹介する「宴」や「講」の社交空間にも当てはまる。

近世の日本社会を見渡すと、民衆が集う「宴」の場はラグビーフットボールのノーサイドパーティーによく似ている。日本の地域社会には数多くの伝統的な互助集団が存在し、その一種を「講」と呼んだ。講は地域固有の祭礼行事や相互扶助のための共同労働をおこなう地縁組織である。[25] 注目すべきことは、次の引用のとおり、地域の諸行事のあとには、無礼講と言われる宴の場があったことだ。「強制をともなう氏神や産土神などの神事は、講員によって厳粛で肩のはる儀礼である。だがそのあとの裏祭・後祭（オハケ倒し、板敷払い、俎直し）は、強制的儀礼から一転、無礼講といわれる大番振舞いや歌舞余興を楽しむ解放の時間となった。また、三月雪解けの頃や先祖祭り・花祭りのあとなどには、気のあった同士で山野や浜に躍り出ておおいに飲み騒ぐ遊山講（花見、山遊び、磯遊び）といわれる行事もあった」。[26] こうしてみると無礼講や遊山講は、地域社会での地位や立場が取り除かれた民衆同士の労をねぎらう「コートの外」としてのコミュニケーションの場だ。この社交空間は歓談や談笑のような語り合いの交流イメージと捉えて間違いない。

語らい型コミュニケーションの不十分さ

以上のように、ラグビーフットボールのノーサイドパーティーと宴は、人間関係の地位や役割をフラットにして楽しむ「語らい型」コミュニケーションだ。宴も講もお互いの労を称え合う「ヤレヤレできるリラックス空間」[27] としての「コートの外」である。荒井は、こうしたリラックス空間をクラブライフと称して、次のように描写する。

クラブと言う場合の集団を考えると、チームプレーなどの場面でない時、選手や部員が練習やゲームのあとにくつろいだり、また彼らが共同生活を営むような場合。あるいは、ゴージャスなクラブハウスの中で、若い連中のチームプレーをビールなど飲みながら観戦する、そういうクラブの生活、いわばクラブライフの場面をさして言う場合が多そうだ。[28]

ここで描写したクラブライフは「語らい型」コミュニケーションだ。しかしながら、本章が目指すコミュニティ型スポーツクラブづくりでは、「語らい型」のコミュニケーションだけでは不十分である。「複数チームの連携共存」を生み出すクラブの運営には、各チームの代表者が集まってミーティングや円卓会議ができるようなコミュニケーションも併せて必要だからだ。

ここであらためて荒井が「複数チームの連携共存」でいうチームについて、どのように説明しているのか、を確認しよう。

クラブの中にチームがあるのであれば、そのチームはいくつあってもよいはずだ。○は強い選手、△は中間、×は弱いメンバーや初心者であるとして、ここで示したように、○のチームや×のチームがそれぞれあってよい。また○や×や△の寄せ集めのチームがあってよいはずだ。

あるいは、○が若者、△が中年、×が老人のチームでも、男と女のチームであってもかまわない。ともかく、複数のチームの集まりから成立するというクラブの構造を考えたい。[29]

ここで述べられている「複数チームの連携共存」でいうチームの性格は、前述したドイツのSVハイムシュテッテンe.V.下の一部門である。それはわが国の生涯スポーツ施策の中核となる総合型クラブ下に位置づく一部門のチームにも当てはまる。[30] こうした部門であるチームの集合体をクラブの構造と考える。その運営には各部門の代表者、すなわち各チームの代表者による話し合いがおこなわれているはずだ。そのとき種目や世代が異なるチーム間では異なる価値観がぶつかり合う。こうした異なる価値観を調整し、合意を図っていくプロセスでは、コミュニケーションは欠かせない。ただ、それがヤレヤレと弛緩できるような「語らい型」コミュニケーション

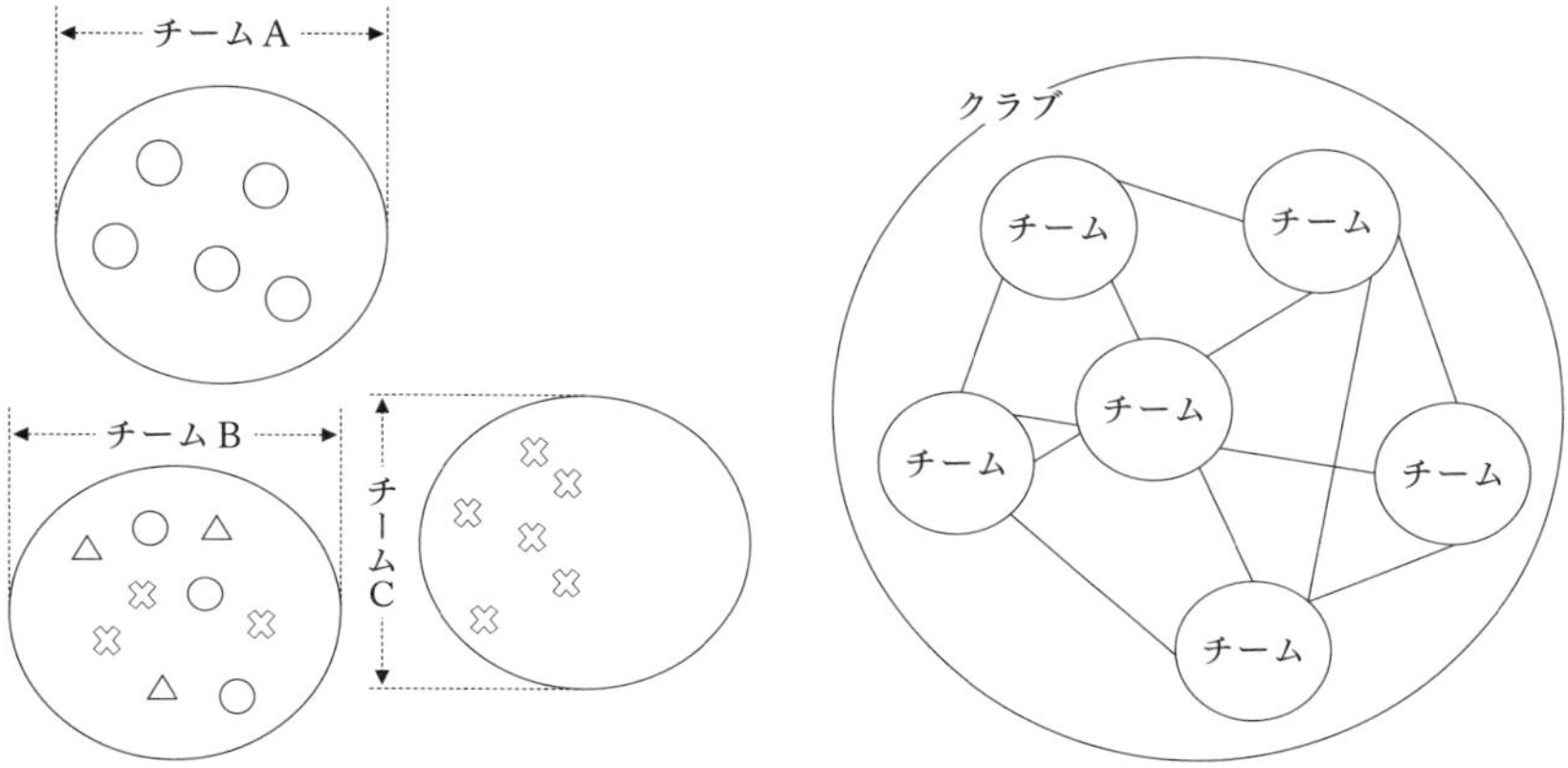

チームワーク
チームの目標達成のための協同

クラブワーク
チーム同士の共存共栄のための協同

図3　チームワークとクラブワーク

ではないことは明らかだ。

ワクワクできるミーティング空間

では「語らい型」の不十分さを克服するためには、どのようなコミュニケーションが必要なのだろうか。

まず前節で確認したチームワークとクラブワークの違いを図3のように図式化することから確認しよう。[31] 荒井のクラブ文化論では、チームワークを「チームの目標達成のための協同」とし、クラブワークを「チーム同士の共存共栄のための協同」として明確に区別した。[32] クラブワークは、わが国の生涯スポーツ政策の中核に位置づく総合型クラブづくりにも重要な考え方である。[33] 総合型クラブの下では、複数のチームが種目や世代や志向の別に活動する。それでもチームの親組織であるクラブへの帰属意識は強い。どのチームも同じコミュニティ内で活動しているからである。コミュニティへの愛着が帰属意識の原点にある。ところが、帰属意識の強さだけでクラブの運営マネジメントがスムーズに展開できるものではない。複数チームの代表者による合意プロセスには困難がつきものだ。なぜなら、前述したとおり種目や世代や志向が異なるチームの活動には、それぞれに異なる価値観が存在しているからである。チーム間の異なる価値観から合意をはかる運営マネジメントには困難がつきまとう。この困難は谷口が論じた総合型クラブづくりの「ゆらぎ」を意味する。[34] ただクラブへの帰属意識は、この「ゆらぎ」を乗り越えることを通して強まっていくと言える。「チーム同士の共存共栄のための協同」プロセスとは、コミュニケーションを通したチーム間の合意プロセスなのである。このプロセスの繰り返しが、クラブの公共性を生み出していくのだ。

このように考えれば、前節で述べたような「語らい型」コミュニケーションだけでは不十分である。チーム間の合意プロセスのためには、「語らい」を超えた十分な議論が可能となるコミュニケーション空間が必要だ。たとえばミーティングやクラブマネジャーらによる円卓会議型のセミナー・ワークショップが、その例だ。ミーティングや円卓会議は、地域スポーツクラブの公共性を論じるうえでの重要な視点である。スポーツ社会学者の菊幸一は「クラブ組織のリーダーを中心としてスポーツの公共性をめぐる議論」が「スポーツの自立的展開」という課題に応えていく契機であるという。[35] すなわち「チーム同士の共存共栄のための協同」に必要なミーティングや円卓会議での合意プロセスとは、スポーツの公共性とは何か、を問うプロセスでもあるのだ。

荒井の「コートの外」は「ヤレヤレできるリラックス空間」としての「語らい型」コミュニケーションが強調されてきた。[36] そこでは「コートの中」の能力や業績に基づく地位や役割とは無関係に、お互いの自由なコミュニケーションを通じて親睦を深める。しかし「チーム同士の共存共栄のための協同」を図るコミュニケーション空間では、こうはいかない。この空間では、クラブづくりのための様々なアイデアとその実現プランを話し合う。自分のチームだけではなく、クラブ下の複数チームの発展も自分事として考えるのだ。したがって人の配置や財源の確保など組織マネジメントの細部にわたる議論が必要だ。その議論はスポーツの公共性をめぐるクラブのあり方を問うことになる。こうして考えるとやはり「ヤレヤレ」ではない。別の言葉を当てはめるとすれば、クラブづくりへの期待感を込めた「ワクワク」としたい。本書では「ワクワクできるミーティング空間」と呼ぼう。さらに「語らい型」に対して「熟議型」と呼ぶことにしよう。

4　熟議型コミュニケーション

タテマエからホンネへ

語らい型コミュニケーションに加えて熟議型コミュニケーションが必要ではないか、といった思いは、荒井のなかにもあったように思う。『「コートの外」より愛をこめ』の「タテマエの参加、ホンネの参加――スポーツの世界の社交論」のなかでは、ドイツの社会学者G・ジンメルの社交論[37]を引用して「ジンメルは、社交の場では勝手気ままな自己主張を許していない。「気転」の必要性を特に強調している。これからしても、ホンネとはやはり違う。「コートの外」の社会関係を、ホンネで絡み合うものとしたい私なりのイメージからすると、「コートの外」を社交空間であるとはどうしても言えそうもない[38]」。さらに「明治時代の文明開化の一つに、クラブという社会集団の輸入があったわけだが、クラブの本質を社交とした場合、どうもそういうクラブ文化、ヨーロッパ文化はタテマエすぎる[39]」と述べた。

これは前述した宴や講のコミュニケーションにも通じる。その場の雰囲気に合わせてタテマエとして振る舞う社交的コミュニケーションだ。これを荒井は「タテマエすぎる」といい、クラブには「ホンネの参加」につながるコミュニケーションも必要だと主張する。ところが、この場合の「ホンネの参加」には「コートの中」の地位や立場をフラットにすることだけが強調されてしまった。荒井のなかには「タテマエの参加」の語らい型コミュニケーションと「ホンネの参加」の熟議型コミュニケーションの両立をイメージしていたのかもしれない。

荒井が「コートの中」と「コートの外」の二つのスポーツ空間を提唱した際には、熟議型コミュニケーションの必要性が強く主張されることはなかった。「コートの中」の肥大化によって消失している「コートの外」空間のきっかけづくりとして、まずは語らい型コミュニケーションを優先していたのだろう。また日本のクラブ文化の事始めとされる福沢諭吉の「万来舎」を取り上げて「クラブは議論や談話を活発に行う言論のセンターだったこと、そもそも議論を行うこと自体が近代化の象徴であり、それが奨励される必要があるほど、クラブも議論も当時の日本人にはほとんど縁がなかった[40]」とも述べている。こうしてみると日本人にはクラブ内での熟議の空間は縁遠いものであったのかもしれない。

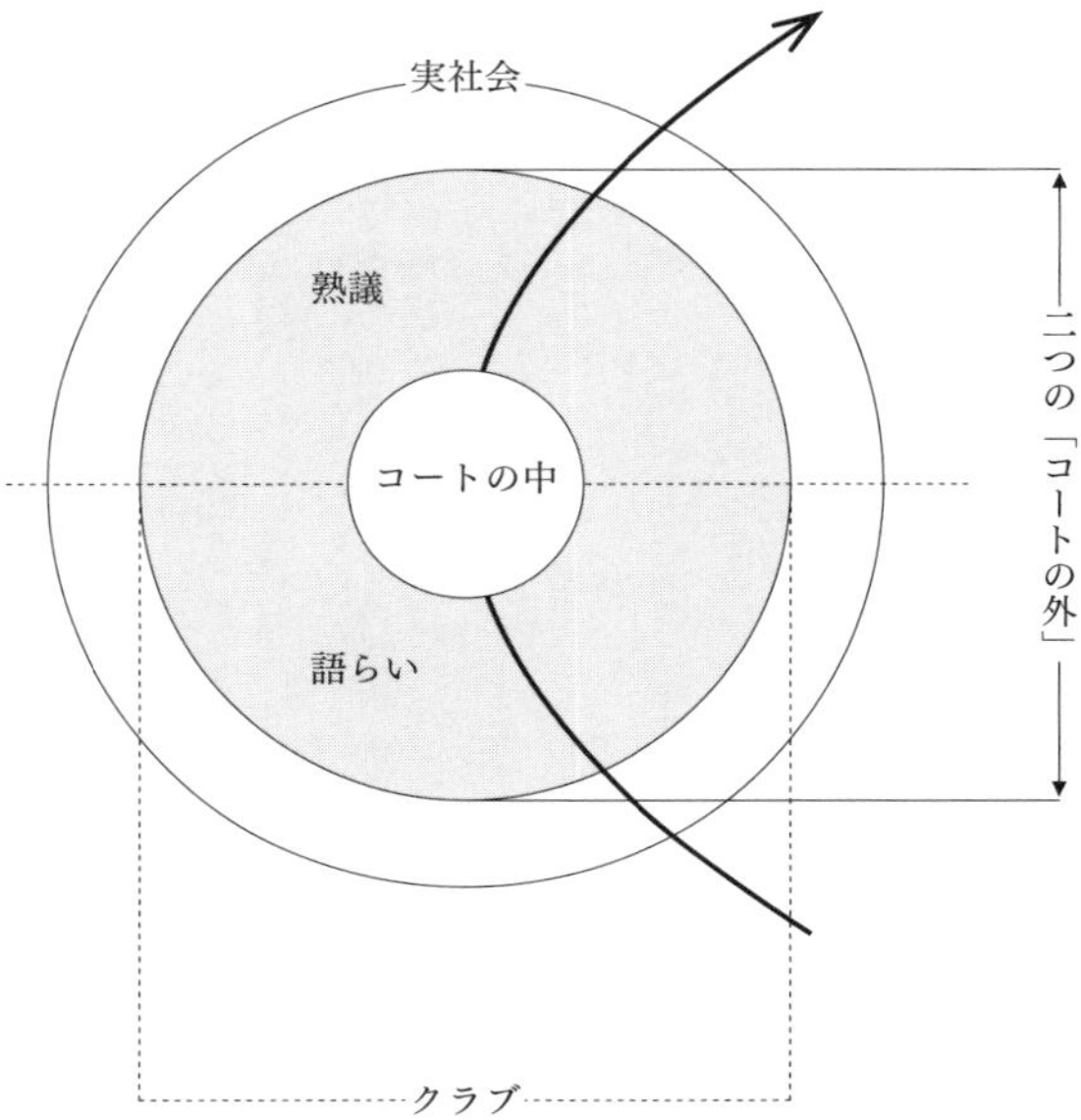

図4　語らいと熟議の「コートの外」

リーダーシップとメンバーシップの統合

語らい型と熟議型の二つのコミュニケーション空間には、どのような関係性が成立していくのだろうか。図4は「コートの外」を上下に区分し、下部は語らい型コミュニケーション空間としての「コートの外」、上部は熟議型コミュニケーション空間としての「コートの外」を図式化したものである。「コートの外」は二つのコミュニケーション空間によって構成する。どちらが先か後かは問わない。語らい型コミュニケーションも熟議型コミュニケーションも複数チームの連携共存のために必要な空間であり、様々な地域組織との協働を推進していく。こうした空間での二つのコミュニケーションのバランスが「コートの中」のチームワークの質的向上にもつながるのだ。図4の矢印は「コートの外」の語らい型コミュニケーションから「コートの中」へ、そして「コートの中」から「コートの外」の熟議型コミュニケーションへの循環ループを描く。

クラブの運営マネジメントで想定される熟議型コミュニケーション空間としては、理事会や運営委員会などの会議体がイメージできる。それは選ばれた代表者だけのコミュニケーションではない。その空間では多様な人々の意見を反映しなければならない。そういう自由な対話空間としての熟議型コミュニケーションを設定すべきだろう。トップダウン式で物事を決定していくのではなく、ボトムアップ式の熟議型コミュニケーションの仕組みをつくりあげていく。[41] そのためにはクラブの会員一人ひとりのメンバーシップの再考が必要だ。図5は、荒井が「コートの外」のコミュニケーションの成熟に応じてリーダーシップとメンバーシップの統合の必要性を説明した図式に、語らい型と熟議型の二つのコミュニケーションを重ね合わせたものである。荒井はこの図を次のように説明する。

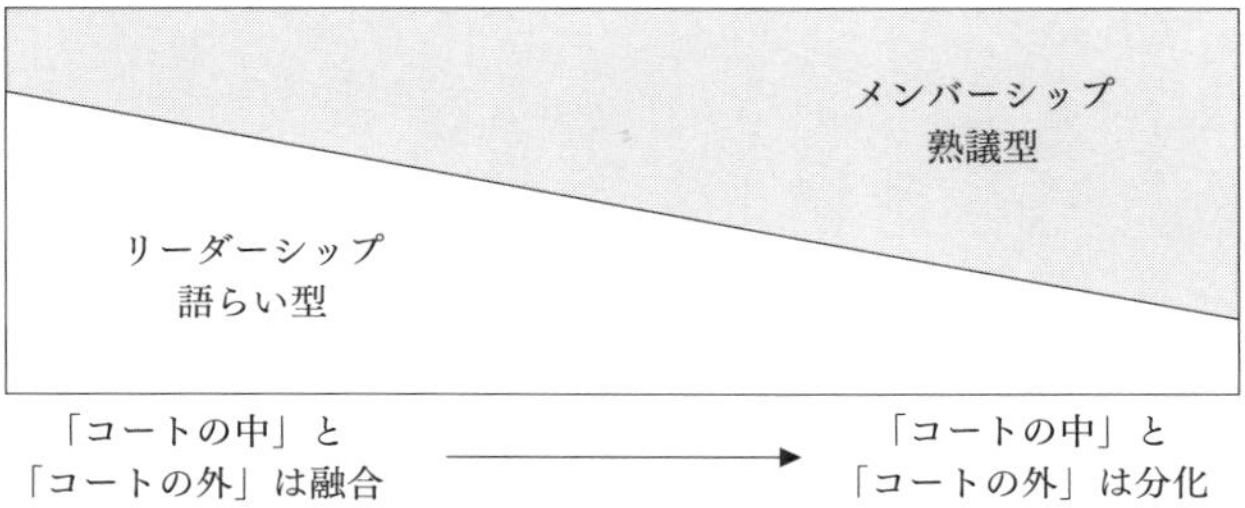

図5　メンバーシップと熟議

> 「コートの中」も「コートの外」も、一人のリーダーに担われている時期から、「コートの中」と「コートの外」がしだいに分化していく過程を示している。一人から複数の人間の指導力へ、仲間の力や集団の力へ。そういう意味でリーダーシップとメンバーシップの二つの力をうまく噛み合わせる統率力への転換と言ってよい。[42]

すなわちリーダーシップを発揮してくれる指導者やチームの代表だけの熟議型コミュニケーションではなく、多くのメンバーシップによる熟議型コミュニケーションが「コートの外」の成熟度を左右するのだ。語らい型と熟議型の二つの力をかみ合わせる統率力がクラブのリーダーには求められる。

クラブマネジャー職の確立

総合型クラブの育成は日本の生涯スポーツ政策の中核に位置づいている。スポーツ庁が公表した「第二期スポーツ基本計画」で提示された総合型クラブの施策目標には、「住民が種目を超えてスポーツを「する」「みる」「ささえる」仕組みとして、総合型クラブが持続的に地域スポーツの担い手としての役割を果たしていくため、クラブ数の量的拡大から質的な充実により重点を移して施策を推進する」[43]と記されている。さらに、地域のスポーツプロモーションにおいて地方行政、公益財団法人日本スポーツ協会や競技団体、小・中・高等学校、大学、民間企業といった産官学民協働の主体であることも明示されている。[44]こうした期待に応える総合型クラブには、語らい型と熟議型の二つのコミュニケーションのあり方を共有し、質的向上を目指す学びの機会も必要だ。

そのためには、日本スポーツ協会が公認資格化したクラブマネジャーらの熟議型コミュニケーションを活性化させるべきだ。クラブマネジャーは、総合型クラブの運営を担うキーパーソンである。さらに地域スポーツ全体のプロモーションをも施策化できるスポーツ人材である。こうしたクラブマネジャーの職業的確立は急務であろう。クラブマネジャー向けの「ブロック別クラブネットワークアクション」（旧名称：クラブネットワークミーティング）は、二〇〇四年から始まった研修事業である。一八年までの十五年間の開催数は百五十三回。各クラブの事例報告やクラブマネジャーらによる参加型・対話型のプログラムが充実している。[45]この研修では語らい型と熟議型の二つのコミュニケーションが両立するためのノウハウを身につける。二つのコミュニケーションの質的向上には、こうした研修の機会は欠かせない。

5 「運動部文化」から「クラブ文化」へ

二〇一〇年六月、内閣府は「新しい公共」宣言[46]を発表した。宣言では総合型クラブを、スポーツ界での「新しい公共」の主体に位置づけた。こうした主体の可能性は、クラブマネジャーと多くのクラブメンバーによって議論されていく。その際、「コートの中」と「コートの外」のスポーツ空間のあり方を見据えて、語らい型と熟議型の二つのコミュニケーションを生み出すことを重要な議題にしてほしい。語らいと熟議がもたらす「つながり」は、日本スポーツ界における競技別のタテ割りを解消し、競技間のヨコの「つながり」を生み出す。「新しい公共」の主体は、トップダウン式でスポーツ行政がつくるのではない。下からのボトムアップ式で積み上げるコミュニケーション空間がスポーツの公共性を作り出すのだ。こうした目標に向かう過程では、クラブを拠点に多様な地域人材の「つながり」が必要だろう。人材が多様化すれば、語らい型と熟議型の二つのコミュニケーションの相乗効果は高まるはずである。

クラブ文化論は、競技別または学閥別に結束してきた日本スポーツ界の支配論理に風穴を空ける。スポーツは勝敗に向かって結束するチームワーク型の「つながり」が魅力の一つだった。この「つながり」を生み出す親組織の学校や企業が、協会や連盟といったスポーツ統括組織の人材供給源にもなってきた。こうした人材供給源をクラブに求める改革が必要だ。そのためには「チームとクラブの違い」を認識すること。クラブを親組織にして「複数チームの連携共存」を目指すこと。「チームワークとクラブワーク」の違いを認識すること。「コートの中」と「コートの外」の豊かさが「スポーツになる」条件であること。そして最後に「語らい型と熟議型」の二つのコミュニケーションが「コートの外」で成立できること。これらを目指すスポーツの実践が「運動部文化」の呪縛から「クラブ文化」を切り開くのだ。「東京二〇二〇」オリンピック・パラリンピック競技大会の開幕延期が決定した。延期は一年。幕を閉じるはずだった「東京二〇二〇」の狂騒は、「東京二〇二一」までもう一年続くのだ。この狂騒に巻き込まれることなく、「運動部文化論」から「クラブ文化論」へのパラダイムシフトへ向けた語らいと熟議が必要なのである。

注

（1）中根千枝『タテ社会の人間関係――単一社会の理論』（講談社現代新書）、講談社、一九六七年
（2）荒井貞光『「コートの外」より愛をこめ――スポーツ空間の人間学』遊戯社、一九八七年、二〇ページ
（3）荒井貞光『クラブ文化が人を育てる――学校・地域を再生するスポーツクラブ論』大修館書店、二〇〇三年
（4）前掲『「コートの外」より愛をこめ』一三六―一五二ページ（本書二〇二―二一四ページ）
（5）前掲『クラブ文化が人を育てる』一七ページ
（6）Sport Verein（=SV）, "Heimstetten eingetragener Verein（=eV）"（https://sv-heimstetten.com/）［二〇一九年八月十二日アクセス］
（7）前掲『「コートの外」より愛をこめ』一五三―一六七ページ（本書二一四―二二四ページ）
（8）本書第1部第1章「「コートの外」空間におけるクラブワークをめぐる「ゆらぎ」――なぜ、総合型地域スポーツクラブの理念は必ずしも現実と一致しないのか」（谷口勇一）、三四―五六ページ
（9）田村哲樹「熟議民主主義における「理性と情念」の位置」、岩波書店編「思想」二〇一〇年五月号、岩波書店
（10）田村哲樹「熟議民主主義とベーシック・インカム――福祉国家「以後」における「公共性」という観点から」、早稲田大学政治経済学会編「早稲田政治経済学雑誌」第三百五十七号、早稲田大学政治経済学会、二〇〇四年
（11）前掲『「コートの外」より愛をこめ』七六―八四ページ（本書一六三―一六九ページ）
（12）同書二六―二八ページ（本書一二九―一三一ページ）
（13）同書一三六―一五二ページ（本書二〇二―二一四ページ）
（14）古田敦也「地域再生の鍵は野球インフラの活用にあり――競技を越えた総合スポーツコミュニティの可能性」、宇野常寛編『PLANETS Vol.9 東京2020 オルタナティブ・オリンピック・プロジェクト』所収、第二次惑星開発委員会、二〇一五年、一六―一九ページ
（15）湘南ベルマーレ公式ウェブサイト（http://www.bellmare.co.jp/）［二〇一九年七月十八日アクセス］
（16）前掲『「コートの外」より愛をこめ』一四三ページ（本書二〇七―二〇八ページ）

(17) 同書一四一―一四二ページ（本書二〇六ページ）
(18) 七十七銀行公式ウェブサイト（https://www.77bank.co.jp/shakaikouken/undoubu/）［二〇一九年八月十二日アクセス］
(19) 前掲『「コートの外」より愛をこめ』一五七ページ（本書二一七ページ）
(20) 同書一〇三―一〇六ページ（本書一八一―一八三ページ）
(21) 同書一六六ページ（本書二二三ページ）
(22) 同書一七〇―一七二ページ（本書二二五―二二七ページ）
(23) 同書一一一―一一七ページ（本書一八六―一九〇ページ）
(24) 同書六五―八四ページ（本書一五五―一六九ページ）
(25) 櫻井徳太郎『講集団の研究』（「櫻井徳太郎著作集」第一巻）、吉川弘文館、一九八八年
(26) 関口博巨「講と日待」、福田アジオ編、綾部恒雄監修『結衆・結社の日本史』（「結社の世界史」第一巻）所収、山川出版社、二〇〇六年、八三ページ
(27) 前掲『「コートの外」より愛をこめ』一八七ページ（本書二三六ページ）
(28) 同書一三八ページ（本書二〇四ページ）
(29) 同書一三九―一四〇ページ（本書二〇五―二〇六ページ）
(30) 黒須充／水上博司編著、クラブネッツ監修『ジグソーパズルで考える総合型地域スポーツクラブ』大修館書店、二〇〇二年
(31) 前掲『「コートの外」より愛をこめ』一三九ページ（本書二〇四ページ）
(32) 同書一五三―一六二ページ（本書二一四―二二〇ページ）
(33) 前掲『ジグソーパズルで考える総合型地域スポーツクラブ』
(34) 谷口勇一「「揺らぎ」の存する場所――コミュニティ形成が期待される総合型地域スポーツクラブ育成をめぐって」、松田恵示／松尾哲矢／安松幹展編『福祉社会のアミューズメントとスポーツ――身体からのパースペクティブ』（Sekaishiso seminar）所収、世界思想社、二〇一〇年

（35）菊幸一「地域スポーツクラブ論——「公共性」の脱構築に向けて」、近藤英男／稲垣正浩／高橋健夫編『新世紀スポーツ文化論』（「体育学論叢」第四巻）所収、タイムス、二〇〇〇年、八六—百四ページ
（36）前掲『「コートの外」より愛をこめ』六五—八四ページ（本書一五五—一六九ページ）
（37）G・ジンメル『社会学の根本問題——個人と社会』阿閉吉男訳、社会思想社、一九七三年
（38）前掲『「コートの外」より愛をこめ』一二八ページ（本書一九七ページ）
（39）同書一三一ページ（本書一九九—二〇〇ページ）
（40）前掲『クラブ文化が人を育てる』二三ページ
（41）水上博司／黒須充「総合型地域スポーツクラブの中間支援ネットワークNPOが創出した公共圏」、日本体育学会編「体育学研究」第六十一巻第二号、日本体育学会、二〇一六年
（42）前掲『「コートの外」より愛をこめ』一八〇ページ（本書二三二ページ）
（43）文部科学省「第2期スポーツ基本計画」二〇一七年、一三ページ
（44）同基本計画一三—一四ページ
（45）日本スポーツ協会「総合型地域スポーツクラブ育成プラン2018——地域住民が主体的に参画するスポーツ環境の構築を目指して」二〇一八年
（46）内閣府「「新しい公共」宣言」二〇一〇年

［付記］本章はＪＳＰＳ科研費 JP17K01739（研究課題名：総合型クラブの育成支援を担う複数の民間スポーツ組織の相補的関係性が創出する公共圏）と JP18H03145（研究代表者：菊幸一、研究課題名：公共性の歴史社会学的観点からみた民間スポーツ組織の統括性に関する日欧比較研究）による助成を受けたものである。

第2部　「コートの外」より愛をこめ［復刻］

――スポーツ空間の人間学

荒井貞光

はじめに

スポーツの世界は、理屈や言葉はいらないという。「ファ・イ・トー」「オーッ、オーッ、オーッ」で通じ合うシンプルライフこそ、スポーツがこれほど盛況化した原因かもしれない。しかしそれだけに、ここぞというときに使われる〝ことば〟は、子どもや選手の肺腑を鋭く衝く。

〝ことば〟の哲学的意味合いについて述べる力は私にはない。しかし、経験的には〝ことば〟の持つ作用や力の大きさはよくわかる。簡単な「ファイト」の一言でさえ、ときにプレーヤーをサイキアップし、反対にひどくサイキアウトしてしまうからである。サイキアウトされた選手は、「ファイト！」という〝ことば〟を聞くのもいやになって、スポーツの世界から身を引いてしまうことさえよくあることだ。

ある仕事の関わりから、織田幹雄先生にお話をうかがうことがあった。洗練された外国の競技会になると、観客はゴール間際では、「リラックス！」「リラックス！」と口々に叫ぶという。それに比べると、われわれの応援〝ことば〟は「がんばれ！　がんばれ！」であることに気づく。がんばるは、眼（がん）が張るからきたのだろう。目が強く開かれている状態は、からだは緊張しているのが一般的な生理傾向だ。ゴール間際で力の入らなくなったからだを「がんばれ！」でもう一度緊《しま》らせようという指導原理と、ゴール間際の競り合いで肩や腕の力みを取り除き、うまく余力を出させようという指導原理の根本的な違いがそこにある。

リラクゼーションの正しい内容は、力を入れる筋肉と入れない筋肉のバランスをよくとる心身の技術ということになろう。たいへん難しいスポーツ技術であることは言うまでもない。「リラックス！　リラックス！」と指導者が叫んでも、それがどなりつけるような言い方ではあまり効き目はなかろう。さらに根本の問題は、われわれのスポーツ世界の〝ことば〟群に、リラックスという言語がまだまだ位置づけられていないという背景がある。しかし、リラクゼーションも科学的説明は、私の守備範囲ではない。「リラックス！　リラックス！」で育てられた子どもや選手と、「がんばれ！　がんばれ！」で育てられた子どもや選手との間にどんな差が出てくるかを、心理学や生理学が専門であればやりたかったと思うくらいである。

写真1　声ばっかりかけさせて

私の関心は、筋肉を弛緩することの大切さを「リラックス！」という〝ことば〟で認識し、その〝ことば〟によってからだの自律が強化されるように、スポーツ世界の文化的・社会的領域にも、リラックスと同じような機能を果たす〝ことば〟があるのではないか、である。たとえば、「コート・サイドに入ってはいかん」などというコートサイドも文化的・社会的関心からするとたいへん面白い意味を持っているように思う。

いや、そう思えた、のである。そうして、いまから十年ほど前からスポーツの世界には「コートの中」だけではなく、コート・サイド、すなわち「コートの外」という意味的空間があってもよいのではないかと考え始めた。

つまり、一所懸命にがんばる空間――「コートの中」だけでなく、リラックスできる空間――「コートの外」があったら、どのようにスポーツ世界は変革できるだろうか。『コートの外、コートの外』と自らにメンタルセットすることで、プレーヤーの個性と力が飛躍していくような〝スポーツことば〟の創造であった。

「コートの中」と「コートの外」という空間モデルからスポーツの世界を再構築すると、これまでのスポーツの世界の〝ことば〟が曖昧であること、また本来よいバランスの〝ことば〟のセットがあるのに一方の〝ことば〟だけしか一般化せず、そのアンバランスがスポーツの世界を狭いものにしてきたことがわかる。〈チーム〉と〈クラブ〉の区別、〈チームワーク〉に対して〈クラブワーク〉という新〝ことば〟の必要性、〈コーチ〉〈マネージャー〉〈オーナー〉からなるリーダーシップ論の創造、〈ルール〉と〈マナー〉の空間区分による実践的規範論、〈スポーツマンシップ〉の再解釈と〈ゲームズマンシップ〉の見直し等々が分析の対象として浮かび上がる。

こう並べてしまうと、単にことば遊び、語呂合わせのように感じる方が多いかもしれない。しかし、繰り返しになるが、〝ことば〟が人間の感情や考え方を明白にし、そういう〝ことば〟こそが人間の行動をコントロールしていくのである。「がんばれ！　がんばれ！」のがんばり方は握りこぶしを固く、肩ひじを張るがんばり方を引き出すように……。ひょっとして、次のような子どもや選手をつくってこなかっただろうか。『どうも、こういうがんばり方は私には合っていない』というような疑念の持ち主たちである。けれども「がんばれ」〝ことば〟しか知らないうちは、自分の行動の指針は、それしかないものだから、自らの心身をいたずらにモヤモヤ―イライラ―グズグズさせるばかりである。リラックスという〝ことば〟を知って、はじめて自分の心身がスッキリし、安心してプレイに集中できるという指導の可能性は十分に考えられる。

人間関係でもそうだ。「チームワーク！　チームワーク！」でうんざりしている選手や子どもは少なくないはずである。『組織のまとまりには、チームワークに連想されるようなものとは違うものがあってもよさそうだが……』とモヤモヤ、イライラする組織人も少なくなかろう。テニス好きでもクラブのムードになじめなくてやめていくケースは、こういういきさつから生ずる。こういうときに〈クラブワーク〉という〝ことば〟がスポーツの世界のなかにはめ込まれていればどうだろう。「コートの中」は〈チームワーク〉だが、「コートの外」は〈クラブワーク〉という区分ができることで、スポーツ世界のネットワークはグッと広がるのではないだろうか。

「コートの中」も「コートの外」もチームワーク、チームワークの一色になることに対する反発が、子どもや選手をシラケさせたり、練習のやる気をおこさせなくなっているのではないかと思う。

さて、本書はあくまで試論である。概念的曖昧さや論理的不整合の箇所があることもわかっている。「コートの中」とか「コートの外」とかへんな割り切り方をするなとか、科学性が全くないとも叱られそうである。そうかといって、スポーツ科学や理論がそれほど〝科学的〟になったのだろうか。機器や統計技術は複雑になるが、分析の範囲をいよいよ限定し、抽象的になるばかりという実証系スポーツ科学の機械・コンピューターまかせきりのワリキリズムがある。一般理論をスポーツ事象に当てはめ、一般理論のはやりすたりでスポーツ理論も変わっていくという翻訳文化的（いや、訳本文化的）な文化系スポーツ科学の節操のなさもある。また一方には、この種の科学や理論の机上主義に訣別すると称し、実践例や事例（もちろん自分のではなく）を取り上げてレポートするばかりという新種の経験主義的科学もありそうだ。

もちろん、いま言った批判のほこ先は、すぐに自分の仕事に向いてくる。これからも自らの仕事の内容をチェックし、理論をシェイプアップする決意に変わりはない。読んでいただき、おおいにご批判、ご教示をあおぎたいと思うしだいである。

本書は、三つのパートから成り立っている。第一は、スポーツ空間論そのものの説明である。スポーツと社会というウいわばプレイ論風二分法に対し、「コートの外」という第三空間を入れることの必要性とそのモデル化を述べてみた。第二は、この空間モデルを〝地〟にして、集団論やネットワーク論、指導者論、リーダーシップ論、規範論等々を展開してみた。いわば、〝地〟に対して〝図〟である。スポーツ世界の新地図がどれだけ描けるか、そこを評価していただきたい。第三は、いわば付論とでもいうべきものである。〝中国新聞〟という新聞紙上に一九七九年から八二年にかけ、「フェイント」というテーマで具体的なスポーツ事象を取り上げ、コメントする機会をいただいた。そのなかより、いくつかを選び載せてもらった。フェイントらしい見方《ウオッチング》になっているかどうか、ご笑覧いただければ幸いである。〔本書では「付論」は復刻しない。〕

本書の性格は、スポーツ空間論の〝提唱〟というほどのレベルである。したがって一人よがりの主張や説明に傾き、実証性に欠けるという批判が大いになされそうだ。空間論を裏づけるデータは自分なりに持っているが、そのうちの典型的な一つを示しておくことにする（本文中には、時間的関係から盛り込めず、〝はじめに〟の項でデータを載せるのもおかしいが、あえてそうすることにした）。

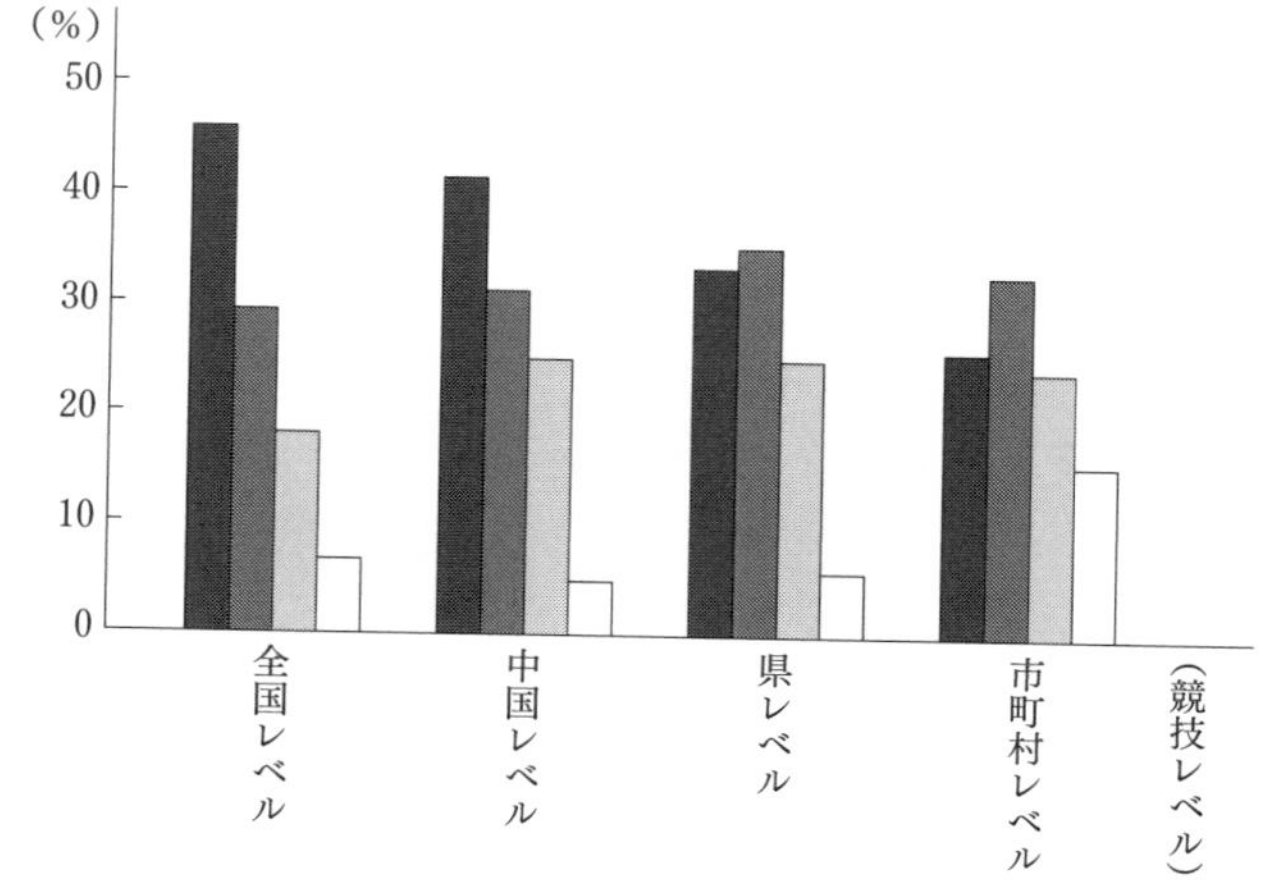

■タイプA：「練習中はきびしいが、練習のないときはなごやか」を望み、現実も一致する。
■タイプB：「練習中も練習でないときもきびしい」「練習中も練習でないときもなごやか」のどちらかを望み、現実も一致する。
■タイプC：「練習中は厳しいが練習でないときは、なごやか」を望むが、現実は「練習中も練習のないときもなごやか」
□タイプD：上記の3つのどのタイプにも当てはまらないタイプ

図1　4つのタイプと競技力との関連
（出典：拙論文「スポーツ集団の空間構成に関する社会学的考察——「コートの中」「コートの外」概念に着目して」、日本体育学会編「体育学研究」第29巻第1号、日本体育学会、1984年）

これは、スポーツ集団の空間構成と競技力の関連を調べたものである。「コートの中」の厳しさと、「コートの外」の和やかさを合わせ持つスポーツ集団のプレーヤーほど、競技レベルが高い傾向にあることがおわかりいただけると思う。

もちろん、何をもって厳しさといい、何をもって和やかさというかという反論がなされよう。「コートの中」と「コートの外」の境界線を具体的に説明しろともいわれそうである。私自身、厳密に考え込んでいくと、「コートの中」といい「コートの外」といい、曖昧に、あやふやになりそうな気がするのも正直なところである。しかし、この図一つをとっても、少なくとも数千人の中・高・大学生のプレーヤーが漠然とではあろうが、「コートの中」と「コートの外」という空間の切り換えを望んでいるのも確かな事実であろう。

ここがポイントではないか。モヤモヤとする予感をクリアなものにし、行動の指針や力水《ちからみず》になるようなスポーツ理論の機能である。詳しいデータや事例、科学的な指導理論や職人的な技術指導の以前に、たとえ漠然であれ、曖昧であっても、スポーツの世界のトータルな〝見方〟の提示がいま、必要なことではないかと思うのである。

第1章　スポーツ空間論の試み

1　遊びの理論とスポーツ

「スポーツをする」のか

「あなたは、過去一年間の間にどのくらいスポーツをしましたか」と聞かれたとしよう。

答える人は、毎日とか週一回、年に二、三回などという選択肢のなかから答えを選ぶ。全国的な調査の結果をみても、全くの非実施者層は三人に一人となり、いまでは完全に少数派である。テニスやゲートボール、ゴルフやソフト、バレーなど、程度の差こそあれ何らかの種目に興ずる人は非常に多い。スポーツはきわめて身近なものになってきたのである。

ところで、このように「スポーツをしましたか」と聞かれた場合、ある人はバレーボールを、ある人はジョギングを、またある人はテニスやゲートボールを思い出しながら、「週一回」などというぐあいに答える。というのは、誰だってスポーツをしているわけではなく、テニスや野球をしているのだから……。

ふだんから、われわれはテニスや野球、バレーボールなどの個々の種目の総称の意味で、意識するしないにかかわらずスポーツという言葉を使う。だから、野球やバレーボールという種目をする場合、言い方としては「スポーツをする」でよいのかもしれない。確かに、スポーツはSportsであって、複数の意味を表す接尾語のsがついている。

もう少し、われわれが日常のなかで、どのようにスポーツという言葉を用い、また接しているかをみてみよう。前述したように、スポーツは種目の総称としてのSportsであるかもしれない。しかし、見るスポーツの場合になると、「明日の日曜はテニスを見に行こう」とか、「野球を見に行こう」であって、「スポーツを見に行こう」などとはあまり言わない。スポーツ観戦などという言い方もあるかもしれない。けれども、日常レベルの会話のなかで、「きのうはスポーツ観戦に行ったよ」などと言われたら、聞くほうはすぐに「何を見にいったの」と聞き返すだろう。スポーツをする場合とスポーツを見る場合とで、そこにスポーツという語句をめぐって微妙なズレがある気がしてくる。

それは、スポーツをするという場合、われわれはそこで用いるときのスポーツという言葉に、単に種目の総称としてではなく、それへ何らかの人間的な行為の意味をこめて使っている節はないだろうか。〈スポーツをする〉という表現よりも、むしろしているテニスやバレーボールが〈スポーツになる〉かどうか――このことを無意識のうちにせよ、問うているところがないだろうか。

スポーツになる

「スポーツになる」という言い方はあまりなじみがない。が、「やつのはテニスになっている」とか、「あのチームはバレーになってないよ」という言い方はよくするものだ。

○○になる、という言い方は、それを使う意識の内に、ある種の理念型のようなものがある。それと対応させて、それと見合えば、ある行為が「○○になる」という言い方になるのだろう。そういう考え方からすれば、「スポーツになる」という場合も、何らかのあるべきスポーツ型が、そう言っている人の心のなかにあるのでは

図2　東海林さだお『タンマ君』
（出典：文藝春秋編「週刊文春」1980年8月21日号、文藝春秋）

ないか。

その型を考えるのに、この漫画の一コマは興味深い。とてもうまく「スポーツになる」という意味を表現してくれている。東海林さだお氏の連載漫画『タンマ君』[1]のなかのこれはおよそ十三コマのいちばん終わり、落語でいうならばおちというやつだ。

主人公のサラリーマン、タンマくんが、夏休みの休暇をとって会社の海の家へ来るところからコマは始まっている。タンマくんは心を弾ませて海の家へ来る。ところが、ふすまをあけて室へ入ると、そこには職場の課長が先客で、すでにくつろいでいるではないか。お互いにバツの悪い思いの表情が次のコマにもよく出ている。泳いでいるコマにも画き込んであるように、課長という肩書が終始課長から離れないのが、この週の連載のテーマである。

われわれも、よくこの種の経験をする。予測がきかない驚きというわけでもない。なぜなら同じ職場だし、会社の海の家で鉢合わせしても不思議はない。けれども、「やあやあ」と対等に握手をするわけにもいかない。もちろん、プライベートタイムだからといって、ぎこちなく、そっぽを向くわけにもいかない。結局、「課長もいらしてたんですか」とタンマくんは照れくさそうに言う。

絵をごらんいただくとおわかりのように、海のなかまで課長は課長の肩書をひきずって、平泳ぎか何かで泳いでいる。それにしてもタンマくんの表情が何ともいい。決して課長の泳ぎぶりを苦々しく思っているわけではない。憐れんでいるわけでもない。茶化してもいない。もちろん、そっぽを向いて勝手に泳いだわけでもない。何となくニヤニヤという、われわれ日本人特有の笑いの一種なのだろうか。

課長の泳ぎ方は立派な平泳ぎにちがいない。しかし、平泳ぎになってはいるが、スポーツになっているだろうか、と作者は問いかけているようだ。タンマくんの表情が何ともヒューマニスティックだけに、よけいやんわりわれわれの心の内に響くものがある。「ウーン」ときてしまうミドルクラスの組織人は案外多いのではないか。

話は脱線するが、こういったときにどういう振る舞いをするかで、その人のナマの姿が垣間見えるのではないか。ひと頃いわれたモラトリアム人間ならどうするか。さらに、ひと昔前のモーレッツ社員のあるべき姿からすれば、この場合どのように行動すれば合格か。

それにしてもわれわれは、職場を少しはずれ、また家庭などからもややはずれたこういった場合の人間関係に慣れていないとあらためて思う。

遊びの理論の再検討

一九六〇年代半ばから七〇年代半ば、まだ日本社会もそれなりの夢が抱けた時代に、人間と遊びの関係を考察する様々な著作が刊行された。それらは遊びの理論とか、遊戯論、あるいはプレイ論などと呼ばれ、私自身も研究室のゼミでR・カイヨワの *Man Play and Games* などの原著を読まされた。

ところで、そのカイヨワ氏が先のタンマくんの漫画の一コマを見たとすれば、どういう反応を示すだろう。テーマとして取り上げること自体がわからないと、投げ出すだろうか。それともハタと膝を打ち（そういうしぐさがフランス人にあるとすればだが）、わが意を得たりと笑いだすだろうか。

R・カイヨワは遊びを成立させる条件として次の六つをあげている。

（1）自由な活動。遊ぶ人がそれを強制されれば、たちまち遊びは魅力的で楽しい気晴らしという性格を失ってしまう。

（2）分離した活動。あらかじめ定められた厳密な時間および空間の範囲内に限定されている。

(3)不確定の活動。発明の必要の範囲内で、どうしても、ある程度の自由が遊ぶ人のイニシャティブに委ねられるから、あらかじめ成行がわかっていたり、結果が得られたりすることはない。

(4)非生産的な活動。財貨も、富も、いかなる種類の新しい要素をつくりださない。そして遊ぶ人々のサークルの内部での所有権の移動を別にすれば、ゲーム開始のときと同じ状況に帰着する。

(5)ルールのある活動。通常の法律を停止し、その代わりに、それだけが通用する新しい法律を一時的に立てる約束に従う。

(6)虚構的活動。現実生活と対立する第二の現実、あるいは、全くの非現実という特有の意識を伴う。[2]

カイヨワ氏の有名なこの六つの条件は、六つが並列でほぼ同じ扱いをされている。けれども、この六つの条件の間の関係を読み解くことが重要ではないか。特に分離性——separatenessという条件をどう位置づけるかである。

私は、この条件こそが他の条件に比して、重要な役割を担うと思っている。カイヨワ自らは、この条件について次のように説明する。「遊びは、本質上、生活の他の部分から切り離され、慎重に区別された活動であり、通常、時間および空間の厳密な限界の内部で完了する活動である[3]」

この説明からもわかるように、遊びの世界は、日常世界とは明瞭に原理が異なる世界のことである。そういった世界の構成のためにこそ他の条件——自由性、非生産性、ルール、不確実性といった条件が必要になってくる。言い換えると、この条件——日常からの分離性が充たされている状態は、非自由性、生産性などが貫徹する実世界のなかで、それと相反する原理の空間が創造されているといってよい。俗なる世界に対して聖の世界、ケに対してハレの世界の創造である。

スポーツ世界の分離性

さて、R・カイヨワがその理論を批判的に継承したというJ・ホイジンガは、スポーツの場の問題について、分離性との関連から次のように神聖さを強調している。

「形式の上から言えば、囲い込みの機能は清めの目的であろうと純粋に遊びのためであろうと、いずれにせよ完全に同じである。競技場、テニスコート、石けり遊び場、チェス、将棋盤は機能的に神殿や魔法の円陣と少しも異ならない[4]」

まさしくスポーツ活動の場こそ、ハレの世界にふさわしく清められ、飾りたてられる。人々の意識はいやが上にも高揚する。それに加えて、開会式の厳粛なセレモニー、ブラスバンドの勇壮なマーチが人々の緊張の度合いをいっそう高めていく。

写真2　フーン、ライン引きも哲学なんですね

大事なことは、そこでは人々がふだんの生活では味わえない気分をともに感じていること。したがって、いつもと違う仲間を、また自分を感じていることである。

この点が職場のなかのスポーツクラブや運動会になると、日常の人間関係がスポーツの場まで持ち込まれやすくなってしまう。ハレでもないし、かといってケでもない。中途半端で不完全燃焼の雰囲気、先のタンマ君の表情のように、終わった後の爽快感もあまり感じられず、ニヤニヤになりやすい。

私たちの子どもの頃は、バットの尻や棒切れをひきずり、運動場のあちこちに三角ベースやフットボール、また陣取りや季節ごとの遊戯のラインを引いたものである。考えてみれば、この線は日常のきまりや人間関係を厳しく排絶する、いわば一種の独立宣言のようなものだったろう。だから、そのなかで、そこのルールを破った子に対しては、仲間はずれにして外へ出すし、また簡単には遊び仲間を増やさなかった。

ラインのこういった意味について、わが国で最も早く着目し、それを哲学的に示したのが中井正一である。氏は、それを次のように述べている。


「グラウンドに入った瞬間、眼を射るような幾条もの白線、直線、曲線、円、隋円それ等のものの前に先ず人々は緊った昂奮を感ずる。この昂奮は、もし人々が気付くならば、線が、或は隋円が単なる物理的空間である場合とは異なったものをもつことを知るだろう。(略)そこでは物理的間隔 Abstand は単なる間隔ではなくして、それを走破し、追い抜き、到達しつくすべき存在的距離 Entfernung である[5]」


日常は多勢の人によって踏みつけられ、雨の日には水たまりができ、風の日は砂ぼこりの吹き飛ぶグラウンドが、ある日、ある時刻から一本の白線によって全く異なる世界に変貌する。この変化が遊びの理論のいうところの分離性の根本、いや、遊びの根本といってもよかろう。

しかし、最近の小学校の校庭を見ても、また各種のコートにしても、たいていはふだんからライン・テープが張ってある。自らの手による変貌は許されない。固定化した環境のなかで、遊びの世界の真の創造はできるのか。そう、遊びの理論の先達家たちは、現代に対して問うていると言えなくもない。

ホモ・ルーデンスとホモ・ソシオロジクス

この分離性という概念を強く前面に出して考えると、人間観についても従来とは異なるとらえ方ができそうである。

J・ホイジンガは、人間をホモ・ルーデンス(遊戯人間)としてとらえた。それまでのとらえ方であるホモ・サピエンス(理性的な人間)などとは違う人間像を鮮明に提示する。それは、遊びというものが日常世界のなかで、従とし ての位置づけしか与えられなかった関係をひっくり返し、人間生活や社会、また歴史の核をなすのが遊びであるとするきわめて衝撃的な提示の仕方であった。

こういう人間像からすれば、先にみた漫画の課長さんのように、仕事の役割をひきずってしまうタイプなどは、非遊戯人間の典型として映るかもしれない。

いや、そういった課長さんにしてもわからないのではないか。案外夜になって、主人公のタンマくんは外に連れ出される。海岸通りの赤提燈の暖簾をひとたびくぐれば、昼とはガラリと変わってにぎやかさと和やかさに浸りきれるタイプかもしれない。そして興じて、ちょっと古くても「ギンギラギィーン」とでもやりだせば、部下のタンマくんの頭のなかは、昼の課長と夜の課長が激しく交錯し、「いつもの課長のほうが、ひょっとしておふざけじゃないか」とタンマくんの人生観まで狂いが生じかねないからである。

つまり、遊べないのではなく、ある条件が整う場で十分（いや、ふだん遊べないのだからその分十二分に）遊べるのだ。まじめな課長の内の内に遊びの心がフツフツと煮えたぎる！　そこまで考えれば、ホモ・ルーデンスとしてとらえる人間観はすべての人に当てはまるかもしれない。

スポーツと飲みとを、同じものとしてとらえることは正しくないかもしれない。しかし、人間は、彼が置かれた環境や人間関係に、本人が意識するしないにかかわらず敏感に対応しているものだ。職場の空間、遊びの場、家庭の場、また連れだって歩くだけの空間、そういった様々の場や空間でどのように行動するか。二十四時間のなかでは、そういう多くの空間をどのように関連させて、振る舞うか。連続させてしまうのか、しないのか。そのやり方で、その人自身のタイプも決まってくる。

職場では課長として、家では父親として、また飲み屋ではその店に合う飲み方を、そしてスポーツの場ではよきスポーツマンとして振る舞えるかどうかである。

そうはいっても、あんまりその場その場に敏感に反応し、その振る舞い方を変えてゆくと「節操がない」とか「ウラオモテが多すぎる」、また「調子がいい」「軽薄短小」などと低く見なされやすい。これもまた、われわれの価値観でもある。

ところでR・ダーレンドルフという社会学者は、人間をホモ・ルーデンスならぬホモ・ソシオロジクス（社会学的人間）と規定し、人間を社会的役割の集合体と見なしている。(6)人間の行為を役割の演技という点からとらえる習慣は、あまりわれわれのなかにはなさそうである。

しかし、与えられた地位や立場を一つの役割演技と見なすことができれば、その人にとっての人生が、いくぶんかは気が楽になってくるのではないか。そういう意味からすれば、人間をホモ・ソシオロジクス——役割演技者と見なす立場とホモ・ルーデンス——遊戯人間と見なす立場とは逆説的ではあるが、どこかにあい通ずる面があるかもしれない。

空間と役割演技

生活のなかで特別な場や空間を意識するのは、何といっても儀礼のときだろう。結婚式よりも葬式のときにより強くそれは感じられる。

ふだんは付き合いのない近所の人も、このときばかりはまるで身内のようだ。家は自分の家ではなく、近所の人や親戚の人が自由に出入りする特別な場に変化する。「心よりお悔やみを……」と述べ、あとはぼそぼそと……。はっきり挨拶しないのがこの場のマナーだ。死はもちろん悲しみの極致ではあるが、お互いに直接感情を出すことは、この空間の意味をかえって損ねてしまう。「立派なお葬式だった」というのは、金がかかって豪華だったというよりも、遺族も参列者もその役割を最後まで立派に遂行した、そのことへの賛辞と理解すべきである。

その場にふさわしいように行動するのがホモ・ソシオロジクスの原則だ。葬式には黒の、結婚式には白のネクタイをつけるように、その場をわきまえねばならないのが、われわれの日常の行動律である。

昭和三十年代後半から四十年代前半にかけて、T・P・Oという、時代を象徴する言葉がはやった。その頃は、

VANとかJUN、IVYなどのファッションが急激に街に出始める時期でもある。T・P・Oというのは、Time, Place, Occasion の略。Time ─時と、Place ─場と、Occasion ─その場の内容を考えて、それぞれにふさわしい服装をしようという主張がT・P・Oであった。

それまではどちらかというと、職場での背広と、家に帰ってからの着物のほかには着るものがなかった。背広からいわばどてら（！）へ、どてらから背広への時代である。T・P・Oの主張はこの二様の服のほかに、第三の服とでもいうレジャーウェアを人々に意識させる服飾界からの企業戦略であったと言えるかもしれない。

二十四時間のなかに、あるいは一生のうちに、どのような場─空間を持てるだろうか。それでその人の人生の充実度のようなものが決まっているのかもしれない。異なる様々な空間は目の前にあるのに、それに気づかず、また気づいたとしてもそれにふさわしく行動できずに、せっかくの楽しみを棒にふる場合も少なくあるまい。空間への身の処し方を間違うことが、その人の社会的評価を下げる結果になることも多い。

われわれの問題に絞れば、日常社会という空間とスポーツの空間をどのように識別し、それぞれの場に適した振る舞いを、いかにするかに関わってくる。R・カイヨワも次のように言っている。

「立派な遊戯者とは、要するに、遊戯と人生の領域を混同してしまうことのない沈着さを充分にそなえている者であり、身代をすっても、遊びは遊びにすぎないこと、すなわち慰安を慰安として、生まれながらの無垢な心に見下げはてた根性を許さず、偶然にしたがって落胆したりすることを恥だとする者なのである(7)」

もちろん、遊戯者というところをスポーツマンと置き換えて読んでみるべきだ。スポーツの場での結果を人生の場までひきずり込むべきではないということ。それはもっともな考えである。しかし実際には、それへの関わり方がうまくできなくて、自殺にまで追い込まれてしまったチャンピオンも、わが国のスポーツの世界には何人かいる。われわれの文化風土とカイヨワたちのそれとの違いかもしれない。それにしても、生活の場と遊びの場

写真3　ドキドキ、ワクワク

を混同しない、それぞれの場にふさわしく行動するというのは、案外難しいことなのである。

多元的世界観と移動

「人生にはもっと別の、楽しい生き方があるよ」と思えたら、人の一生はずいぶん楽なものになりそうだ。一つの生き方からもう一つの生き方にスイッチする。ひと頃のはやり言葉を使えば〝クロスオーバー、マルチ型の人生〟というやつだ。われわれは、どうしても昼間の仕事を家にまで持ち込みやすい。その積み重ねが、仕事をとってしまったら何も残らないなどと自嘲したくなるような、また開き直るような人生にしているのかもしれない。

最近の社会学の流れをみても、特に現象学的社会学派といわれる人たちは、日常世界というもの、人生というものが、異なる世界の組み合わせから構成されることを主張している。

たとえばA・シュッツやP・L・バーガーという人たちは、multiple realities――多元的な現実という観点を提示する。そして、それら複数世界をすりぬけていくのを人間の一生としたいということを強調する。

「私の意識は現実のさまざまに異なった位相の間を移動してゆくことができる。換言すれば、私は世界の複数の現実から成るものとして意識しているのである(8)」

異なる世界の間をどう関連させるかは、そこをどのように移動していくか、その仕方に関わってくる。移動をもっと端的に表現すれば、一つの空間のなかにある一つの役割から他の空間の別の役割へどのように役割交換――ロール・スイッチングするかということになる。

この〝移動〟という人間行為は、ふだんたいして気にもとめていないが、具体的な移動ということを少し考えてもかなり意味がありそうだ。たとえば、家から職場へ向かう途中の時間をどのように過ごしているか。東京のサラリーマンの場合は片道二―三時間かかる人もザラであろう。新幹線教授などといわれる人たちのなかには、五―六時間かける場合もあろう。その時間が二十四時間のなかのある幅を占める。その計算で人の一生を考えると、その時間量は膨大になり、誰でもあぜんとしてしまうぐらいである。

移動の形も変わってきている。ほとんどが乗り物だ。広島などの地方都市ではまだ自転車通勤、通学も可能である。この頃ではバイクが圧倒的に人気がある。

私ごとで恐縮だが、私は車を持たないし、免許もない。取ろうとしたこともない。はじめから諦めている。戦後生まれの世代としては、いまでは珍しい存在の部類に入る。

「なぜやらないのか」と聞かれることが多いが、そういうときには決まってこう答えることにしている。「車は悪だ。人をひき殺すという悪もあるが、人と人を引き離すという悪がもっともよくない。「ちょっと一杯」と言いたくても「車だから」と言われそうで、よけいあちこちでディス・コミュニケーションがふえてしまう」と。いや、本当はこれはツッパリだ。もう少しホンネは、「通勤の行き帰りぐらい、バスの片隅にすわってボンヤリ外を見ていたい」のである。

のんびり移動するという仕方は、現代の産業化社会ではしたくてもできなくなっているのだろう。私などには、マイカーならば出勤時間は自由自在になると思える。ところが実際はラッシュを見込んで、バス通勤のときよりも早めに出なければならない不自由さがあるという。移動という行為には、人間の自由性などという問題を抜きには考えられない本質的なものが含まれていそうである。

異なる空間をその人の世界のなかに多く持つことは、それらの空間を移動する自由さを自らのうちに保持することを前提としている。遊びの理論の先達たちが誰でも言う、遊びの自由性とはまさしくここにある。すなわち、いつその空間に入ってもよいし、出てもよいというやつだ。その自由さが遊びの根本条件である。いつその役割をつけてもよいし、はずしてもよい自由とも言えよう。

遊びの理論とスポーツ

スポーツは、そういった遊びの要素を中核として成立する。これまで述べてきた分離性などの条件をはじめとし、自由性、非日常性などはカイヨワらの遊びの理論家たちの言うとおりである。しかし、「スポーツとは何か」をさらに考える場合、その答えが遊びの理論を当てはめただけですむだろうか。特に、現実の華やかなトップスポーツの世界をみると、スポーツが遊びに対して離別宣言をし、古めかしい遊びの理論などはいりませんよ、とあざけり笑っているかのようだ。遊びの一般理論にスポーツを単に当てはめただけの知的怠惰に、しっぺい返しをするように、現代スポーツは遊びの領域からどんどん離れ去りつつある。このスポーツの危機を、スポーツの世界の内側からオリジナルなスポーツ理論でとらえ直す必要性が出てきている。

たとえば、J・ホイジンガにしてもいまのスポーツの堕落を見抜くかのように、次のように予言している。

「いくらオリンピックやアメリカの諸大学におけるスポーツの組織化やさらには声高らかに宣伝された国際競技が頑張っても、いかんせんスポーツを様式と文化の創造活動にまで高めることはできないのだ。それは演ずるものと見ているものにとってどれほど重要なものであれ、所詮は不毛の機能にしかすぎない。そこで昔の遊びの要素は大部分死滅してしまった(9)」

しかし、この批判もやはり遊びの理論家たちの側からの批判である。過度な競争がスポーツをまじめなものにし、そうしてスポーツを遊びから遠ざけてしまうということだが、現代スポーツの危機は、むしろ競争が競争としての機能を果たさないところにこそあるのではないか。

またR・カイヨワも、「わたしの意見では、歓びや信頼、気楽さなど遊戯の力のなかに確められるものは、この安全さに由来するもの」[10]とある所で述べている。しかし、スポーツは遊戯のなかに含まれるという従来の一般図式からだけで、はたして喜びや信頼、特に気楽さなどを人に与えられるものだろうか。またそれを可能にする安全さ（遊びの理論では分離性という条件であり、物理的にはコートの白線やラインになるが）とは、具体的にはスポーツの世界では何なのか。理論どおりの白線やラインであるとしても、はたしてそれだけですむものだろうか。

写真4　ユニフォーム着ても泥遊びのほうが……

また一方で、次のような遊びとスポーツの皮肉な問題がある。いまの子どもたちはユニフォームで野球をするときはスポーツ、ふだん着のときは遊びという、遊びとスポーツの使い分けをウエアでする傾向が強まっている。遊びという言葉には、たとえば〈遊び人〉などというように負のイメージで使われてきた歴史がある。それに対して、スポーツには〈健全なる精神は健全なる身体に宿る〉という、金科玉条の正のイメージが与えられる。スポーツがユニフォームという形式的な華やかさだけでイメージされるようになると、スポーツと遊びという両方の言葉の意味連関は、どんどん衰退してしまう。

結論からいうのもおかしいが、この趨勢はスポーツにとって、かえって好ましくないのではないか。これが私の問題意識のかなりの部分である。スポーツの突き詰めていく最高のありようは、普通に考えられるものとは逆に、遊びに接近していくのだ。わが国にはじめて金メダルをもたらした織田幹雄氏こそが、「真の遊戯人」とする見方もあるくらいである[11]。

スポーツと遊びの分離は、子どもにとっても、大人にとっても、選手にとっても、むしろ不幸なことではないか。スポーツは遊びの理論家たちが言うように、「遊び」をその基本的性格とすべきだろう。しかし、それを明白に示すためには、遊びの理論家たちよりも、もっとスポーツの世界の内側に入り込み、その外の世界、内の世界をとらえ直したい。それこそがスポーツの世界を具体的に豊饒化させるのではないか。

結論的に言えば、テニスやジョギング、野球やスキー、ゲートボール、その他多くのスポーツ種目が、老若男女を問わずポピュラーになり、様々なスポーツイベントが、競技場でテレビでもてはやされるなかで、スポーツそのものは、その真の意味と意義を急速に失いつつある。種目は盛んになっているが、スポーツそのものは逆に衰退しているのではないか。やっているテニスやゲートボール、バレーやサッカーがスポーツになっているかどうか、そのあたりを見直そうというのが、本書の基本的な姿勢である。

2 「コートの中」と「実社会」

勝負の不思議

そうはいっても、スポーツの良さと素晴らしさを、われわれは実感として知っている。スポーツの後の爽快さ、チームメートとの一体感、負けたときの失意、惨めさ、仲間とのギクシャクさ。もっと言えば勝負の不思議、人間の不思議さについてだ。私自身、ささやかだが勝負の不思議を体験したことがある。

神奈川県のインターハイ(一九六三年〔昭和三十八年〕)で槍投げの決勝のときだ。二年の秋の新人戦で勝って、新聞の予想に優勝候補と書かれ、そんなキャリアのない私はたいへんコチコチになって臨んだ。特に同僚には、中学の放送陸上百メートルで、全国一位になった森谷嘉之(のちに、四百メートルリレーで日本新をつくる)がおり、彼が主将、私が副将で団体優勝の期待も周囲にはあった。

さて、予選は順調にパス。午後に入っての決勝は三投できる。ところが、どうも記録が伸びない。下級生のEが（おそらく伝言のためだろう）、フィールドに入ってきたことを何となく覚えている。「思いきっていってください」ぐらいを伝えてくれたのだろうか。

ともかく、いよいよ最後の三投目。槍を握って走路の端に立つ。もしかしたら駄目かもしれないという不安、いや何がなんでもという焦りが交錯する。

そのとき、ふと後ろ、トラックの外の芝に立ってじっとこちらを見ている目に気がついた。Kという、小田原高校の陸上競技部にとっては大先輩であり、全国インターハイの槍投げの優勝者である。当時は東急という会社が陸上競技が強く、そこへ入って活躍されていた。

大先輩が見てくれている！　見守ってくれている!!　そのようなことを思った。いや思い込もうとしたのだろうか。

大喚声というほどではないが、正面スタンドからの拍手とどよめき。三投目の槍はグンと伸びて一気にトップに出、確かに遠くに突き刺さったのである。スポーツ選手にはタイプとして、逆転型と逃げ切り型の二つがある。私は後者であって、とても逆転優勝などは性格的に無縁のものと思っていた。それが信じられない結果になった。

当時もよく考えたが、K先輩が見てくれていることに気がついて、次に我に返るのは投げ終わって、槍がフィールドに突き刺さる瞬間のスタンドのちょっとしたどよめきであった。槍をかついでスタートして、ステップして……、それらがみごとに記憶にない。抜け落ちているのだ。

同じようなことをラグビーの元全日本、名フランカーの山口良治氏からうかがったことがある。失敗するときのゴールキックは動作を一から十まで覚えているが、逆に成功のときは何も頭に残っていないという。私などのレベルとははるかに違うが、やはり同じような心理があるのだろう。

優勝しなければいけないという役割期待の過度なプレッシャーが、大先輩に見守られているという感激によって、プラスのほうへ転化した結果だろうか。ともかく私にとっては、最高のスポーツでのドラマ——勝負の不思議さ、心身の不思議さである。

フェアなtake

日常の生活では、種々雑多なことに気をとられる。同時にいくつものことを考え、行動に移さねばならないことが多い。

その点、スポーツマンの気にかけることはただ一つ。この槍をひたすら遠くへ投げればよいのである。それに尽きる。その役をうまく遂行すれば、それが勝者なのだ。この単純明快さが、スポーツの最大の魅力であろう。

その行為は競技などと呼ぶ性格よりも（一人のスポーツマンの側からすれば）、そのときそのときに、与えられた役割をどう完璧にこなすかという点で、むしろ演技に近いものかもしれない。演技が完璧に近くなる——すなわち勝利者というのは、役割を演じているという意識があるのかないのかわからなくなるほど融合している、そういう状態《トランス》にある人間ということだろう。

「『ワン・オール』観衆はコート上の白球を追いながらラケットを持っておどる四人のバレリーナの名演技に息さえこらし、ただただ目を左に右に前に後にと追跡することに懸命であった。

もはやそこには男と男の激突といった烈しさはなかった。それはすでに通り越し、台本も筋書きもない極く自然な氷上の舞ともたとえておかしくない演技を披露していた[12]」

四人のプレイヤーのうちの一人は私であり、多少気恥ずかしいが、スポーツの演技性を考えるうえでこの文章は興味深い。この筆者は国体出場レベルのテニスマンであり、漢詩もよくする方である。ローカルレベルのダブルスの決勝戦で、技術的にはそれほど高かったとも思えないが、四人のレベルが非常に合ったこと、また当時珍

写真5　こ、こら、もうボールはないって言ってんだろ

しかった夜間照明のなかでやったことなども重なり、ベテランのテニスマンの眼にゲームが演技として映ったのだろう。

選手という役割も、それを細かくみていけば一軍の選手、二軍の選手、さらにテニスで言えば、フォアやバックといったポジションが加わってくる。スポーツをするということは、それらの役割の演じ合い・奪い合い・取り合いではないか。敵と味方という役割群もあるし、選手と指導者という役割の関係もある。スポーツの世界とは、選手らしさ、監督らしさが要求される役割演技の世界でもあると言えないだろうか。

ここではそういう役割の関係を、役割の演じ合い・取り合いということでtake（得る）の関係と定義しよう。それは競争という社会関係を、少し個人の側に引き寄せて表現したものだ。同時にそう表現することは、プレー中の細かい場面、たとえば連携プレーという協同的な関係が発現しても、それは二人の間での役割の演じ合いがうまくいったかどうかという点で、やはりtakeといったほうが、よく当てはまることを意図している。

takeの関係は、なにもスポーツの世界だけではない。仕事の場、家庭の場、その他多くの場での社会関係の本質である。問題になるのはそれらの世界に比べて、スポーツのtakeの関係はそれがフェアな条件のもとで遂行されるということである。

フェアなtakeというのは、その場を規制するルールが一つであり、しかもその場のなかのプレーヤーはそれを認めたうえで参加しているということ――takepart inだ。同時に、それはプレーヤーだけでなく、それを観戦する人にとっても、そのルールは真にクリアである。野球では一点でも多くとったチームが、百メートル競争では○・○一秒でも早くゴールインした選手が誰の目にも勝ちであるからだ。

takeの魅力

それゆえに、フェアな take はときとして過酷だ。しかし、それだけに真剣になりやすい。

真剣になるということは、前衛というポジションを、また選手や代表という役割を必死になって遂行することを意味する。その役割演技が強まるとき、そのぶん、ふだんの役割――会社員や教師、父親、あるいは男や女などの日常的役割は、影に隠れることになる。そして、さらにそこを一歩越えるとき、ポジションや選手という地位、役割をすら一時的に突破することができるという。

ドイツの哲学者であるO・F・ボルノーは、次のようにその境地を語る。

「人間は本気になった時自分の役割を突破して外に出て行き、そして無保護のままに、誤解されたり利用されたりする危険を冒してでも、他人に心を開くことを学ぶということが決定的に重要なのです[13]」

確かに、スポーツ活動の場がフェアな take の関係であればあるほど、プレーヤーは本気にならざるをえない。なぜならば、一瞬一瞬のプレイの積み重ね、一点一点の積み重ねがそのまま結果に結び付いていく公明正大さがあるからだ。ゲームの勝敗の帰趨が自分の双肩にかかっているとプレーヤーが感じ、その息づまるような場面に正面から切り結んでいけるときは、プレーヤーへの役割移入から、さらにその役割を突破している境地に近づいているということだろう。

しかし、この役割突破は、役割をはずす状態とは異なるという認識が必要だ。役割をはずすというのは、意識閾《いき》のもとでの行為であり、役割を突破するのは、無意識閾に近いからである。けれども、突破しっぱなしでは異常になる。むしろ、意識と無意識の閾をいきつ戻りつする状態が出現するときに、プレーヤーは、最高のパフォーマンス、ベストのプレーのなかにいるということになろう。

プレイはゆらめき

play の日本語訳をみていくと面白いことに気がつく。たいていの辞書は、「遊ぶ」「戯れる」や「競技する」「楽器を演奏する」をあげている。またわれわれも play をそういう意味に理解し、使用してきた。ところが、そういう訳語のなかに、光やロウソクがゆらめく、きらめくという説明が載っている。他の説明と比べてもかなり異質だというのは、他の説明は具体的な行為についての記述である。一方、「ゆらめく」「きらめく」も現象についての記述ではあるが、他の説明と違い、もう一つ深く突っ込む意味を有しているのではないか。

こういった説明を意識して遊びをもう一度考えると、次の言い方は示唆に富む。

「あそびとはむしろ、日常と非日常のはざま、はれとけの間を彼此《ひし》往来浮遊するAでありつつ非Aであるごとき、曖昧さにおいて、とらえるべきではないだろうか[14]」

このなかにみられる「浮遊」や「曖昧さ」と、先の play の「ゆらめく」「きらめく」は、そのイメージにおいて何やら共通したものが見いだせそうではないか。take の関係は、それがフェアであるほど、プレーヤーはそれへ真剣に関わらざるをえ

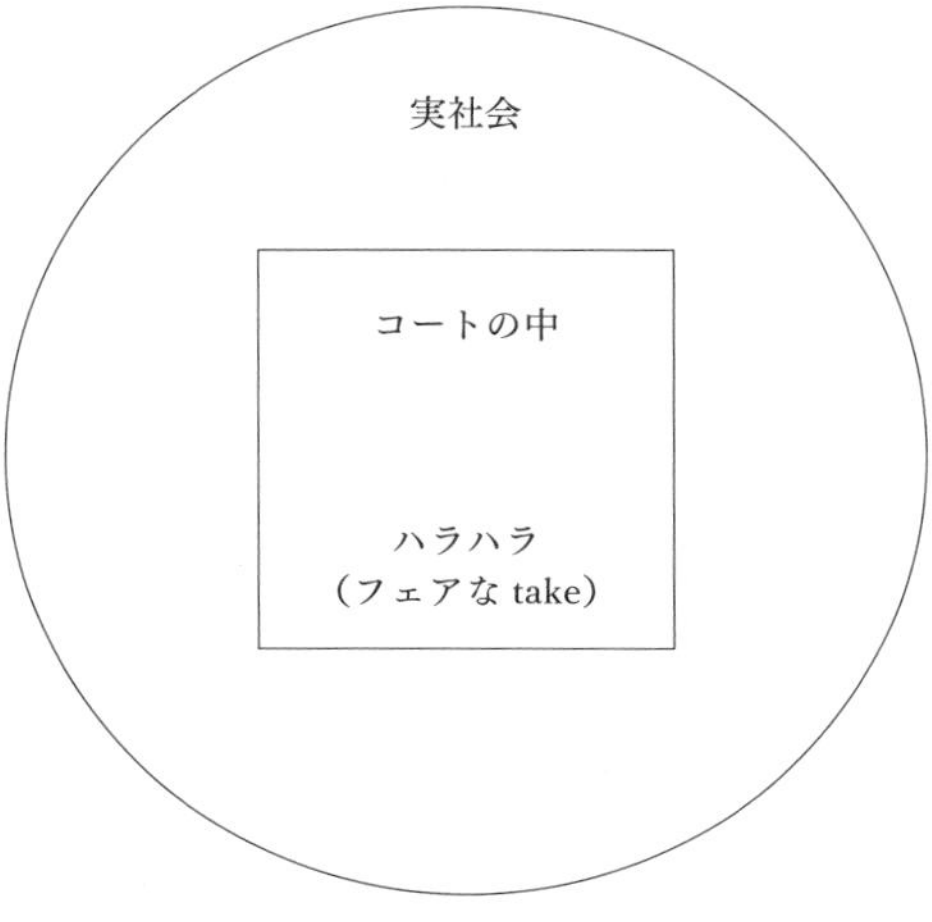

図3　「コートの中」のハラハラ

なくなる。なぜなら、これまでみてきたように、その過程と結果がクリアに連続してしまうため、自らの全存在をその一瞬一瞬にかけなければならなくなるからである。

しかし、take の関係はそういう激しい役割の演じ合い、奪い合いだとして、それが演技にとどまっているうちはいまだ何かにとらわれている——リキんでいるということだ。役割を突破するとは、それが役割演技でもあり、役割演技でもないような境地がついに開けてくることである。take がフェアであってこそ、プレーヤーは集中でき、そこへ近づける。フェアな take の純粋型は、こうしてプレイ——遊びの純粋型へと止揚していくのである。

「コートの中」

このように、フェアな take のもとに繰り広げられるスポーツ活動の場は、勝ち負けの結果に結び付くまでに、複雑な関係や条件から成り立つことがわかる。ここでは、その場を「コートの中」の空間と名づけてみたい。

それは、具体的なスポーツ種目が繰り広げられる場である。ゲームであったり、トレーニングであったり、大試合の場であったりする。「コートの中」だからといって、バレーコートやテニスコートだけを指しているのではない。競技場のフィールドやトラック、柔道場、またロッククライミングの岸壁や、ジョギングをする河原の土手も「コートの中」として心のうちに描いてほしい。

図3は、「コートの中」空間が日常の社会、ここでの表現をとると「実社会」のなかに取り囲まれて存在することを表している。「コートの中」を長方形にしているのは、たいした意味はない。何型でもよい（以前、日本体育協会の公認コーチの講習会で、「俺の場合はこれに当てはまらない」とニヤニヤ質問されたことがあった。相撲の指導者には、こういったユーモラスな人が多い）。

「コートの中」の社会関係は、フェアな take が基本であった。勝者という地位、一軍、二軍という地位をめぐり、また様々なポジションをめぐって役割の演じ合い、取り合いが始められる。そういう意味ではこの空間は、能力と運の世界である。しかし、フェアさに注目すると、take の関係が始まる前から能力差が歴然としているのは好ましくない。そういう場合はハンディキャップをうまく導入してなるべく能力差を埋め、ゲームに臨むのがこの空間の原則だ。だからここは、勝つチャンスの平等な世界といってもよい。

トスをしてサービスのサイドを決める。あるいはジャンケンで走るコースを決めるのは全く運に委ねるしかない。百メートル競争で、たとえばわずか〇・〇一秒遅れてゴールし、負けたとしても、誰にも文句や不平を持っていくことはできない。三コースを選んで、石につまずき、ころんで負けても、そのコースを選んでしまった運のなさ、また石ころをよけきれなかった自分の未熟さに尽きてしまう。天に唾するだけである。どうしてもその結果は、潔く受け入れねばならなくなる。

また、この空間へ関わる人間気分はどのようなものか。フェアな take の関係は参加する者にとって、勝つか負けるかわからない、いわばハラハラする気分の面白さを与えてくれる。遊びの理論でいうところの uncertainly――不確実性の面白さがこれである。

ハラハラ気分

ファイナルゲーム！　お互いにこれをものにすれば勝利者《ウィナー》だ。ジュースが何度も続く。マッチポイントをとられる。これでもう駄目かと諦める。ところが、連鎖反応のように相手のイージーミス。ジュース・アゲイン。

こういったゲーム展開になると、ハラハラするのはむしろ観戦者のほうだ。このあたりまでくると、プレーヤー同士は相手をそれほど意識しない。むしろ自分にどれだけ集中できるかだ。いつもの自分のショットを取り戻せない。ここで一発出ればよいのに……、あせる。ファーストサーブが入る。レシーブが浅い。打って前につく。コーナーに深い。相手の逃げるようなロブがあがる。ここだ、この一発だ。

ハラハラ気分は、相手とのせりあいだけでなく、自分自身とのせりあいだ。あるがままの自分との競い合い。それにせり勝つことが自分をコントロールする術を身につけていくことになる。

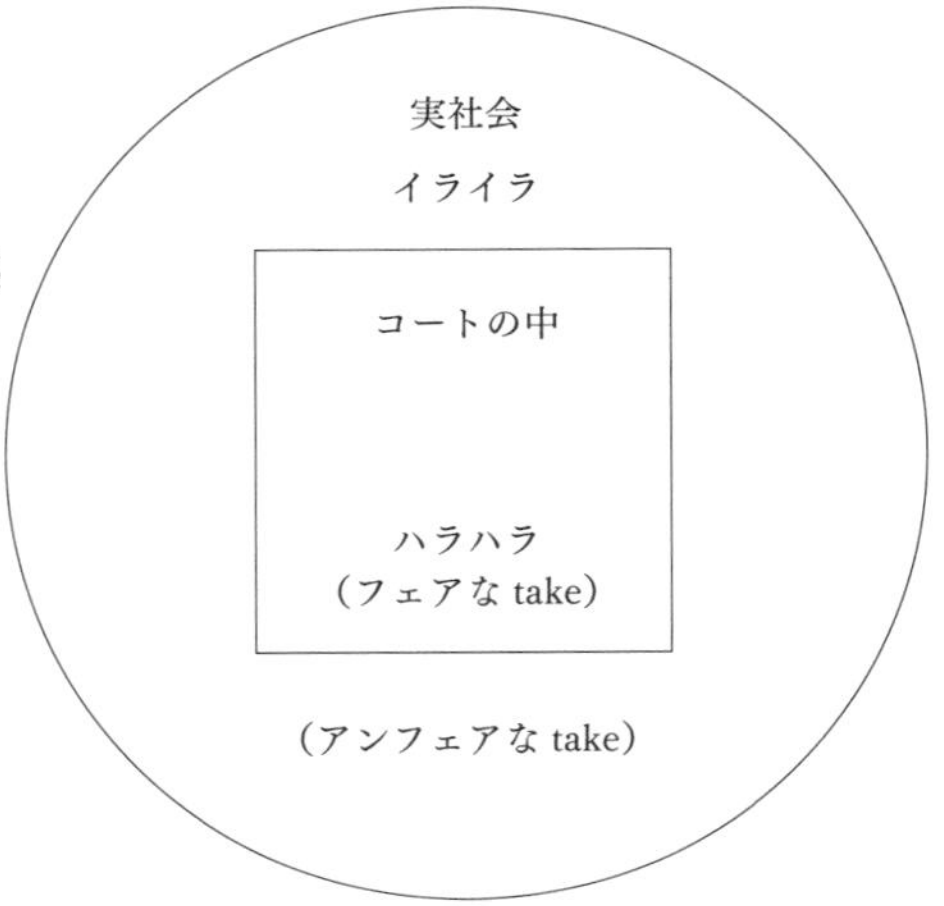

図4　「実社会」はイライラ

「コートの中」の本来のハラハラ気分は、単なる不安とも違う。不安は結果に対する恐れだ。スポーツのそれは、一瞬一瞬に賭ける全存在的な緊張感に縛られながら、そのなかでしだいに四肢が軽やかになるような、そういった伸びやかさをも含むところの気分である。

こういってもよい。ハラハラする気分の面白さとは、プレーヤー同士がその緊張感を共有できる、そのリズムにお互いが合致してくる、いわゆる緊ったゲームが展開できてくる喜びである。ギクシャクとした一人相撲の緊張感がしだいにほどけて、相手のそれと一致していくその過程。先に引用した中井正一は、スポーツの気分のそういった側面を、「それは時そのもののみずから熟して行くところの時の甘さそのもののなかに酔うこころもちである[15]」と述べている。一つひとつのショットの積み上げが、そのまま結果に結び付く「コートの中」のフェアな take が、その気分を保障していることは見逃せないだろう。

女子プロテニスのビリー・ジーン・キング夫人の次の言葉は、そういった意味で興味深い。

「激しいボールの打ち合いが、しんと静まり返った観衆の中で続く……そんなとき、私は試合を止めてマイクを握り、叫びたいのだ。『この瞬間こそ全てなのだ』。本当にそうなのです。試合が終って手に入れたいと思うものは、大きなトロフィーとかそんなものじゃありません。ただ、純粋にプレイをし、無垢な感情を経験した、という感覚です。だからなにかの理由で、その感覚とうまくコミュニケートできなかった時はいつも悲しくなります[16]」

まさしく、ここでいうコミュニケートの感覚とは、一人のプレーヤーがつくりあげるものでも、また相手プレーヤーとだけでもない。選手同士、観衆、周りの環境も含めて醸し出される、まさに気分そのものだ。よいゲームのときほどプレーヤーは周りと一体化している。そういう意味からすると、「プレーボール」は自分をその世界に一体化させていく宣言であり、「ゲームセット」は一体化された自分をそこから取り戻す宣言と理解できる。

「実社会」の論理

一四七ページの図3と比べながら、図4をごらんいただきたい。「コートの中」を取り囲んでいるのがふだんの日常生活――「実社会」である。「実社会」の社会関係はアンフェアなtakeである。様々な役割の演じ合い、地位の奪い合いが「コートの中」とは違い、アンフェアにおこなわれる。「コートの中」のtakeもシビアであるが、「実社会」のシビアさは、「コートの中」のそれとまた違う。

一つは、「コートの中」のように一つの役割だけを遂行すればよいというわけにはいかない点である。たとえば、私ごとを例にとると、保健体育講座の代表ということで、学部の委員になったとする。一つのことを決定する場合に、学部全体からすればそれはよいことだが、それを実施する段階になると、講座にとっては負担になる場合があったとする。よくあることかもしれない。組織のなかの部分と全体の利益は一致するように決定しなければならないが、実際は難しい。こういう場合に、講座の代表という役割と学部の委員のどちらの役割を優先するかがたいへん難しい。タイミングよく演じ分ける必要が出てくる。

こういった困難さは、大人だけでなく子どもの場合にもある。

ある小学校の例だが、その学校は全校をあげて集団の大切さ、仲間の大切さを教育方針に掲げて指導している。附属の小学校でもあるので集まってくる子どもたちは優秀であり、いろいろな校内行事も活発だ。授業はグループ単位で進められ、できない子をみんなでカバーしながらともに進んでいく。しかし、附属という性格上、小学校から中学校へ進学する際に、クラスの半数近くの子が上へ行けない。もちろん子どもはそれを知っている。どうしようもない現実の壁だ。そういった場合、悩むのはむしろ教師の側であるらしい。

子どもは、授業の場や課外活動で、助け合い学習を展開し続ける。しかし、子どもたちの心の底に「◯◯ちゃん、病気になってくれたら」とか「△△君、どこかへ転校してくれれば」という願望は全くないだろうか。六年生にでもなれば、そういう気持ちを抱くのは自然かもしれない。しかし、もう一方では、仲間の大切さという学習を課せられる。おそらく子どもにとってはどちらもホンネだろう。仲間を大切にしたいというのも、合格したいというのも……。

子どもは、大人からどちらの役割の遂行も期待されている。子どもは、学校という子どもの「実社会」で、相反する役割をうまく演じきれたとしても、そのプレッシャーや痛手は相当なものがあろう。そして、そのときはそれらが表面に出なくても、いつかはそのしこりが子ども自身に、仲間に、親に、教師に牙をむいて襲いかかってくる。

アンフェアなルールのいらだち

「実社会」の第二の特徴は、take の関係がアンフェアになってしまうこと。アンフェアといっても単にインチキやゴマカシをいうのではない。

「コートの中」のルールは一つだ。しかも、そこに参加している人がそれを了解しているものである。これに比べて「実社会」のルールは一つではない。おそらく、いちばん大きなルールは憲法だろう。しかし、実際にわれわれの行為を律しているのは、われわれの所属している職場や学校のルールや規範、また恩や義理といったオジンくさいかもしれない人間関係である。

たとえば、夫婦という関係一つとってみても、夫の育った家、妻の育った家のルール、そしてこれからつくりあげようとする夫婦のルールが、それぞれ絡むのだからたいへんである。それぞれの生いたちからすれば、感じていること、言っていることはそれなりに筋が通っている。「それは違う。人間として……」と言ったところで、人間という抽象レベルの前に、男と女のルールや、子と親、夫と妻といったルールが立ちはだかってくる。

結局ルールが一つでないことは、「コートの中」のように過程と結果が必ずしもクリアに直結しない。誰からも認められる結果（評価）を得にくいことになりやすいからである。

たとえ男としての評価――仕事で名をあげるなどといっても、女の価値観からすれば、「誰もそんなこと望んでないわよ」などとやっつけられるのがおちかもしれない。親が子に抱く理想の像と、子どもが自分自身についてすでに持つ像との間のギャップも、親と子の双方にとってプレッシャーになってしまう。わかってくれないことからくるお互いのいらだちだ。なぜなら、ふだんは相手のルールをいちいち認めたうえで生活しているわけではない。当然わかってくれているものとして、なにげなく行動しているからである。

組織のなかの人事はその典型だろう。誰もが納得のいく人事はできにくい。なぜなら九十二点対七十二点という形で、Ｘ助教授の教授昇進ゲームに結着がつくわけではない。どうしてもスッキリしない部分が残ってしまう。女らしさ、母親らしさなどにしてもそうだ。十分の七で女らしくないなどと結果が出せない。それなりのらしさは演じていると自らは思っている。「母親らしくない」などと言えば、かえって「見る目がない」「わかってくれない」などと逆襲されるはめになりかねない。「実社会」はそういった複雑なルールからくるややこしい役割期待や演技の絡み合いで成り立っている。まさしく、一寸先は闇の、不透明な甘くない世界なのである。

イライラする気分

「コートの中」の take は、勝っても負けても潔さや爽やかさが残る。なぜなら、たとえ負けても、負けたのは相手が強かったから、運があったから、それにはいちいち合点がいくからだ。だからこそ、「もう一度頑張ろう」という気持ちに転換しやすい。

「実社会」の take はどうしても歯切れが悪い。相手のルールがわかっているようでいて、自分のルールと噛み合わないいらだちである。お互いがわかり合えないいらだちである。自分の成功の尺度と周りの成功の尺度が全く違ってしまう場合もある。いらだちをどこにぶつけてよいかわからない、いっそう面倒ないらだちかもしれない。

「コートの中」と「実社会」は、どちらもtakeが社会関係になる。自分で自分を駆り立て、努力していく人間の営みだ。しかし、takeがフェアかアンフェアかで、決定的な開きがそこにある。「コートの中」の気分はハラハラする気分、これに対して「実社会」は、イライラする気分になってしまう。

社会の仕組みが高度化し、複雑化してくると、このイライラ気分はどうしても昂じてしまう。

辻村明氏は『高速社会と人間』というユニークな著書のなかで、イライラ度という尺度をつくった。「社会的速度が速くなれば、社会全体の全てにおいて、ことの処理がスピーディーにおこなわれることを期待するようになるわけで、何事につけ、それがスピーディーにいかなかった場合、それだけイライラすることが多くなる」[17]と説明し、現代社会のスピード化からイライラする気分を引き出している。アンフェアなtakeとイライラ気分を結び付けようとする私の立場からしても、その指摘は興味深い。あるスピードでことを処理してくれという自分の側の尺度と、相手のスピードとの間にズレがあるのだ。

何度も私事にわたって恐縮だが、私は口ぐせで「なるべく早く」と仲間や学生に仕事を頼む。この場合、私のいっている「なるべく」はあまり意味がない。「すみません」のようなものなのだ。ところが頼まれたほうは、それがわからない。わからなくて当然だが、頼む私のほうはその場の雰囲気から、「早く、早く」を察してくれたものと思っている。その日のぎりぎりに仕事を上げて持ってくる仲間のやり方にイライラしてしまうわけである。

だから、「○時○分までに」という契約関係がそこに入ってくるのが「実社会」の常套手段である。そのイライラ度を低減しようという社会制度だ。しかし契約という関係も、広く考えると、イライラする気分を増幅させているにしかすぎない面がある。何かと自分にとって都合のよい条件で契約しよう（片方からするとさせない）というtakeの関係を、また契約の条項に違反しないかぎりは何をしてもよい（片方はさせまい）という関係をつくりだしているのだから……。

いずれにしても、いろいろな要因が絡まって「実社会」のイライラする気分は高進するばかりである。ルールが複雑化し、それに伴って役割期待が錯綜する現代の管理社会ではやむをえないことだろう。だから現代のスポーツマンはこのイライラ気分を鎮めるために、「コートの中」へ足を踏み入れようとするのだろうか。

3　「コートの外」の意味と意義

理由がいるの？

『マイ・ライフ』（監督：リチャード・T・ヘフロン、一九七八年）というアメリカ映画をごらんになっただろうか。スポーツを題材に人生を語るといった典型的なアメリカ映画だ。原作は、*See How She Runs*。一九七八年の著書だから、すぐに映画化されたのだろう。

主人公は、離婚しているベティ・クウィンという女性で娘が二人がある。年は四十ちょっと。ジュニア・ハイスクールの教師である。

彼女がある日突然走りだす。周囲のひやかしや家族の反対に耐えながら（耐えて、というと深刻のようだが、そこはアメリカ映画特有のユーモアとバイタリティーが爽やかである）……。クライマックスは、彼女がボストン・マラソンを奇跡的に完走してしまうところにある。

この映画は、いくつかの現代的な問題をテーマにしている。一つは離婚。そして女の自立。もう一つは、世界的なジョギングブームのなかで、なぜ走るのかという問いをあらためて考えようとしている点である。

「なぜスポーツをするのか」という問いに答えることは、簡単なようだが難しい。いや、逆に難しいようだが、答えは単純なことにきわまってしまうのかもしれないが……。

さて、ボストン・マラソンのレースも中盤で、主人公のベティは苦しそうである。わが国では、たとえ小説とはいえ考えられない発想だが、レース中にマスコミのレポーターにインタビューされるシーンが入る。

「もしもし。もしもし。答えてくださいよ、ミス・クウィン。どうしてこの休日を二十六マイルも走るという苦行をやって過ごす決心をしたのですか?」

ベティは肩をすくめて「理由がいるの」と言った。

「やりたいだけ……心の望みよ。日本人には富士山……私たちにはボストン・マラソン(18)」

富士山とボストン・マラソンを並列させたところが何ともにくいではないか。主人公はここでは問いをはねつけておきながら、他ではちゃんとその理由を答えている。

別れている夫のラリーとのデート(こういう形もわが国ではなじみがない)のなかで、ラリーの質問に答える形でこう言っている。

「ラリー、走っているときにはね、教育委員会も校長も、家主のグロリアさんもケニー・マクガイアの父親も、こまごましたことはいっさいなくなってしまうのよ。私ひとりになるの。だれも私を止めることはできないし、私を強制して走らせることもできない。私は自分で自分をコントロールするの。そういうところが好きなのよ。自分の生命が一時ではあっても、本当に自分のものになっている、そう考えられるところが好きなのよ(19)」

原作者のジュリア・ソレルという人が、どういうスポーツキャリアの持ち主かわからない。けれどもこの説明のなかに、西欧社会の伝統的な個人主義とスポーツマンのスポーツをする心理が鮮明に打ち出されていると思う。

なぜ、スポーツをするのか

特に、わたしひとりになるのという言い方はわれわれにとっては挑戦的ですらある。まわりのプレッシャーを回避する喜びなのか、それともそれを越え、自分らしさ自分そのものへの回帰の喜びか。おそらく作者が言わんとしていることは、スポーツマンのアイデンティティの問題についてであろう。

写真6　これはこれでいいんです

主人公もはじめのうちは、鏡を見ながらシェイプアップなどに気を配っている。しかし、そのうちにそういったシーンは全くなくなってしまう。健康つくりや体力つくりなどの生理的な目的のためではないスポーツへの関わり方がリアルに描き出される。すなわち、「実社会」の持つ特有な気分、イライラした状態から離れ、「コートの中」のハラハラする気分の面白さのなかで自分自身を確かめ、可能性を追求するスポーツへの集中である。

映画のラストシーンは、すでに夜だ。行き交う車のライトだけが一瞬恐ろしく光る。ゴールには彼女のための新しいテープが張られている。ほとんどの人は帰ってしまった。迎えようとしているのは家族や友人だけだ。なかなか姿を見せない。まだかまだかと待つ……。

ベティが人々の目に入った。よろめく。倒れる。娘も、夫も、友人も。

町の警官も、そして原作では娼婦も応援するのである。

「あと数ヤードのところで、ベティは残る力のすべてをいきなり吐き出した。観衆は奮い立ち、手をたたき、足を踏み鳴らし、賞讃の叫びをあげ歓呼した。口笛が響き安堵の笑い声がざわめく。全員がベティと一体化した。それが彼らの得たものだった[20]」

この全員が得たものこそ、「実社会」ではない世界への移動と、ハラハラする気分をともどもに味わえたことではないか。そこではある時間、「コートの中」空間を「実社会」から明確に分離、独立させたのだ。「実社会」をともに押しのけることのできた喜びといってもよい。

ところで、問題はゴールの〝後〟である。映画のほうはゴールインのアップで終わりだ。映画や小説はそのほうがよい。しかし、スポーツを社会学的にとらえようなどという立場からすると、主人公はその後どうなるだろう、走り続けるのだろうかなどとやぼなことが気にかかる。常に走り続けるマラソンが彼女の自立の証しのようなそういうスポーツへの関わり方でベティ・クウィンはかえって人生に疲れないかなどと、よけいな心配までしてしまうのである。

ユニフォームを脱ぐ

ボストン・マラソンと言えば、日本で初めての優勝者は田中茂樹選手、当時十九歳の少年である。私自身、小学生か中学生のときに、ドキュメンタリー風の『田中茂樹物語』を田舎の小さな映画館で見たような記憶がある（勘違いかもしれないが……）。線路沿いを汽車（もちろんD51風の）と併行しながら走るシーンがあったのではないか。その田中氏が最近、ある雑誌に次のようにレポートされている。

「今はもう走ってはいない。趣味のジョギングもやらない。『楽しく走ろう』という発想が彼にはない。『勝つために走るのが原点だったから』それは変わりようもないだろう(21)」

スポーツ選手は「実社会」での停年退職を前に、おそらく何回か現役引退というリタイアを経験する。チャンピオンほどそうだろう。そして、その引退の仕方——ユニフォームの脱ぎ方は千差万別ではないか。田中氏のように勝てなくなったから、走らなくなる選手もいよう。プロ選手とアマチュアの選手を単純に比べてはいけないが、野村克也選手のように生涯一捕手などと言い、できなくなるギリギリまで現役でやるという形のスポーツへの関わり方もある。強かった選手ほど、自分の意志のとおりにはいかない事情もあろう。小説のベティ・クウィン夫人の場合にしろ、田中茂樹氏や野村克也氏にしろ、その人のスポーツへの関わり方の個性が最も強く出るのが、ユニフォームを脱ぐ、その脱ぎ方、またその逆の着方にこそあるのではないか。それは、「実社会」と「コートの中」をどのような役割交換でふだんから移動しているかにも関わってくる。

この点については、以前から興味をもっていた関係もあり、高校野球の古豪である広島商業の畠山圭司先生に聞いたことがある。かなり以前のインタビューであるが、畠山氏の説明は、役割交換とか移動といった言葉こそなかったが、まさしく「実社会」と「コートの中」にどのように部員たちが関わっていくかを示すものであった。

「強い学年と弱い学年というのはどうしてもありますよ。強い学年というのは、ひと口で言って、ユニフォームと学生服をうまく着わけることのできる者が多い学年ですね。弱い学年はその逆にうまく着わけることができない学年のような気がします」

長年の氏のキャリアが自然にこういう説明をつくりだしているのだろうか。うまい表現である。生徒にとって、ユニフォームは「コートの中」であり、学生服は「実社会」だ。その切り換えを自分でコントロールできている学年は成績もよく、コントロールできていない学年は悪いという。確かにそういうものかもしれない。筆者のささやかな経験からしても、強い選手は時間的な切り換えがうまい。

一九六三年（昭和三十八年）の全国インターハイは新潟市でおこなわれた。私も槍投げで参加した。一緒に行ったのは、先にも紹介した、のちに日本新を出す森谷である。私のほうは明日の試合を前に早くから床に就くがどうしても眠れない。彼のほうはけっこう遅くまで外で騒いできて、サッと寝てしまう。「なるほどなあ」とつくづく思い、落ち込んだものだ。

どこで脱ぐのか

広商の畠山先生の話を聞きながら、なるほどうまい説明だと感心しながら、もう一つ別のことを思った。確かに、「コートの中」と「実社会」はうまく移動できている。しかし、そこでの役割交換はあるといっても、「コートの中」の take から「実社会」の take へという同じ関係間での移動にすぎないのではないかということだ。フェアな take とアンフェアな take という違いはあるが、役割の演じ合い、取り合いという点では同じである。イライラする気分からハラハラする気分へ、またハラハラする気分からイライラする気分への行き来の連続である。

これまでの遊びやスポーツの理論をみていっても、遊びやスポーツの世界と日常生活の世界とは一四七ページに示したように、一本の境界線で区分されていた。中井正一がグラウンドやコートの白線、曲線を哲学的に意味づけたとおりである。

ところで、その白線をうまく越え、トラブルもなく役割交換ができているとしても、社会関係からすれば、「実社会」でも「コートの中」でも take の関係に変わりはない。常に背後から take の関係へせきたてられている、そういうことはないだろうか。端的にいうならば、「コートの中」と「実社会」だけの移動からなるスポーツは慢性的な強迫神経症の様相を強めている恐れがないかということだ。

そういった、いわば二十四時間がプレッシャーという条件のなかでも、自己の能力を伸ばせることがチャンピ

写真7　「コートの外」の狭さに注目しよう

オンにとっての必要条件かもしれない。東京オリンピック前のレスリングの強化合宿では、厳寒の海のなかに入るとか、電灯をつけっぱなしのなかで寝るという有名なトレーニングがおこなわれた。代表選手という役割期待に、常に耐えていくという心理面の強化トレーニングである。それは、一九七〇年代前半に流行したモーレツ社員の特訓などとも重なり合う。

やる気は心のバネのようなものといわれる。バネは曲げられている状態から、それが伸びるときに最大のエネルギーが出る。だから曲げられた状態というのは、圧縮された高エネルギーを秘めているわけだ。しかし、その状態が四六時中続くと、バネはバネとしての弾性を失い、曲げられた形はそういう型になってしまい、その機能を失う。本当にその選手が自分の能力を十二分に発揮するためには、バネを曲げている状態はどこかで伸ばされる弛緩空間が不可欠ではなかろうか。

チャンピオンたちは、外側からみると「実社会」と「コートの中」だけの移動のようだ。ハードなトレーニングにだけ明け暮れている。しかし、どこかにイライラする気分でも、ハラハラする気分でもない全く異質の空間、秘密の空間を保持しているのではないか。ベティ・クウィンにしても、広商の野球選手にしても、レスリングの五輪代表選手にしても、本人や指導者が意識するしないにかかわらず、そういった空間を持てているときが、マラソンが、野球が、レスリングがスポーツになり、個人の能力も伸びているときではないか。おそらくそれはtakeという役割演技の世界から、それを必要としない世界への移動ということになりそうであるが……。

「コートの外」の風景

写真7は、私の大学のなかのプールである。どこにでもあるものだ。民間のプールに比べれば、学校のプールは見るからに味気のないつくりだが、構造はどこも一緒だ。柵の外側は「実社会」、内側のプールそのものは「コートの中」と言ってよい。

そしてこの写真からみても、「実社会」でもない「コートの中」でもない第三の空間がスポーツの世界にはある。この写真では、プールサイドがまさしくそれだ。これを「コートの外」空間と名づけてみよう。

さて、X氏が泳ごうと思いたったとする。運動不足も気になるし、何より気分的にイライラしている。X氏がプールのなかで泳ぎ始めるまでには、いくつかのステップがありそうだ。着替えをし、シャワーを浴び、プールサイドを通り、そうしてようやくプールのなかに入る。泳ぎをやめて帰る場合も、ほぼ同じステップを全く逆に踏むわけだ。これらのステップの連なりも含めて「コートの外」としたい。

ここで名づけた「コートの外」とは、プールサイドやシャワー室という物理的空間を必要とするが、それだけで十分ではない。心理的・社会的条件がそろって必要かつ十分な条件になるからだ。プールサイドが「コートの外」になるかどうかは、その人のスポーツへの関わり方で決まってくると言ってもよい。

プールサイドを観察していると面白い。初心者ほどプールサイドが「コートの外」にならないようだ。たいがいは休むときもプールのなかだったり、プールサイドにいるときも、それは単に休憩であってくつろぎになってはいない。隣の人と話すなどというゆとりはない。

これに比べて、ベテランほどこの空間を様々に意味づける。休息の場でもあるし、くつろぎの場でもあるし、仲間との談笑の場でもある。トレーニングの場として、あるいは思索の場でもあるように悠然とプールサイドを歩く。初心者や新人は、プールサイドにおいても動作はぎこちなく、硬さがみられる。

同じように、球技系の種目のコートサイドの観察も興味深い。コートサイドの振る舞いが単調で、しぐさになめらかさがみられないときは、「実社会」と「コートの外」が連続し、「コートの外」は彼にとっては存在していないようだ。過度のプレッシャーであがっているときは、「コートの中」でのプレー中も、まるで自分のすぐ後ろに観客席があり、一人ひとりが自分を凝視しているような錯覚に陥ってしまう。硬さがほぐれている状態ほど、「コートの中」と観客席とは隔たり、一人ひとりの視線は気にならずのびのびとしてプレーに集中できる。

「コートの外」の論理

「コートの外」があって、はじめてプレーヤーは役割を脱げる気分にひたれるのだ。「実社会」と「コートの中」はフェアであれアンフェアであれ、いずれにしても役割の演じ合い、取り合いの世界である。泳ぎをしようと思って脱衣をするX氏は、背広を脱ぎながら、会社の係長や父親やその他もろもろの日頃の役割をはずしている。そうして「コートの中」のX氏はスイマーとしての役割に集中できるのだ。それゆえに、「実社会」から「コートの中」への移動の途中の「コートの外」空間で、人は一度、ヤレヤレする気分を味わうべきなのである。

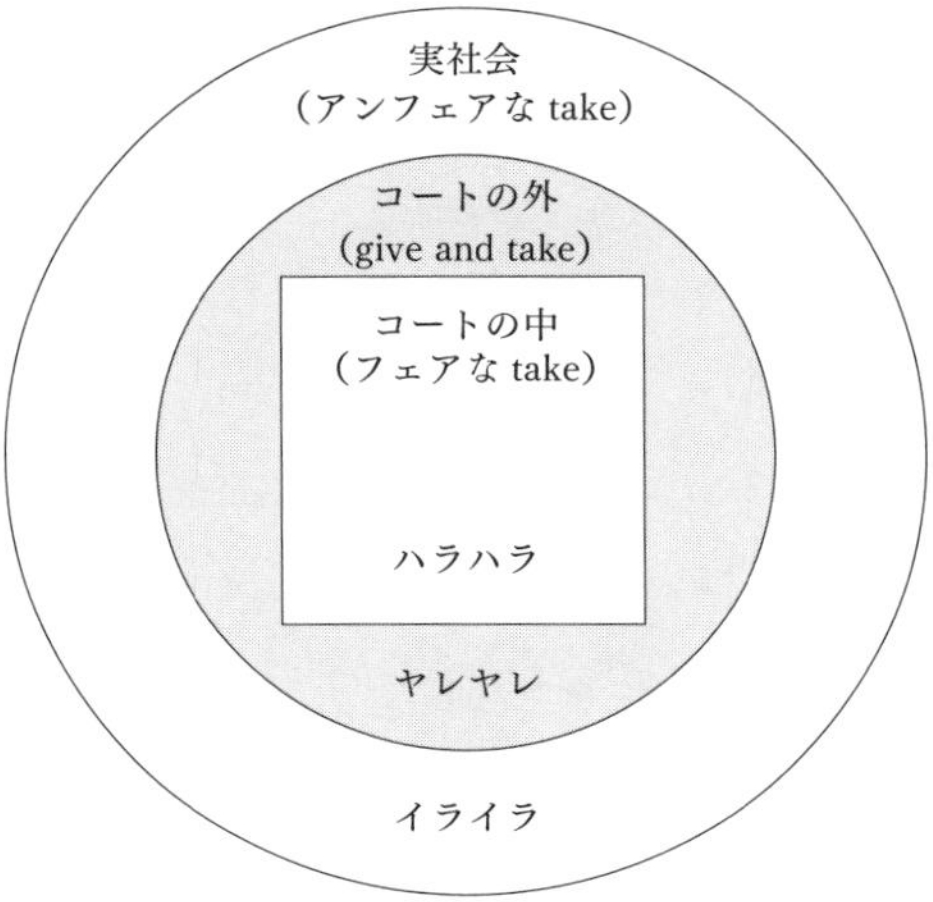

図5　「コートの外」はヤレヤレ

泳ぎを終えてプールから上がるX氏は、「コートの中」の地位や役割——選手とか、勝者とか敗者とかを「コートの外」で脱ぎ去るのだ。水泳パンツを脱ぎながら、「コートの中」の地位や役割をともにはずしている。そこで、またヤレヤレする気分を味わう。そうして、それから「実社会」での役割、すなわち背広を身につけて帰っていくのである。

図5は、一五〇ページのモデルに「コートの外」空間を挿入したものである。スポーツの世界には、このように「コートの

中」だけでなく、「コートの外」という空間も存在する。そして最も強調したい点は、「コートの外」空間が存在してこそ、「実社会」と「コートの中」の分離性は確固としたものになりやすい。移動という人間行為も鮮明になってくるのである。

美学的スポーツマンであった三島由紀夫は、シャワーの意義について次のように言っている。

「運動のあとのシャワーの味には、人生で一等必要なものが含まれている。どんな権力を握っていても、どんな放蕩《ほうとう》を重ねても、このシャワーの味を知らない人は、人間の生きるよろこびを本当に知ったとはいへないだろう(22)」

プールサイドの広さ、シャワー室やロッカールームの設備について、われわれの身近なものを思い起こしてみよう。すぐに気づくはずである。いかに、こういった空間や設備への配慮が足りなかったかを。たとえあったとしても、それらを「コートの外」として親しむパターンをいかに欠落させてスポーツの世界へ関わってきたかを、また関わらせてきたかを……。

give and takeの関係

このように、「コートの外」はくつろぎの空間、ヤレヤレできる気分の空間だ。「コートの中」はフェアなtake、能力の世界であり、勝てるチャンスが平等の空間である。それでは、「コートの外」はどういう社会関係が繰り広げられる空間として考えたらよいだろう。

取る、奪うというtakeに対して、giveの関係は与えるということである。これは一種の帰依の世界、いわば宗教の世界だ。際限のない奉仕、時に自己を犠牲にしてまで一つのイデアにすがる。とすると、「コートの外」の社会関係は、giveの社会関係とは言えない。

なにゆえに「コートの外」ではくつろげるのだろう。それは、その空間は能力の世界ではなく、人間があるがままに受け入れられる人格の世界であるからだ。勝つチャンスの平等ではなく、結果の平等がここの基本的な社会関係になる。それゆえに、人はそこで役割を脱げる。take でもない、かといって give でもない。社会関係としては、take と give をからめて、give and take を「コートの外」空間の原理として規定してみよう。give and take という言葉はよく使われる。それだけに、様々な意味合いのもと、かなりの幅で使用されているようだ。

一般に give and take というと、ドライとかクールなニュアンスが感じられる。合理的な近代精神、自立した個人主義のような価値観がそこに入ってくる。取り引きとかビジネスに関わって使用されることが多い。ところが、辞書をいくつか引いてみると、意外なことに気づく。「互譲」という訳語があてられているからだ。言うまでもなく、互譲とは譲り合いである。この話をアメリカ史を専門とする私の大学のS教授にしたところ、むしろそれは「持ちつ持たれつ」という訳のほうがピッタリすると言われたことがある。

give and take の本質は何か。筆者には専門外のことで深く掘り下げて考えることはできない。give and take という場合、AさんがBさんへ百のものを与える。当然その代償として百に見合うものを取る。すなわち、等価交換として理解されることが一般的だ。それの最も典型的なものが契約関係ではないかと思っていた筆者にとって、持ちつ持たれつというような説明は意外だった。

ところが、『木地師の世界』という著書のなかにも、次のような一節があった。「世間のいわゆる常識では、世の中は持ちつ、持たれつギブ・アンド・テークが民主社会の原則である」[23]と。「コートの外」の社会関係を give and take としたいとする私の意図にはピッタリの説明である。略歴を拝見すると、筆者の渡辺久雄氏は明治生まれのお方だ。そのようなことも合わせて考えると、give and take の使われ方はかなり変化してきているのではなかろうか。専門外なので、これ以上は穿鑿できない。ともかく、ここでは「コートの外」の社会関係を、互譲とか、持ちつ持たれつの意味で使用していく。

写真8　先輩、あいかわらずですねえ

共存の空間

持ちつ持たれつの関係とは、お互いに助け合い、協力しあっていく関係である。協力しあうといっても、一つの確固とした、明確な目的のために一致団結するといったコミュニケーションではない。その種のコミュニケーションは、勝つためや生産性を上げるために協同するチームワークである。

そうではなくて、もう少しゆるやかな目的意識のもと、お互いに一つの世界でうまくやるために譲り合う。そこには、必要なものを持ち寄ったりする工夫や配慮が基本にある。G・ジンメルという社会学者は、人間の集合状態に互助（Füreinander）、対立（Gegeneinander）、共存（Miteinander）があるとして三つ[24]をタイプ化した。「コートの外」の社会関係は、ジンメル流に言えば共存のイメージに最も近い。

それを、たとえば高校や大学の運動部で考えてみよう。このスポーツ集団は一九六〇年代後半以降、大学紛争などを境にその封建性と非民主性が批判され、いまでは運動部よりも、アンチ運動部としての同好会の勢力のほうが大きいくらいになってしまった（この頃は同好会にしても、単純にアンチ運動部として規定できないが）。確かに、それらの批判は当たっていよう。けれども運動部を、特有の社会関係を持つ集団としてとらえるポジティブな視点も一方では必要である。

新入生が入る。上級生が、手とり足とり教える（実際はこんな柔らかい関係ではないが）。とにかく、あまり能力のない者でも、やる気のある部員は、徹底して面倒をみてくれる。新入生と上級生のそういう関係は、金銭が介在しなくても成立する。なぜなら上級生も自分が新入生のときは、そういうぐあいに先輩から教えてもらったから。そういった関係の連鎖のなかで、部員はその学校独自の技術を身につけた。また、能力の優劣だけでなく、その人の努力はどこかで認められる。そして自分が指導する側に立ったときは、後輩の努力をたとえ能力は足りなくても評価するという、「コートの中」とは違う「コートの外」の価値観が保たれていた。

「新入生でも能力さえあれば正選手にすべきだ」という封建性や非民主性を批判した能力優先方式も、「コートの中」と「コートの外」がはっきり分離し、二つの空間の良さがともに認識されているときはよい。そうでないときは、スポーツの世界は勝ち負けの take しかない世界一色になってしまう。能力的に劣る者も、「コートの外」空間があること、その魅力で運動部にとどまった。「コートの中」空間だけの運動部になると、モノになりそうな者でないと入れない。こうして運動部の部員数や活気は一九六〇年代から七〇年代へかけて急速に落ち込んでしまったのである。

じょうずな者もへたな者も共存できる社会的技術が、「コートの外」の社会関係のなかには求められてくる。先輩が後輩に返し、後輩はそのまた後輩に返す。言葉は古いが、〈恩返し〉といった価値観、またレギュラーのチームは二軍のチームにできる範囲でサービスするといった〈おすそわけ〉の関係が、「コートの中」の過酷な take の関係から、能力で劣る者を救っていた。そしてその関係が、部員一人ひとりの人間的な幅と交流を豊かなものにしていたのである。

知り合いの空間

「コートの中」の take の関係は、一人ひとりのプレーヤーの能力と個性が激しくぶつかり合う場だ。相手に負けてはならない。その前に自分に負けてしまったらおしまいである。プレーをしながら自分の能力や性格をあらためて見つめざるをえない空間である。「コートの中」は己を知る空間と言ってよい。

「コートの外」は「コートの中」の役割を徐々にはずしていく空間であった。それは勝者や敗者、味方や敵という地位や役割を、シャワーを浴びながら〈水に流す〉場である。生理的なほてりが徐々に冷やされる。それと相まって心は和やかさを取り戻し、日頃よりずっとオープンな気持ちになりやすい。

この点、ラグビーのゲームセットを「ノーサイド」というのは面白い。ノーサイドとは、終了後は敵も味方も、勝者も敗者もなく、お互いが良きラガーメンになることだという。ラグビーの対抗戦の伝統的な慣習になると、終了後は一緒に風呂に入って汗を流す、それまでがノーサイドの精神だという。

また、次のディスカッションも興味深い。背泳の元日本記録保持者であり、ミュンヘン、モントリオールの二つのオリンピックに参加した本多忠氏は、アメリカへコーチ留学した後で、次のように語ってくれた。

Q「日本とアメリカのクラブで、指導法や人間関係で最も違うところはどこでしたか」
A「いちばん驚いたのは、練習が終わった後の人間関係です。プールサイドではコーチと選手は話をしない、会わないというのがマナーのようです」
Q「コーチと選手が会わない?」
A「ええ、正確にいうとコーチとして、選手としては会わないということです」
Q「会うことは会う?」
A「クラブのメンバー同士、水泳が好きな者同士としてなら会うというわけです」

先に大学のプールの写真を見ながら、プールサイドは物理的な「コートの外」だという説明をした。このディスカッションのなかに出てくるプールサイドが、心理的―社会的な「コートの外」空間と言えそうだ。「コートの外」で徐々に役割をはずす。しかし、まだ「実社会」の役割はつけていない。そういう脱役割の空間でこそ人間は他者と知り合う。役割を固くまとまっているときは、いくらコミュニケートしたつもりでも、やはり役割同士のすれ違いであるから。

「同じ釜の飯を食う」コミュニケーションとは、よいにつけ悪いにつけ、親密な人間関係を指して使われる。スポーツの世界で「同じ釜の飯を食う」人間関係ができるのは、「コートの中」空間だけでは決してない。むしろ「コートの外」空間のほうにこそ、その可能性は高い。コーチがコーチとしての、選手が選手としての役割を外した場でこそ、選手やコーチのホンネが出る。相手の悩みや願望が自らのものになるのは、やはりそういう場でしかないのではなかろうか。

4　現代スポーツと「コートの外」

スポーツはポータブル

遊びの理論で説明されるスポーツの世界は、「実社会」から分離される「コートの中」であった。スポーツはまさに「コートの中」の活動そのもの。われわれはずっとそういう考え方、見方に慣れてきた。

これまでに言ってきたスポーツの世界とは、「コートの中」という空間を「コートの中」の外側に新たに設定して考えた方がよいということだ。そして、「実社会」「コートの外」「コートの中」の三つの異なった空間を自らの意志で自由に移動する営みをスポーツと考えられないだろうか。

「実社会」とスポーツの世界を分離する境界線は、一本ではなく二本ある。その一本一本を乗り越えていく心の弾みが、スポーツ気分そのものではないか。

スポーツの語源をみると、もともとこういう意味に近い内容が含まれている。sport の語源についての定説は、現在ではラテン語の dēportāre に由来する。「dēportāre は分離（away）を意味する接頭語 dē と、運ぶを意味する動詞 portāre の結合語で、運び去る、運搬する、追放するという意味を持っていた(25)」という。この「運び去る」「運搬する」「運送する」「追放する」という言葉に本質的に近いことは言うまでもない。

移動というのは、言うまでもなくAという空間からBという空間への移動である。A空間とB空間は異質でなければ移動とはならない。「実社会」と「コートの中」は異質でなければスポーツとはならないのだ。

　けれども、それは容易ではない。「実社会」と「コートの中」はフェアとアンフェアというはっきりした違いがあるが、takeという関係では一緒だから。二つの空間は、その類似性ゆえに連続してしまうケースが多い。能力優先という現代の趨勢の前では、「コートの中」と「実社会」はほとんど癒着してしまうといっても過言ではない。「コートの外」というgive and takeの空間こそが、その癒着を断ち切る。そうであってこそ、「コートの中」のtakeの関係を人間の生にとって意義のある競争関係に保てるのである。

　Sportに「〜ができる」という意味のableをつけてみよう。Sportableという合成語になる。はじめのSを取ろう。するとportableという聞き慣れた言葉に変わる。portable、すなわちポータブルテレビやポータブルラジオのポータブル、ある場所からある場所へ移動することができるポータブルなのだ。ちょっと考えても、スポーツにはこういった特性が含まれているのである。

写真9　スポーツの原点です

「コートの外」空間をスポーツの世界に入れることは、「コートの中」空間の良さを薄めてしまうことではない。逆に、「コートの中」空間の良さを引き立たせることになる。ハラハラする気分からヤレヤレする気分へ移れて、あらためてハラハラする「コートの中」の面白さ、素晴らしさが際立つ、映えると言ってもよい。

手のぬくもり

「コートの外」空間をはさんで、「実社会」と「コートの中」の行き来をともにする、異なる気分をともに味わうのがスポーツの世界の友情というものだろう。

世界のマラソンランナーである瀬古利彦選手は、デビューする一九七七年（昭和五十二年）の福岡国際マラソンでは五位である。けれども日本選手では二時間十五分○○秒でトップ。しかもマラソン二回目という快挙だった。このときの瀬古選手と恩師の中村監督とのエピソードは、心温まるものがある。また同時に現代のスポーツを考えるうえでも象徴的だ。ちょっと長いが引用しよう。

「ところが問題が起きたのが、このレースの後である。マラソン二回目にして外国選手と堂々とわたり合い、日本選手では最高の成績を残した二十一歳の瀬古は、グルリと報道陣に取り囲まれた。やや長めの質問攻めの後、瀬古はやっと師の中村を探しあてた。しかし、『よくやった！』の言葉はなかった。その代わりに、鬼のような形相で瀬古をにらみつける中村がいた。瀬古は手を差し出したが、中村はまったくとりあわなかった。瀬古は寂しかった。頑張って五位に入ったというのに……」

その後、中村監督は瀬古選手の父親に電話を入れて、「たかが五位で、瀬古ははしゃいで私にあいさつもしなかった。こんな礼儀知らずの子はもう面倒見れんから引き取って欲しい」と激しく言ったという。

プロ野球のベテランのスカウトがよく言うことが、「親を見る」。その選手が大成するかどうかは、両親や家庭環境をみればわかるというのだ。この点、さすがに瀬古選手の父親、こう言ったというのである。

「よろしい、すぐに荷物をまとめて連れて帰りましょう。末っ子ということで甘やかして育てました。そんな礼儀知らずで恥かしく思っています。だが、たった一つだけ質問させて下さい。そのとき、利彦は私服だったんでしょうか、ユニフォーム姿だったんでしょうか。もし私服だったというなら、アバラ骨の二〜三本も折って追っ払ってください。しかしもしユニフォームだったんなら、私も引き下がれません。選手としての利彦はすべてを先生に任せてあります。利彦があいさつを知らなかったとしたら、むしろその責任は、指導者としてのあなたにあるんじゃないですか!?」

父親の瀬古勇氏にどのようなスポーツキャリアがあるかはわからない。それにしても、みごとな反論である。先に引用した広島商業の畠山氏の学生服とユニフォームのスイッチ論によく似ている。「実社会」でのしつけは親の責任である。しかし「コートの中」のしつけは親ではない、指導者の責任だと言い切っているのだ。

このレポーターの伊奈五郎氏は、なぜ中村監督がゴールインした瀬古選手の振る舞いに怒ったかについて、次のように指摘している。実に示唆的である。

「中村が欲しかったのは、『まだ熱気のさめやらぬマラソンランナーの手のぬくもり』だったのだ。走り終わったばかりの瀬古選手の手を握りしめ『よしよし、よくやった』とねぎらいの言葉をかけてやりたかったのだ[26]」

「コートの外」空間の喪失

瀬古選手もゴールインしてすぐに、師の中村監督に会いたかったにちがいない。しかし、それが報道陣の取材攻勢のためにできなかった。したくてもできなかったのだ。中村監督が本当に怒りたいのは瀬古選手ではなく、選手と監督がその役割を徐々にはずしながら、お互いをねぎらう「コートの外」空間を破壊した報道陣に対してではなかったか。

合宿に近い形で生活している二人にとっては、「実社会」に帰ってからのコミュニケーションも可能であろう。しかし「実社会」ではなく「コートの外」でのコミュニケーションこそ、「実社会」へうまく移動するために必要な空間であった。それが無残にも壊されてしまったことに対する苛立ちである。「コートの外」のくつろいだ雰囲気での語らいとスキンシップが、「コートの中」のもろもろの行為を、いっそう鮮明にプレーヤーの胸のうちに刻み付ける。「コートの中」から「実社会」へ一足飛びに移行させられることは、プレーヤーから喜びや悲しみの気持ちを強引に奪い去ることになってしまうのではないか。

同じような光景は、春、夏の甲子園野球にもよく見かける。

ゲームセット！　勝利校の校旗掲揚シーン。選手のスタンドへの礼。負けたチームがベンチの前で砂を詰めるシーン。その間はほとんど駆け足である。

言ってみれば、ゲームは終了しているが、そこにみられるシーンも「コートの中」だ。勝者も敗者のチームも一定の役割演技を課せられているようなものだから。「コートの中」はまだまだ続く。両校の監督インタビュー、スター選手のインタビュー……。選手はこうして、グラウンドを離れても、自分の感情と付き合うことは許されない。球場の外へ出れば、そこはもう「実社会」。いや、球場の外も、宿舎もいまの甲子園球児にとっては「コートの中」の延長かもしれないくらいである。

写真10　おおっと、子どもの野球も砂詰めだ

慢性的なプレッシャー

「コートの外」空間の喪失は、プレーヤーにとっての行為空間が「実社会」と「コートの中」だけになることを意味する。イライラする気分とハラハラする気分だけの繰り返しである。take の関係は人をせきたてる。強迫神経症が慢性化するようだと前節で述べた。

「実社会」と「コートの中」だけの社会は、競争関係だけの社会である。しかし競争関係の慢性化は、本来競争の持つ人間にとってのダイナミズムを（先にも触れたが）、弾性が失われたゴムのように萎縮させてしまうことをもう一度思い起こしていただきたい。

G・ジンメルは競争の社会的機能について、

「彼はこの競争によって、どうしても競争の対象となるものを迎え入れ、接近するようになり、またそれと結びつき、その弱点や長所を探知してみずからこれらに適応し、また自己の存在と所業を右の競争の対象と結びつけることのできるあらゆる橋わたしを探し求め、それに架橋するようにならざるをえない(27)」

と述べている。

つまり、競争というのは対立はするが、それは一種の人間の集合状態であり、競い合いながら、相手とのコミュニケーションを可能にしていると言っている。しかし、現代の競争といわれる社会関係に、ジンメルの描く「橋わたし」としての役割を期待できるだろうか。

誰でもそうだろうが、プレッシャーを感ずる人間とあい対峙するときは、その人との間に自然に一定の距離を置くものである。心理学の用語で、これを〝バッファ・ゾーン〟というそうだ。目の前のプレッシャーのなかに自分を投入したくない防衛反応である。プレッシャーが慢性的になっている人間は、本人が意識せずとも、物事へバッファ・ゾーン的な関わり方をしているのではなかろうか。競争関係のなかへ自分をすべて投げ込まない。いわゆるどこかでシラけたポーズで物事へ関わる。例のモラトリアム人間にしてもこのタイプかもしれない。

慢性的なプレッシャー状況――「コートの外」のヤレヤレ空間を欠いた「実社会」と「コートの中」だけにプレーヤーが取り囲まれてしまうと、彼はしだいに「コートの中」に対しての関わり方に弾みを失っていく。メリハリがない、ピリッとしない等々の徴候に見舞われていってしまう。

能力が発揮できない

モラトリアム人間の悲劇は、役割をはずす快感を知らないで育ってしまうことにある。「コートの中」の結果は「コートの外」ではずせるのだ。それは「実社会」にまではひきずり込まれない。そのことを知らない。だから「コートの中」へ跳び込めない。

「何といっても嫌だったことは、鉄棒ができないことを教室や、放課後まで皆の前で言われることです。先生は冗談のつもりで軽く言われていたのかもしれません。友達も笑わない子もいましたが、いつも笑われている気がしていました。頑張ろうとしても、どんどん嫌いになっていったような覚えがあります」

これは、将来小学校の教師になろうとする女子学生が書いた「私の体育・スポーツ史」というテーマのレポートの一部である。体育やスポーツがいやになっていく仕組みがよく出ている。「コートの中」の失敗が、「実社会」にまで持ち込まれる、それを恐れている。スポーツの世界のプレッシャーとは本来そういうものではないか。「コートの中」の take の関係がいやにさせるのではないのだ。

大切なことは、それが「実社会」にまでひきずられないこと。また逆に「実社会」のプレッシャーを「コートの中」にまで持ち込まないことだ。そういったバリアのような作用を「コートの外」が果たすことにある。「コートの外」空間は、「コートの中」のプレーヤーの能力をノビノビ発揮させる役割を担う。ハラハラする気分の外側にはヤレヤレする気分の空間が共存することが必要だ。

熱い風呂に入っている。とっくに出たいくらいである。しかし我慢する。我慢している、我慢できているのは、風呂からあがればその分外の空気がヒンヤリと、二倍も三倍も心地よいことを知っているから、ビールもそのぶんこたえられないからだ。風呂から出ても、中と同じような熱さと湿気では誰も我慢はしない。それと同じである。「コートの外」のくつろぎの静の空間が、緊張する動の空間のすぐ隣にあってこそ、「コートの中」も「コートの外」もその持ち味を発揮できるというものだろう。

練習にしてもそうだ。能力を高めるために練習するのが「コートの中」。しかし皮肉なことは、「コートの中」が肥大しすぎ、「コートの外」空間を喪失させてしまうと、かえって「コートの中」へのプレーヤーの関わり方が、「実社会」からのプレッシャーで萎縮しかねない。

なぜ楽しいのか

同じ野球がA氏にとっては面白く、B氏はあまり興味をそそられない。逆にテニスはB氏にとってはたまらないということがある。野球やテニスといったスポーツ種目それ自体のなかに楽しさや面白さがあるとすれば、おそらく誰にとってもそういう気持ちが生じるはずである。ところが、そういかないとすれば、野球やテニスの楽しさ、面白さは、そういう種目に参加するプレーヤーの関わり方のうちにあるのではないかと思われる。また、A氏は野球が面白くて仕様がないが、野球はいつも面白いわけではなく、全くのらないゲームや練習があることも考えられる。

なんといっても最高にのるゲームは、相手プレーヤーとの力量が同じくらいのシーソーゲーム。ワンショット、ワンショットに自分でも信じられないほどのエースが決まりだす、そういったゲームだ。

どちらが勝つかわからない緊張感、しかもその緊張はお互いを萎縮させるのではない。相手とのプレーのリズムがピッタリ合いだし（先にみたビリー・ジーン・キング夫人のゲーム観や藤紫流水氏の競技観のように）、それぞれの力量が十二分に出し尽くせる、いわゆる緊《しま》ったゲーム展開である。「コートの中」のハラハラした気分の極まりだ。楽しさや面白さは、「コートの中」のプレーヤー相互、チーム相互の力関係から生ずるということはありそうだ。

しかしよく考えると、そういったスポーツの楽しさや面白さは、プレーしている最中にプレーヤーが一回一回かみしめながら高めていくものなのかという疑問が湧く。そんな余裕はあるはずがない。

なるほど、余裕がある試合運びというケースもある。完全に相手をのんでいる状態、こちらで一方的につくる

写真11　やった、やったぜ

ようなワンサイドのゲーム展開である。楽しみながらゲームをしたという場合だ。けれどもそういったケースのゲームでは、ノーサイドの瞬間、相手のリターンがベースラインを割ったマッチポイントの瞬間、激しく跳び上がったり、ラケットを放り上げたりといった爆発的な喜びとは異なる楽しさや面白さになろう。

どの楽しさ、面白さが、強い弱いということではない。楽しい、面白いという気持ちは、ショットの行為中や百メートルダッシュの行為中に起こるのではなくて、その直後、直後に起こるか、あるいはゲームの全体が終了したその後に起こるか、そこを考えてみたいのだ。楽しみながらゲームをする、そういったケースの余裕は、ゲームのなかに「直後、直後」を持てるゲーム展開であり、爆発的な楽しさ、喜びとは、直後、直後の余裕はない、いわゆるクロスゲームの終了後の一気にまとまった喜びと考えられないか。

感動の喪失

行為はそれを確認する反芻回路（俗にいわれるフィードバック回路には、こういう人間学的意味があろう）があってこそ、行為者の内部に楽しさや面白さの気持ちが生じる。そこに「直後、直後」と「終了後」という違いがあってもである。

夕やけこやけで日がくれて
山のお寺のかねがなる
おててつないでみなかえろ
からすといっしょにかえりましょ

懐かしい歌だ、懐かしい子ども世界である。遊びのイメージの原点といってもよいのではないか。一人で帰る子、大勢で帰る子、その人数には違いがあっても、まさしくそこには遊びの「終了後」の空間が豊かに保持されている。そこがなんとも懐かしい昔の遊びである。

そこでは負けた子はときに涙を浮かべ、自分の悔しさや、惨めさと正面から付き合うしかない。勝った子は、そのうきうきした気分を家の者に早く報告したい、そういった気持ちでそれぞれ家路を急ぐ。

あの場面、この場面でと、子どもが反芻するその行為が、あの場面、この場面を子どもの心身に奥深く刻印する。そういうゲームがいつまでも心の内に残るのだ。だから逆にいうと、たとえ客観的にみてよいゲームであっても、プレーヤーがそれを反芻する時間を保持できないときは、プレーヤー自身に感動というものがたいして生じないのである。

「コートの外」は、ゲームセットでプレーヤーが徐々にプレーヤーの役割をはずしながら、「実社会」の役割を身につけていく空間でもある。それと同時にそこは、「コートの中」空間を自らが反芻し、様々な気持ちの高ぶりを覚え、静める空間――情緒の空間といってもよい。スポーツで感動を覚えるというのは、そういった「コートの中」と「コートの外」の空間的なバランスがよく保ててこそ可能ではないか。

いくらよい映画を見ても、次にまたすぐ別の映画が始まる二本立て、三本立てでは、最初の映画のよさは薄れてしまう(これには反論がある。わざとつまらない映画を続けて映し、初めの映画を引き立たせる効果を考えていると、ある映画通の人が言ったが、どうも眉唾の気がする)。テレビのCM機能も同じかもしれない。

味を盗まれるプレーヤー

小松左京氏の小説に『ぬすまれた味』というのがある。面白く、また恐ろしくなるようなSFだ。

主人公の〝ぼく〟は、姿を決して見せない金持ちの老人に雇われる。アルバイトの内容は、その老人の代わりに、上等の料理を食い、世界のコールガール連盟《ユニオン》に所属する極上の女性とセックスするなど、誰でもよだれの出そうなことだらけだ。

「『それだけですか?』僕は思わず耳をうたがった。

『それだけだ』と老人の声はいった。『一つ盛大にやってくれ』」

うまい話には、必ずウラがある。この場合は、僕の頭の中に味覚や快感を盗み取る装置が埋め込まれ、肝心の味覚や快感は老人がすべてかすめ取ってしまうという仕立てである。

「女の方も毎日ふるいつきたいようなのが、いれかわりたちかわりあらわれた。ぼくはつい、そのすごいセックス・アピールにさそわれて、夢中になっておこなう。だがこれもキャアキャア喜ぶのは老人の方だけで、僕は何の感じもない[28]」

さて、「コートの外」は、子どもや選手が一人になって様々な感情をかみしめる場であると言った。そうだとすれば、スポーツ指導者や、子どもの親たちが、思わず夢中になって「コートの外」までズカズカ入り込んでくるとき、味を盗まれてしまう〝ぼく〟のような状態が子どもやプレーヤーに起こらないか。練習やゲームが終わると、付き添いの親にマイカーにすぐ乗せられ、あれこれ聞かれっぱなしでは子どもの心をかたくなにし、虚ろな構えをとらせてしまう。

よい体験、素晴らしい体験をさせても、それをじっくり味わう時間と空間が保たれなくては、せっかくのそれらも台無しになる。大人や指導者はついつい夢中になって、身を乗り出す。自分自身はもうできない。体も硬く、実際に汗を出し、競り合いに耐えるには年をとりすぎてしまった。極端に言えば、先のSFの〝老人〟と一緒の心理がそこにはたらいているのかもしれない。

そういう意味からすると、指導者と親が、「わがことのように喜ぶ」という振る舞いも、そう単純に認めるべきではないかもしれない。指導者や大人が、夢中になればなるほど、子どもや選手はのらなくなるという関係もある。一度このあたりも考え直す必要がありそうだ。それは夢中になるな、ということではない。夢中になる空間と、さりげなく知らん顔をしてやる空間をうまくミックスするということだ。あるベテランの指導者は、そのあたりを、「口は出さずとも、目を離すな」と表現してくれた。「コートの中」の競り合いは、多くの人を熱中させやすいだけに、「コートの外」の関わり方を、そのぶん慎重に考えたほうがよい。

商業主義の浸透

「コートの外」の社会関係を、give and take、互譲の関係と規定した。その内容は、一般に give and take のイメージであるドライさやクールさとはかなり異なるとも述べた。

十万円という金を払うからには、それに見合うスーツならスーツを入手する。つまり十万円払うからには十万円以下のものは絶対に手にしない、損をしない（できれば、儲けたい！）というのが一般のイメージである。いわゆる等価交換といわれるものだ。等価交換は、絶対に不等価の交換にならないようにかなりの緊張を強いられる。優勝請負人といわれ、球団を転々とした江夏投手が、ピッチングの力量を億に近い額でその球団と交換したようにである。

これに対して、互譲の関係は、不等価の交換に近い場合が多い。正確にいうと、関係が成立した時点では不等価交換のことが多いというべきかもしれない。

もう一度、運動部の先輩―後輩関係からみてみよう。先輩が後輩に技術や心構えを教え込むのは、「実社会」でみられるような等価交換を期待して、先輩―後輩関係が取り結ばれるわけではない。教えたからといって、それに相当する金額が後輩に請求されるわけではない。そのぶん先輩のジャージーの洗濯や寮の便所掃除などがあると反論されるかもしれない。しかしそれは、AがBに何か与えた場合、BがAに対しすぐにそれに見合うものを返す当事者間で結ばれる「実社会」の交換関係とは、かなり異質な点が重要である。

不等価交換であるのに、なぜA先輩はB後輩に対して熱心に教えるのか。優勝校といった伝統の維持やリーグの維持という運命共同体のプレッシャーがないと言えば嘘だろう。しかしその本質はA先輩もその上の先輩たちに同じように不等価交換で教えられてきたという、いわば心理的な負債（もちろんポジティブに使用している）があるからだ。

不等価交換で人間関係が取り結ばれると、よいにつけ悪いにつけ、等価交換でよりも人間関係が長く維持される。後輩部員が先輩に、新入社員が係長におごられてこそ、その集団に特有な伝統や価値、技術が継承され、伸ばされていく。逆に〝割勘〟の関係は、要するにあとくされがない。その場で終わり、その宴の空間に醸される気分というのは、一歩外へ出てしまえば、それでおしまいという白々しいものでしかない。

その関係が成立している時点では、不等価交換であっても、それは等価交換以上に豊かな人間関係を結ぶ可能性を秘める。それが「コートの外」の give and take だ。等価交換の人間関係は「実社会」の論理である。take の社会関係と相通ずるものがある。儲けようとし、それに対して儲けさせまいとする競合の関係が、人をイライラする気分にさせる。それが商業主義だ。そういう意味からすれば、スポーツの世界に「コートの外」空間を組み込むことは、まさしく商業主義との闘いになる。

能力主義の拡大

商業主義は、本質的にはプレーヤーの人格を認めない。選手の能力や業績でそのプレーヤーを評価、処理しようとする。「コートの中」空間は、プレーヤーの能力を、「コートの外」はプレーヤーの人格そのものを大切にする空間であったことを思い返していただきたい。

「実社会」からの商業主義のスポーツの世界への浸透は、それに呼応するかのように、「コートの中」空間の拡大——能力主義の助長を意味する。

現在、大学のなかには運動部と同好会という二つのスポーツ集団が存在している。運動部については、これまでもたびたびふれた。同好会というのは、運動部のもっている体質――タテ社会などの封建性の強さや、練習時間の多さがいやで新しくつくられた、いわば新興のスポーツ集団である。最近では、私の大学など地方においても、運動部を嫌って同好会へ入る傾向が強くなっている。

興味深いのは、なぜ同好会へ入るのか（インターハイなどで活躍した選手も多い）、その理由だ。「しばられるムードがいや」とか「練習がきつすぎる」などの理由は前からもあった。しかし、オヤと思うのは「モノになりそうもない」から同好会に入って楽しくやるという傾向が、この頃出ている点である。「モノになりそうもない」のモノとは、レギュラーの座や、また将来その種目で伸びそうかどうか（あわよくばプロ）という期待である。確かにしゃにむに頑張るのではなく、自分の能力の限界を常に見極めながら進むという生き方はよいことであろう。「しかし、……」と言いたくなるところがある。

彼らも好きなことは好きなのだ。だからテニスやサッカーの同好会に入る。しかもそこでは、モノになりそうかそうでないかの評価はあまり気にしなくてすみそうだから。

次のような例もよく見聞きする。大学の運動部も一九六〇年代頃までは、たとえインターハイでよい成績を残して入学しても、一年生のうちはレギュラーに入れないという暗黙の選考規準を持つ部は多かったようだ。しかしこのような規準が、一年生でも強ければレギュラーとしてどんどん登用していくという方向に切り換わっていった。大学の運動部の近代化という路線によって。しかし、個人の能力を正当に評価しようとということの考え方が、「四年間努力しても、駄目なものは駄目」という風潮を一般的にしてしまったところに、大学の運動部の凋落傾向の原因の一端がなかったろうか。

この例などは、先の同好会の事例とみごとに結び付いていく。いくらやっても選手になれそうもない。すなわちモノになりそうもない。モノになりそうもないとすれば、早めにそこから撤退したほうが利口なのだ。そして、自分に合ったレベルでスポーツをエンジョイするほうがスマートで、フィーリングにピッタリするのである。

こういう書き方をすると、全くいまの学生たち、もっと広くいまのプレーヤーたちが小利口になりすぎたという、彼らに対する批判だけのようになろう。が、それは一歩突き詰めていうと、スポーツの世界そのものが、能力だけで評価される空間構成になっている、そのプレッシャーを現代の若者たちが敏感にとらえているということになる。

ともかくも、こうして「実社会」からの商業主義と、「コートの中」の能力主義が挟み撃ちをする。結果として「コートの外」空間は縮少し、「実社会」とを遮る境界線も脆くなる。

わが国のスポーツを批判して、「勝利至上主義」といわれることがある。しかし、そういう言い方は、きわめて皮相な指摘にすぎない。現代のスポーツの病理は、プレーヤーが目を輝かし、困難に打ち勝ち、しぶとく自分の能力の可能性にチャレンジする、そういう勝利追求の空間構成になっていないことこそが問題なのである。

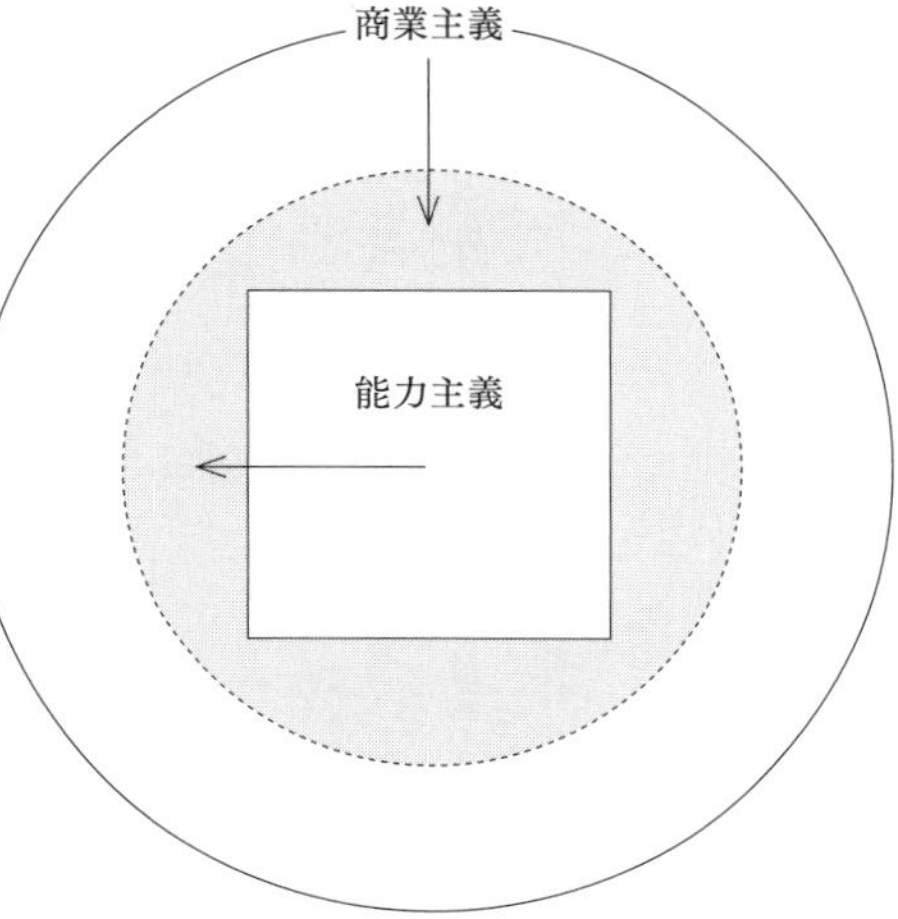

図6　ときとして縮小する「コートの外」空間

すれ違いの空間へ

ラグビーの試合終了のことを「ゲームセット」とは言わず、「ノーサイド」と言うことはすでに述べた。敵も味方も、また勝者も敗者もなくなり、お互いに肩をたたき、抱き合い、そうしてお互いのファイトをたたえる。英国などのラグビーの対校戦では、ノーサイドの精神は、両校の選手たちがシャワーを浴びる、日本流に言えば風呂につかるまでのコミュニケーションをいうことも説明した。

ヒョイと、シャワーにかかっている放心状態の隣の男を見る。さっきまであれほど激しく闘志をむき出しにしていた相手プレーヤーだ。お互いに目が合う。ほてった身体が冷たいシャワーで冷やされていく快感とは逆に、心の中に、彼とは十年来の友人のような温かさが生じてくるのを感じる。先に引用した三島由紀夫の〝シャワーの味〟とは、この生理的な心地良さと、心理的な融合の温かさをともに含むものだろう。

「コートの中」は、個々のプレーヤーが彼の、彼女の個性や能力を知る空間。「コートの外」こそが、彼と彼が、彼女と彼女がお互いに知り合う空間なのである。

ＯＢや指導者たちがよくいうスポーツを通して「同じ釜の飯を食う」のは「コートの中」ではなくて、むしろ「コートの外」空間においてこそである。けれども、その「コートの外」が、能力主義や商業主義の浸透、拡大によって縮小し続けている。現代のスポーツの世界は、人と人とを結び付けるチャンスをどれだけ提供しているだろうか。

人と人とが知り合うというコミュニケーションはたいへん難しい。同じようなコミュニケーションである「出会い」という言葉は、日頃の自分という殻を一歩出、抜け出た者同士が会うという意味がこめられている。お互いにわかったつもりですまし、実際はすれ違っているコミュニケーションが多い。それでいて、なぜトラブルもなくすんでいるかというと、それは相互の役割（選手とか、指導者とか、先生とか生徒とかいった）遂行ですむレベルに知らぬ間にとどまってしまっている。そうしたほうがお互いに迷惑がかからないと、どこかで判断しているからだ。マンネリがそれ。つまり、マンネリとは「お互いの役割遂行ですませようとする開き直り」と言ってもよいのである。

「コートの中」や「実社会」での役割を脱いでこそ、自分の感情に素直に付き合える。自分に素直になった者同士がコミュニケートできる社会関係が、「知り合う」や「出会う」であり、融合状態の人間関係なのである。

考えてみると、日頃の役割を脱いで人の前に現れるというのは、かなり勇気のいることだ（それに踏ん切りをつけさせるのが「コートの中」の勝負という直截さである）。人は、役割を一つひとつはずしていってしまうと、最後には何も残らないという社会学者もいるくらいだから……。

「コートの外」はヤレヤレする気分が基調になる脱役割の空間である。役割をはずすのは勇気がいるということからしても、スポーツの世界に「コートの外」空間を挿入するというのは意外に難しい。それなりの配慮や工夫が必要になってくる。

頑張り方の違い

ところで、多田道太郎氏は『しぐさの日本文化』という著書のなかで、日本人の行動様式の一つに「頑張る」というしぐさが多くみられることを指摘している。[29] この指摘を待つまでもなく、スポーツの世界の人間関係は、指導者や部員、またチームメート同士で、いつも「頑張っていこう」とやっている。

わが国の近代サッカーの育ての親といわれる西ドイツのクラマー氏は、東京オリンピックの招聘コーチとして来日した。まず指導者の意識改革をするため、ただ「頑張れ！　頑張れ！」というコーチングを、どこをどのように頑張るのかというコーチングに切り換えようという努力したといわれる。また日本の選手と外国の選手の間で、コーチが選手をスタート台に送り出す、その仕方に言葉の差があるらしい。わが国のコーチは「頑張れ」といって送り出すが、欧米のコーチはこれに対して「Good Luck!」といって送り出すという。[30]

この頑張るという行為こそ、期待された役割を途中で放り出さずに「最後までやりとげろ」「演技し続けろ」ということだ。わが国の価値観からすると、役割をつけようとしないモラトリアム人間も非難されるが、役割を自らおりてしまう人間は、それ以上に叱責される。無責任な人間、頼むに足らない人間として一切の信用を剝奪される。役割をおりることの許されるのは、死んでお詫びするときや、死んで抗議するときぐらいのものだ。しかし、考えようによっては、死んでもお詫びし、抗議するという役割を果たしているのかもしれない。

一般に律儀な人間といわれるタイプほど、役割期待にしばられる。血液型からいうとO型だ。

私事にわたりっぱなしだが、わが家では私だけがO型で、妻と二人の子どもはA型である。私の家系はO型家族、妻の家系はA型家族。OとAとでは頑張り方が、頑張る空間構成が違うのではないかと思えて仕方がない。

O型タイプは、能力以上に役割を背負い込み、その禁欲的な頑張りにこそ価値を見いだしてもらいたい。期待されている仕事の内容よりも、期待される役割のプレッシャーと必死に闘う自らの役割演技が自らの存在証明なのだ。

ふだんはそうしている。したがってその無理の反動が、リラクゼーションタイム、たとえば酒の場では、ボルテージを上がりっぱなしにしてしまう。タテマエとホンネの間にギャップがありすぎるのかもしれない。始終つきまとう役割からの抑圧を一気にはずす、無礼講とでもいうべき「コートの外」空間が不可欠なのだ。

これに対してA型タイプは、演ずる役割に対して一定の距離を置くかのようだ。自分の本来持っている感情を押し殺してまで役割を遂行することにためらいを感ずる。与えられる役割を拒むわけはないが、O型のようにそれにのめり込まず、懐疑的な関わり方をする。したがってO型タイプの人間ほどには、「コートの外」という脱役割の空間を意識してつくりあげない。ホンネとタテマエのギャップに悩むことは少ないのかもしれない。したがってA型タイプは、「実社会」も「コートの中」も割合自分の感情に正直に(これはこれでとてもつらいことだ)過ごす。

A型の人間からO型をみると、「あんなに単純にできてうらやましい」であり、O型からA型をみると「あんなにマイペースにできてうらやましい」である。やっかいなことは、お互いがそれぞれの論理で頑張っている現実である。

日常世界の「コートの外」の喪失

血液型の差で、空間と役割への関わり方が違うことを説明した。が、その真意は血液型の有効性を力説したいためではない。血液型という条件一つをとっても、空間での人間の役割演技にはかなりの差異があるということを言いたいのだ。

O型タイプの人間にとっては、無礼講空間への期待になるにしろ、またA型にとってはO型のそれとは違う期

写真12　わーい、先生とおんなじだあ

待になるにしろ、人間にとっては「実社会」でもなく、「コートの中」でもないリラックス空間が必要のようだ。程度の差こそあれ、多少とも役割遂行から逃れることのできる社会関係を許す空間である。

スポーツの世界のなかに「コートの中」と「コートの外」空間を入れたほうがよいように、こういう見方からすれば、いろいろな世界に「コートの中」と「コートの外」空間があってよいのではないか。

たとえば子どもたちにとっては、学校は一つの世界だ。学校世界のなかでは「コートの中」が授業であり、「コートの外」は休み時間や放課後である。その休み時間や放課後の活動のなかに、教師も生徒もお互いのふだんの役割を外してコミュニケートできるチャンスが多くある。むしろそういったヤレヤレできる休み時間があってこそ、次の授業のコンセントレーションも可能になる。教師も子どもも役割期待に頑張って応えようとすればするほど、教師にとっては子どもが見えなくなる。お互いがわからなくなってしまう。

家族においても「コートの中」と「コートの外」の区分は難しい。特に核家族という居住形態は、子と親が常に直接的な人間関係を取り結ばざるをえない。なぜならば、家族のなかには親の肩がわりをしてくれる年寄りもおらず、気楽にものを頼んだり頼まれたりといった関係は、核家族を取り巻く地域社会には少ないからだ。

そういった閉ざされやすい社会関係のなかでは、家庭のなかの役割の数と質も違ってくる。親子関係と夫婦関係の二つが強固な期待の軸になる。夫婦と子どもはお互いに過剰な期待をもって関わらざるをえない。古い表現だが、満点パパ、満点ママ、満点チルドレンのイメージをどこかで勝手につくりあげてしまう。昔だったら息子に威張る父親が、祖父の前では小さくなる息ぬきの場があったのに……。

大家族のなかで生活してきた年寄りの感覚からすれば、いまの親たちは気楽でよいと映ろう。が、いまの家族は、役者自体の数が少ないので代役がきかず、一人が何役もこなさざるをえないといったストレスがかなりある。

ひと頃流行した家族形態――ニューファミリーというのを考えても同じだ。彼らは家族のなかでの「コートの中」、つまり親とか子どもといった役割演技を遂行したがらない。友達のような夫婦であり、親子でありたいわけだ。モラトリアム人間の悲しさは、役割を脱ぐ快感を知らないところにあったように、ニューファミリーのメンバーの悲しさは夫や妻といった役割をつけないわけだから、そのぶん脱いでホッとする気分もわからない。そして人間はその存在すら危うくなるという指摘もあったように、役割を脱いだままで関係を取り結ぼうとするニューファミリーは、男や女とか、その人の性格そのものといったナマの次元で夫婦が、親子がぶつかりあう。「性格の不一致」というやつが出やすくなってしまうのである。

宴とならない宴の世界

「コートの外」空間とは、わかりやすく言えば酒宴の世界なのかとよくいわれる。全くそうだ。胃にキリ込むように喉元を過ぎる一杯の生ビールのために、暑い炎天下のフルセットを闘うプレーヤーもいる。

しかし、注意深くみていくと、酒宴の社会関係にも「コートの中」と「コートの外」の関係がある。

まず「コートの中」がある。初めの開宴のスピーチ、祝辞等々のセレモニー。まさしくそれらは演技以外の何ものでもない。かしこまった社会関係である。

「それではご歓談を」と飲食に移る。ネクタイをゆるめる者、上着を脱ぐ者、席を変わる者……。しだいに参加者の声も高く、宴のボルテージも上向いていく。この関係が「コートの外」だ。一つの職場のなかの地位や立場を徐々にはずす快感と、はずしあって話に興じ合う快感、中井正一の表現によれば「共同存在の気分的開示[31]」の時空《とき》を楽しんでいるわけである。

　そういった気分の風景を見ると、何カ所かに分かれて話が弾む。車座になって飲むグループがあちこちにできている。それぞれは他の人のことを気にせず、それぞれのグループに集中している。それぞれの渦のリズムが自然に一つの大きなハーモニーをつくりだしている。

「それでは、そろそろ」と切り出す幹事のタイミングが難しい。自然なハーモニーの状態とは、持続性がないものだから……。瞬間、瞬間が燃え上がりながら心に刻み込まれる。だからその時間をあまり長くとっては、宴のボルテージはかえって下がってしまう。ここからが、また「コートの中」だ。

写真13　カープのVより、自分たちのV
（出典：中国新聞社提供）

　もちろんマイクを握る順序にも暗黙のルールがある。二曲続けて自分のほうから歌うというのは邪道。みんなに何度もうながされて仕方なくといった風情で歌う二曲目がグッと宴を盛り上げる。いつもの同じ歌を聞かされても、「オッ!」と驚くふりをしながら（安心し）、歌い手も聞き手も、それなりの役割演技で酔っていくものだ。それなりにトリも決まっている。その人（だいたい最上司だ）が立つ頃は、みんな疲れぎみ。その人が締めておしまいにしてくれるのを心ひそかに待っている。

　ほぼ同じパターンで繰り返される酒宴でも、そのストーリーに狂いが生じるときがある。演歌しか歌わないB上司が何で感激したのか、突如としてカンツォーネなどをやりだしたとする。一座はシーンと静まりかえり、終わると大喚声！　これなどが、まさに余興の神髄なのだ（余興を本興化していくのが、わが国の遊びの近代化の論理であった）。

一応マイクもひとまわりして、またしばらくは競演の余韻を楽しむかのように、隣の仲間とさしつさされつやりながらの「コートの外」がしばらく続いていく。

つまり宴の歓ばしさとは、日頃の役割をはずしたり、またつけたりの繰り返しを通して、座の一同が二時間なら二時間を日常社会から非日常社会へともに移動し、また日常社会へ一緒に戻ってくる一連のタイムトリップの面白さにほかならない。

けれども、この頃の宴会はどうだろう。「コートの中」しかないと言ってよいくらいだ。初めから歌である。話が込み入ってくると面倒だから、という考えだ。逆の場合もある。初めに堅苦しいお定まりの儀式があり、あらためてそれぞれ職場での地位、役割を確認する。しだいに日常のそれらをはずし、はずされていくその面白さが宴の醍醐味だ。「堅苦しい挨拶はぬきにして」などという持ってまわった言い方は、かえって宴のボルテージを上げることにならない。初めからリラックスさせては、リラックスの良さがわからない。

最も象徴的なのは、酔客は宴席ではおとなしく、一歩外へ出て振る舞いがにぎやかに荒々しくなることだ。高笑い、からみ、口論、泣き、許し合い、懐しい放歌高吟は路上であって、決して宴席ではない。宴席は（プロでもないのに）、昼間と同じおつとめの場になり下がってしまった。感度のよいカラオケが用意され、司会者もプロなみ（ちょっとした結婚式の司会は、この頃ではテレビやラジオのアナウンサーの格好のアルバイト）になるほど、人は酔いきれないイライラする気分を、宴席の外で発散させる。

「コートの外」空間は、「コートの中」の活動が終わって一杯飲めばそれで成り立つとは思えない。構成するのが難しい空間、オーバーに表現すれば聖空間とも言ってよいくらいのものだ。take の関係が蔓延している現代では貴重な、まれな空間なのである。

注

（1）東海林さだお「タンマ君」、文藝春秋編「週刊文春」一九八〇年八月二十一日号、文藝春秋、七二―七三ページ
（2）R・カイヨワ『遊びと人間』清水幾太郎／霧生和夫訳、岩波書店、一九七〇年、一三―一四ページ
（3）同書八ページ
（4）J・ホイジンガ『ホモ・ルーデンス――個人と社会』里見元一郎訳（現代教養文庫）、河出書房新社、一九七二年、四二ページ
（5）中井正一「スポーツ気分の構造」、中井正一、久野収編『美と集団の論理』所収、中央公論社、一九六二年、一七五ページ
（6）R・ダーレンドルフ『ホモ・ソシオロジクス――役割と自由』橋本和幸訳、ミネルヴァ書房、一九七三年
（7）ロジェ・カイヨワ「付論2 遊戯と聖なるもの」『人間と聖なるもの』（第三報）、小苅米晛訳、せりか書房、一九七五年、二三八ページ
（8）P・L・バーガー／T・ルックマン『日常世界の構成――アイデンティティと社会の弁証法』山口節郎訳、新曜社、一九七七年、三五ページ
（9）前掲『ホモ・ルーデンス』三二五ページ
（10）前掲「付論2 遊戯と聖なるもの」二三六ページ
（11）斉藤正躬『名選手――スポーツに賭けた人生』（日経新書）、日本経済新聞社、一九六六年
（12）藤紫流水『今堀杯名勝負観戦記』青眼、一九八〇年、七三ページ
（13）O・F・ボルノー『問いへの教育――哲学的人間学の道』森田孝／大塚恵一訳編、川島書店、一九七八年、四〇ページ
（14）松田修「廓とその周辺」、芸能史研究会編『遊び』（「日本庶民文化史料集成」第九巻）所収、三一書房、一九七四年、一三ページ
（15）前掲「スポーツ気分の構造」一八〇ページ

(16)シーラ・オストランダー／リン・シュローダー／平井富雄／石河利寛／服部修平編『スポーツ・スーパーラーニング――スポーツマンのバイブル』平井富雄監訳、朝日出版社、一九八一年、三六ページ
(17)辻村明『高速社会と人間――果たして人間はどうなっていくのか』かんき出版、一九八〇年、一〇六ページ
(18)ジュリア・ソレル『マイ・ライフ――ボストンマラソン 涙と愛の完走物語』多木日出子訳、集英社、一九七九年、二二七ページ
(19)同書一九一ページ
(20)同書二五三ページ
(21)山際淳司「早すぎる国威発揚――ボストンマラソンの田中茂樹」「文藝春秋」一九八一年十月号、文藝春秋、一三九―一四〇ページ
(22)三島由紀夫「実感的スポーツ論⑤」「読売新聞」一九六四年十月十二日付夕刊
(23)渡辺久雄『木地師の世界――個人と集団の谷間』創元社、一九七七年、四八―四九ページ
(24)G・ジンメル『社会学の根本問題――個人と社会』阿閉吉男訳、社会思想社、一九七三年
(25)阿部生雄「スポーツの概念史」、宇都宮大学教養部編「宇都宮大学教養部研究報告第1部」第九号、宇都宮大学教養部、一九七六年、一〇〇ページ
(26)伊奈五郎「悲願のマンツーマン瀬古と中村老監督――66歳の老監督と23歳の青年ランナーが、二人三脚でつかんだ栄光の座」「プレジデント」一九八〇年二月号、プレジデント社、五〇ページ
(27)G・ジンメル『闘争の社会学』堀喜望／居安正訳（世界の思想）、法律文化社、一九六六年、六五ページ
(28)小松左京「ぬすまれた味」『地球になった男』新潮社、一九七一年、二一〇―二二三ページ
(29)多田道太郎『しぐさの日本文化』筑摩書房、一九七二年、二八ページ
(30)荒木博之『日本人の行動様式――他律と集団の論理』（講談社現代新書）、講談社、一九七三年、六九ページ
(31)前掲「スポーツ気分の構造」一七八ページ

第2章 豊かなスポーツ空間の創造

「コートの中」と「コートの外」という空間モデルは、スポーツの世界で具体的にどのように展開するか、展開できるのか。なるべく具体的に述べよう。われわれがなじんできたスポーツの世界も、異なるモデルからとらえ直すと、そこには全く違った側面やひと味違う世界が開けてくるのではなかろうか。

1 タテマエの参加、ホンネの参加――スポーツの世界の社交論

どのように参加するか

新人が学校の運動部か、地域のスポーツクラブへ入ってきたとしよう。照れくさいものだ。しかし、テニスやサッカーはしたくて仕方ない。ロッカーでの着替えもぎこちなく、逃げるようにしてグラウンドへ飛び出していく。先輩のひやかしの声が後を追う、というぐあいだ。

彼の照れくささは、象徴的に言えば「コートの外」で裸になれないこと。「コートの外」を先輩や仲間と共有できず、どういうふうに振る舞えばよいかわからないこと、その戸惑いにある。

「コートの中」は、そういう点からすると簡単だ。上級生の後にくっつき、コーチに言われるままに動けばよい。第一、サッカーやテニスをしたくて入部してきたのだから、動きもスムーズで活気がある。それに「コートの中」の take の関係は、中学校のクラブも高校のクラブも同じようなものだから。

　初心者や新人は、まず「コートの中」から集団参加をする。はじめは「コートの外」空間は、あってもないに等しい。新入生の歓迎コンパや合ハイが持たれても、新人はなかなかリラックスして参加できない。まず「コートの中」で慣れてから、「コートの外」空間へしだいに参加していく。スポーツ集団への参加というのも簡単なようでいて、けっこう難しい。

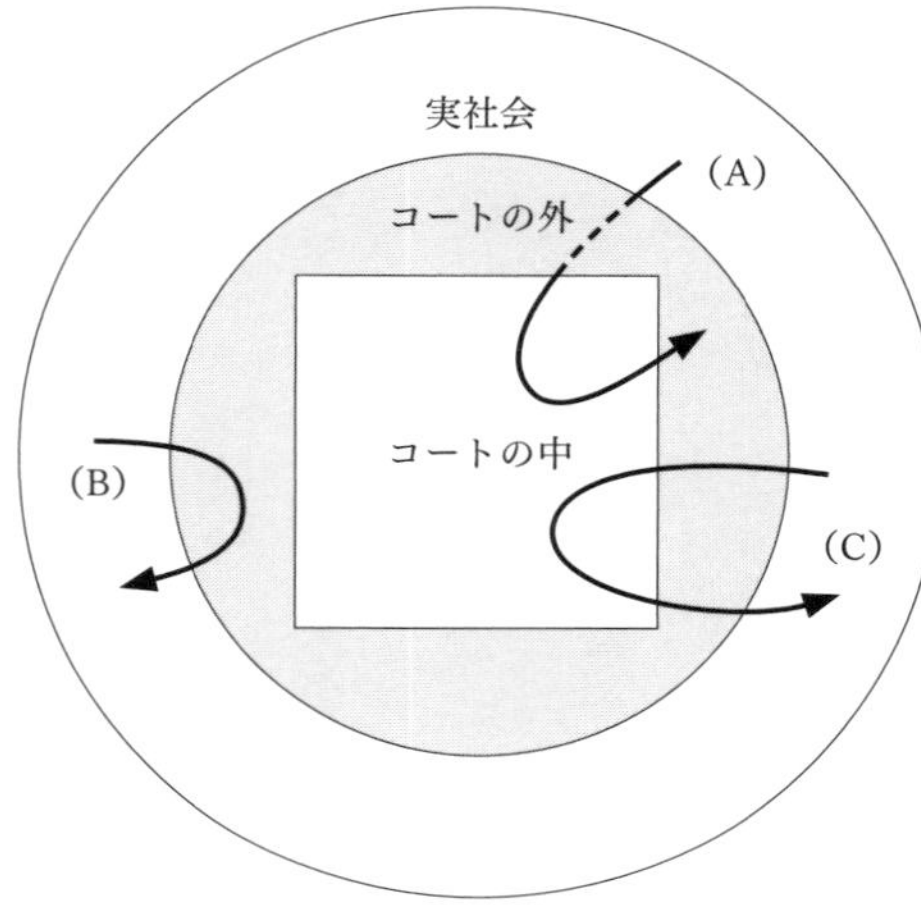

図7　集団参加の3つのタイプ

　図7は集団参加を三つのタイプで表している。いまみた新人の参加のタイプは（A）型である。「コートの外」の参加は、いまだ破線の状態、その場にいてもいないようなもの。（A）の段階の集団参加は、運動部やクラブは個人にとってサッカーやバレーをするための単なる手段だ。最近では、（A）型の集団参加で十分だというスポーツ参加のタイプも多い。サッカーのためだけ、バレーのためだけの集団への参加で、人間関係はうんざりという心情が強い。

「コートの中」に入らない参加

（A）型の集団参加と全く対照的なのが、（B）型の集団参加である。このタイプの人々は、（A）型が新人群であるのに比べて、むしろOBやクラブの元老たちだ。「コートの中」の実際のプレーやゲームは、身体の故障や年齢でできないけれども、「コートの外」、たとえば、パーティーやクラブのイベントには喜んで参加するというスポーツタイプである。ママさんバレーで活躍するご婦人たちがバレーができなくなったときに、バレークラブに留まれるか、それともゲートボールのクラブへ転進するのかという問題に関わってくる。

写真14は、あるテニスクラブの練習風景である。クラブのメンバー同士が結婚し、子どもが一人歩きできるようになって、久しぶりにママさん、パパさんも参加している。これまでは、子育てのとき、その前の身重のときに、活動できないからといってクラブをやめる例が多かった。みんなに迷惑をかけるから、という判断があったのかもしれない。ＯＢや老人の場合も同じことが言える。スポーツの世界が「コートの中」空間だけでは当然である。しかし、クラブのなかに「コートの外」空間が存在すればそういうことは少なくなる。女性が一生を通じてスポーツクラブへ参加する場合、また高齢化社会のなかのスポーツクラブのあり方を考える場合、むしろこの参加型、（B）タイプはこれから増えていくべきではないか。

写真14　あのくらい、ぼくだって

メンバー同士の結婚ということで思い出すが、西ドイツのスポーツクラブについての調査報告書のなかに、クラブとは「Heiratsmarket」[1]、すなわち結婚の市場であるという記述があったのが印象的である。わが国では、仲人などの仲介システムがそれにあたるのだろうが、これからはスポーツクラブが、この種の機能を担う時代がやってくるのではないか。

手段から目的の集団へ

（A）型、（B）型に比べて第三のタイプが（C）型の集団参加である。いままでずっと言ってきた「コートの中」と「コートの外」をともに含む集団参加である。この集団参加のタイプが、スポーツの世界への関わり方としてはベストではないかと主張してきたつもりである。

スポーツクラブが、それぞれに個性的であるのは「コートの中」よりも、「コートの外」空間での活動内容と社会関係がどのように繰り広げられているかで決まりそうだ。「コートの中」は、どこの集団でもたいして差はない。だから、転勤によってクラブを変えても、新しいクラブに早めに慣れる人は、「コートの中」でかなり活躍できる人、ないしは「コートの外」が同じような雰囲気を持つクラブにたまたま入れた場合である。「コートの外」空間になじむことができて、会員はクラブにトータルに参加できたとはじめて言える。クラブのメンバーシップに慣れてきたのである。クラブらしさを身につけていくことは、「コートの外」空間の社会関係や社会規範になじんでいく過程と言ってよい。徐々にクラブが、手段的集団から、目的的集団へ幅を広げていくプロセスなのだ。

実は、いままではそういう言い方で、集団参加や準拠論の問題は終わりだった。しかし、この問題はもっとつっこんで考える必要がありそうだ。「コートの外」は開けてくれれば、人はスポーツクラブへトータルに参加していることになるかというと、そうでもない場合もある。「コートの外」の振る舞い方、たとえば〝社交〟の問題が出てくるからである。

「コートの外」と社交

社交と言えば、古典的に、そしていままでもやはりG・ジンメルだろう。社交性の成立は、「内容を伴うあらゆる根源から解き放されており、まったくそれ自体のために、内容から離れるさいに生じる魅力のために存在する」(2)という。内容よりも形式からだけ成立する社会関係のほうに、人は引かれやすいという。

そして、次のように社交の意味を述べている。少々長いが引用する。

「社交性は現実にたいして、たんに形式的な関係をもつにすぎないから、そこには現実と摩擦がみられない。

しかしいずれにしても、いっそう敏感な人のばあいにもいえることだが、社交性は現実から意味と豊かな象徴的生命を引き出すわけで、こうしたものが大きければ大きいほど、社交性は明らかにますます完全となる。そして、浅薄な合理主義は、つねに意味と豊かな象徴的生命とを具体的な諸内容のなかだけにもとめている。したがってこうした浅薄な合理主義は、これらの内容をここに見出さないから、社交性をうつろな愚挙として片付けるだけである(3)」

私はここでの記述、特に「社交性をうつろな愚挙として片付ける」という箇所にくると、いつもドキリとする。自分がそういうタイプの気がするから……。ジンメルによれば、そういうタイプは浅薄な合理主義者、ということになってしまうのだ。しかし、社交性に富んでいるといわれる人をみると、どうしてもタテマエすぎる気がして仕方がない。「ホンネで話せ」などとからみたくなる。具体的な内容を求めることと、ホンネとはどこかで結び付かないのだろうか。社交をタテマエとしてしまう構えはおかしいのだろうか。

ともかくも、「コートの外」はいわば脱役割の空間であるとずっと述べてきた。日頃の地位や立場をどこかに預けておいて、人とコミュニケートする場だ。そういう意味では、「コートの外」はジンメルの社交の性格に近い。そこまではよい。問題は、日頃の役割を脱いで、その後に残る人間は何ものかだ。

ジンメルは、社交の場では勝手気ままな自己主張を許していない。「気転」の必要性を特に強調している。これからしても、ホンネとはやはり違う。「コートの外」の社会関係を、ホンネで絡み合うものとしたい私なりのイメージからすると、「コートの外」を社交空間であるとはどうしても言えそうもない。

社交の冷たさ

社交という社会関係はどうにも冷たい、クールにすぎると感ずる人は、案外多いのではないか。作家の渡辺淳一は、社交そのものではないが、レディー・ファーストについて次のように語っている。氏は、レディ・ファーストというエチケットがどうも苦手で、どうしても自然にできないという。

「その自然というのが、われわれ日本人には難しくてね。そもそも日本のエチケットにはレディ・ファーストなんてないんだから。女が弱者かどうかはともかくとして、女性に親切にしろというのはわかるんだけど、よく知らない、頭も悪そうな小娘に、コートを脱がせたり、椅子を引いてやれといわれても難しいなあ。せめて、その女性に好意なり、尊敬をもっているなら別だけどね」

私の言いたいことをピッタリと言ってくれている。全くそのとおりだ。これに答えるのは、一緒に食事をしている対談相手のフランス女性。

「日本の男性は、女性を真剣に考えすぎるんじゃありませんか。だから、こんな女に、などと腹をおたてになる。でもレディ・ファーストというのは、心がこもっていないところが素敵なものです。心がないから簡単にできるし、粋なのですけど[4]」

なるほど、なるほど。レディ・ファーストの箇所を社交と入れ替えて読めばピッタリである。私などは、典型的に粋でない人間だから、そういうタイプから社交をみれば、やはりよそよそしいとしか映らないのであろう。合点がいった。

社交はタテマエかホンネか

先にも書いたが、私は高校時代は槍投げをやり、後で日本新を出す人間とも付き合いができた。大学では庭球部に入った。東京オリンピックの頃だが、テニスもいまのブームは全く予想できず、「テニスなんて女がやるものさ」という感覚がまだまだ残っていた時代である。

テニスのほうの戦績はサッパリだった。シングルスの長丁場に耐えられない。途中でヤケを起こす。自滅、惨めであった。

けれどもテニスをやったおかげで、民間のテニスクラブへ顔が出せ、いわゆるスポーツクラブの雰囲気に触れることができたのはありがたかった。なぜなら、わが国のスポーツ事情では、テニスクラブのスタイルこそ、「コートの外」や社交のあり方について、数少ない事例を提供してくれるものだからである。

それにしても庭球部の練習は独特だった。運動生理学を専門とされる先生などは、「あれほど非科学的な練習はない」とよく言われる。ダラダラと一日中やる。朝から、ボールの見えなくなるまで。いま、こうして原稿を書いている休日も、私の研究室の横のテニスコートでは、庭球部の連中がずっと金切り声をあげっぱなしだ。

彼らは、また私自身も、そういう練習の日常に何を求めていたのだろうか。最近は、テニスはテニスのためだけの同好会へ入る傾向が強いことをあわせて考えると、よけいその疑問がわいてくる。

そうかといって、彼らは「コートの中」に一日中いるわけではない。「コートの中」の練習を半日続ければ、どんなにタフなプレーヤーでもぶったおれてしまうことは明らかだ。

よく見ていると、食事が一緒から始まり、休み時間のダべり、終わって帰るのかと思うとそうでもない。いつまでも「コートの外」に座り込んで話し込む。男子部員は、雀荘へ一緒に出かけたり、いまから、サラリーマン気分である。

この点、街中にあるテニスクラブをのぞいてみると、プレーが終わればクラブハウスに戻り、お茶か何かを飲んで、車でサッと帰っていく。もちろん、街中のテニスクラブのメンバーには、飲み助がいないというわけではない。年に何回かのパーティーには車を置いてきて、しっかり飲んで帰るからだ。

そういう飲み方から気にくわない。私のような庭球部出身者からすると、どうも合理的すぎる、よそよそしい。つまり社交的すぎるということになる。明治時代の文明開化の一つに、クラブという社会集団の輸入があったわ

写真15　コラコラ、いくらマナーといったってやりすぎる

けだが、クラブの本質を社交とした場合、どうもそういうクラブ文化、ヨーロッパ文化はタテマエすぎる。それにはついていけないというわけである。

いや、そう言ってしまっても、また簡単すぎる。

何年か前に、アメリカ人の教授のお相手でシングルスを何日かやったことがある。そのときのことを思い出すと、教授は（かなり高齢であったが）「コートの中」の振る舞いは実に騒々しく、タフであり、ラフであった。一人でブツブツ言いどおしだし、フォームも、マナーもありはしなかった。けれども、いったん、ゲームセットとなると、サッと握手を求め、後は手のひらを返したようにスマートに、私の会話の相手などをしてくれた。

この事例などを思い返すと、次のような仮説を立てたくなる。

西欧文化のなかの人間は、ふだん、つまり「実社会」や「コートの中」では、本来の野性そのもの、ホンネで闘っているので（交通事故などを起こしたときに、「Sorry」などとは口が裂けても言わないという）、そのぶん「コートの外」では、肉食文化の生々しい内容をはずし、形式だけの社交でくつろぎたいのではないか。それと比べてわれわれのほうは「実社会」やひょっとして「コートの中」でもタテマエ——すなわち型を基軸にして振る舞いやすい。そのぶん「コートの外」ではホンネを出したくなる、出し合うことを求めてしまう。出さないと水くさく思ってしまうのだろうか。

シャワーの味

テニスクラブのマネージャー氏が嘆かれていた。「クラブでは『コートの外』を大切にし、金もかけたのに、この頃ではサッパリ利用してくれない」と。聞いてみると、最近のテニスクラブほど郊外にでき、車で来る会員やビジターが多く、シャワールームは使用されなくなっているという。おそらく着替えが面倒なので、シャワーや風呂は家ですますのだろうという。

三島由紀夫のシャワー論をもう一度引こう。

「運動のあとのシャワーの味には、人生で一等必要なものが含まれている。どんな権力を握っていても、どんな放蕩《ほうとう》を重ねても、このシャワーの味を知らない人は、人間の生きるよろこびを本当に知ったとはいへないだろう」

プレイの後で一緒にシャワーを浴びて「コートの中」のもろもろを水に流す。「コートの外」では、今度はお互いがよきスポーツマンとして交流する。それが最高のスポーツ世界への関わり方、集団参加である。

こう書いてしまうと、あまりに優等生すぎるスポーツ賛歌論かもしれない。けれども、「コートの外」でどういうシャワーの浴び方をしているかの検討は大切なことだ。スポーツはよくしてもシャワーの味を知らない人、またシャワー空間を持てない人がしだいに増えている。

いつの時代でも、人間は何かしらに頼ってやってきた。スポーツの世界に頼る人は、それが「コートの中」か、それとも「コートの外」か。「コートの中」で自己確認し、さらにチャレンジする手応えに頼るのか。それとも「コートの外」のシャワーで、まとわりつく日常を洗い流した裸の人間交流に引かれるのか。

『テニス・コート』という心理小説のなかで、作者の曾野綾子は、次のように皮肉っている。「コートの外」については、この皮肉のほうが、先のジンメルの社交論よりも、身近に感ずるところがありそうだ。

「テニスは少しも上達しない。だが、恭子は汗をかいた後の気分の爽快さが忘れられなくて続けていた。夫婦は夜になると酒も飲んだが、運動の後の気分は酒とは違った快楽であった。もしかすると運動選手たちは苦しい練習やしごきによく耐える強い人々なのではなくて、この独特の持味にベタベタと惹かれる麻薬中毒的な快感に弱い連中なのではないかとさえ思った(5)」

スポーツマンのイメージとしてある〝たくましさ〟などからすると、とんでもない見方だということになろう。けれど案外その半分は当たっているのではないか。そのベタベタとした独特の持ち味があって、選手たちは「コートの中」の苦しさにも耐えてきた。そういう「コートの外」を失ったいまのチャンピオンたちがその代償に求めたのがアルコールや大麻、同性愛なのかもしれない(D・S・バット『文明としてのスポーツ――ヒーローの心理学』〔浅田隆夫/松田義幸訳、日本経済新聞社、一九七八年〕を読むと、現代のチャンピオンたちがいかに心理的に追い込まれているかがわかる)。

スポーツの世界が、麻薬中毒的な快感に弱い人々の集まりであってよいはずはない。〝健全なる精神は、健全なる肉体に宿る〟という理念はもちろん正しい。しかし、スポーツの世界への人間一人ひとりの関わり方は、もっと複雑である。理念というタテマエと、ホンネとは違うのだ。スポーツの世界は、参加の仕方で親しみのあるものにもなるし、とげとげしくよそよそしいものにもなってしまう。人間はスポーツの世界に、どのように参加し、そこから何を得、何を失っているのだろう。もう一度見つめ直す必要があるのではないか。

2 チームかクラブか――スポーツ集団論の展開

クラブのイメージ

スポーツの世界で、なじみ深い集団は〝チーム〟ないし〝クラブ〟である。この他には、スポーツの世界にとどまらないが、いわゆる自発的な結社として受け止められるサークルなどもある。しかし、サークル活動という言い方はスポーツの世界ではあまり用いられない。サークル活動とひっくるめて使用されるように、サークルの場合は活動の形態や内容のほうを指していう場合が多い。もしくは即興的な組織についていうことが多そうだ。

この点、チームないしクラブは、活動にも継続性があるし、活動だけでなく確立した組織や制度がある。しかしよく考えると、チームとクラブは、頻繁に使われるわりには、その使い方はきわめて曖昧ではないか。

そう思ったのは、ホームステイのアメリカ女子学生のサヨナラパーティーの席上だった。

金髪のその彼女は社会学を専攻している学生ということで、ホームステイのお宅の方が紹介してくれ、少し話ができた。スポーツ事情について話をしているうちに、アメリカの大学ではスポーツがどのくらい盛んなのかということになった。私などはアメリカの大学は、ラケット小脇に抱えて闊歩するピチピチギャルだらけというイメージを持っていたが、意外なことに、大学生はスポーツに熱中する暇などあまりないという。

ホームステイ先のS先生も同じように予想を狂わされたのか、「だって、クラブがいっぱいあるでしょう」と、私も言いたかったことをすぐに質問された。しかし彼女は、学校にはスポーツのクラブはないと答えたのだ。

スポーツのクラブや部というと、学校のなかや職場のなかにある事情に慣れてしまっている私たちは、ちょっとそこで面喰らった。すると、彼女はそれに気づいたのかどうか、「チームならいっぱいあります」と補足をしてくれた。

彼女たちの感覚では、学校のなかで活躍しているスポーツ集団、サッカーやラグビーの連中は、チームであってクラブとは言わないらしい。彼女の頭の中にあるスポーツクラブとは、コミュニティのなかで自前のテニスコートやクラブハウスを持つ組織をクラブと規定しているようだ。

これは、いまから十年ほど前の話である。それがきっかけで、チームとクラブは構造的にも違うのでは、と考えるようになった。

クラブのなかにチームがある

たとえば、広島カープの阿南監督以下のスポーツ集団をクラブと言わないことは明らかだ。彼らの集団はチームと言ったほうがふさわしい。チームワークやチームプレーの最高の型は彼らの内にこそある。

一方、クラブという場合の集団を考えると、チームプレーなどの場面でないとき、選手や部員が練習やゲームの後にくつろいだり、また彼らが共同生活を営むような場合。あるいは、ゴージャスなクラブハウスのなかで、若い連中のチームプレーをビールなど飲みながら観戦する、そういうクラブの生活、いわばクラブライフの場面を指していう場合が多そうだ。

学校の課外活動の集団にしても、チームというのではなく、クラブという。「クラブ生活が続けられない」な

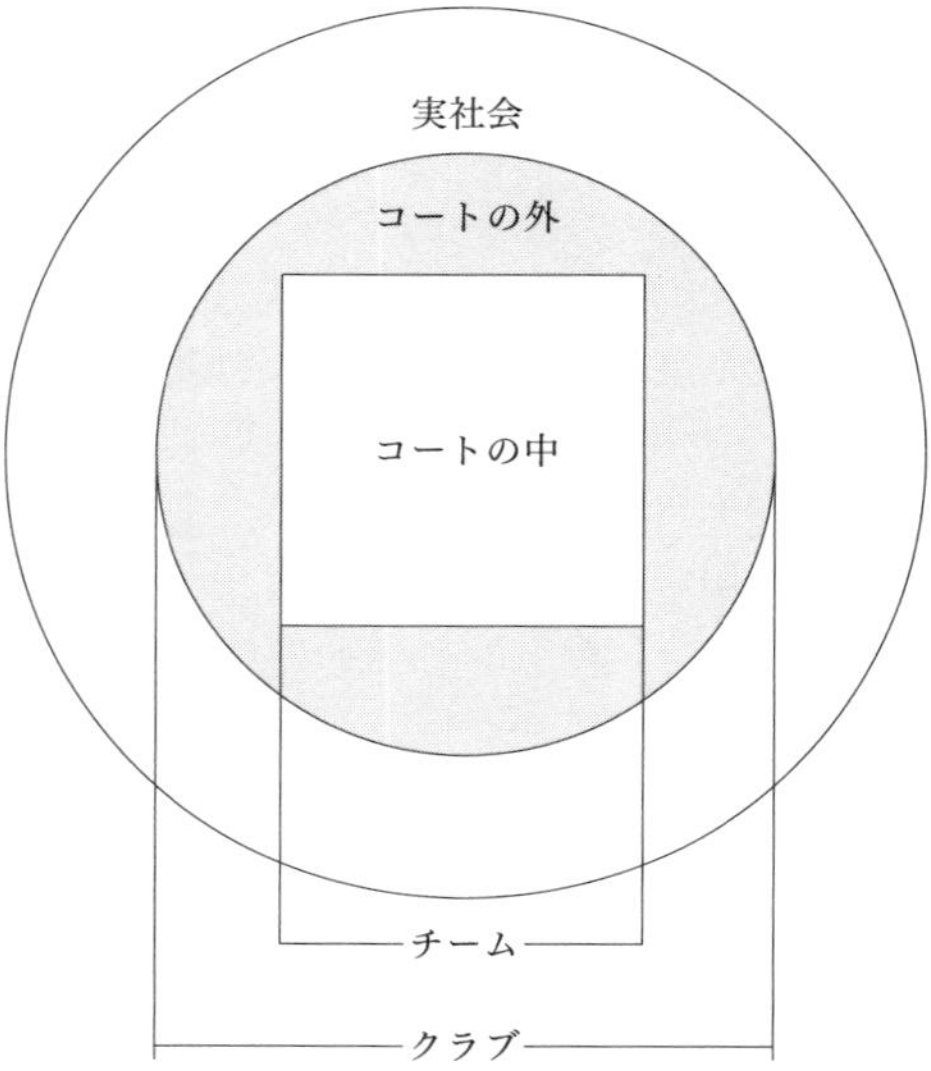

図8-1　チームはクラブのなかにある

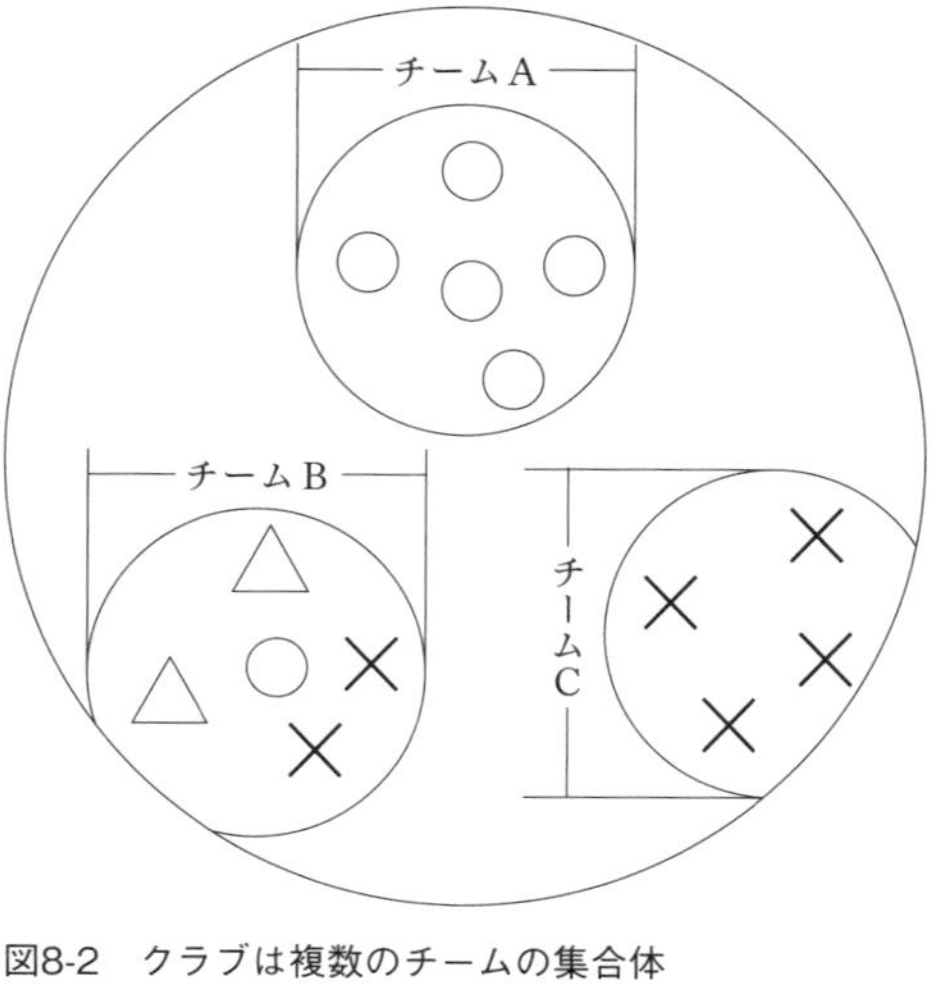

図8-2　クラブは複数のチームの集合体

どという言い方に象徴的である。

いま、実際のチームプレーをクラブハウスのなかから見ている、という表現をした。そういう見方からすると、チームというのはクラブの下位の集団ではないだろうか。クラブに包摂される集団がチームではないか。

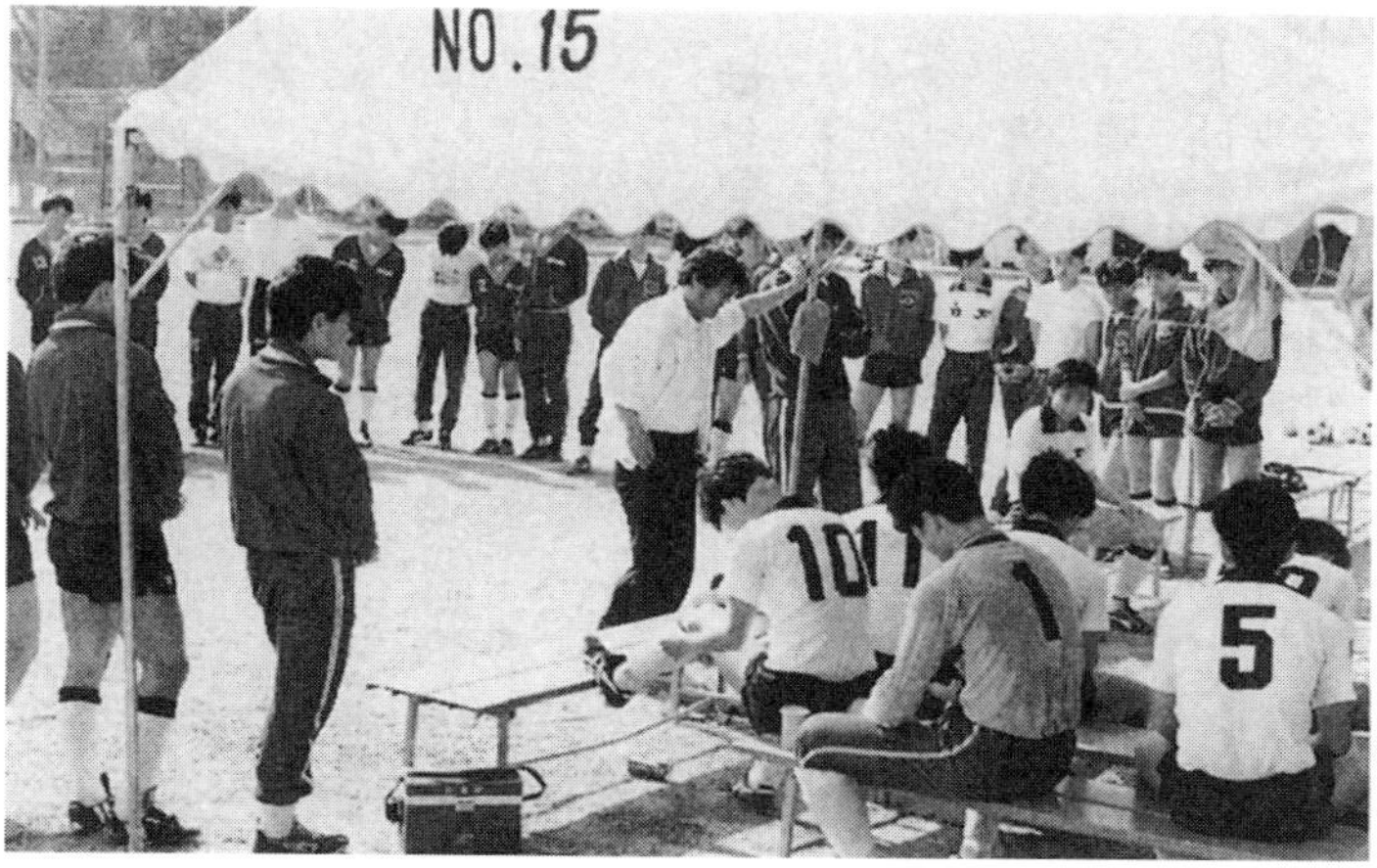

写真16　先輩、がんばってよ

二〇四ページの図8―1は先のスポーツ空間のモデルからチームとクラブを図式化してみた。チームプレーの発現の場である「コートの中」が、集団のタイプから規定すればチームである。これに対して、クラブは「コートの中」と「コートの外」の空間をともに持つものと規定してみてはどうだろう。

クラブのなかにチームがあるのだ。クラブは、「コートの中」と「コートの外」空間の二つを持つ。だからチームと違ってクラブの人間関係は複雑になる。そこにこそ、学校の課外活動をチーム活動と言わずにクラブ活動とし、学校教育活動のなかに入れておきたい理由がある。

下の図8―2はクラブとチームの関係を、横断的に切って示している。クラブのなかにチームがあるのであれば、そのチームはいくつあってもよいはずだ。○は強い選手、△は中間、×は弱いメンバーや初心者であるとして、ここで示したように、○のチームや×のチームがそれぞれあってよい。また○や×や△の寄せ集めのチームがあってよいはずだ。

あるいは、○が若者、△が中年、×が老人のチームでも、男と女のチームであってもかまわない。ともかく、複数のチームの集まりから成立するというクラブの構造を考えたい。

クラブのなかはチームは一つ

確かにはじめのうちは、○や△や×レベルの人も一緒にやっている。ママさんバレーにしても、子どものソフトボールでも、ゲートボールでも同じだ。しかし、気がついてみると、クラブのなかには○だけしか、△だけしか、×レベルの者しか残らない。クラブのなかには一つのチームしか残れないというのが、わが国のチームとクラブの関係図式である。

×は○のメンバーにはじき出されたのか、それとも×が○のメンバーに三下り半を突き付けたのか。なぜはじき、はじき出されるのか。子どもの場合はともかく、大人もそうなるケースが多いとすると、その因果関係は根が深いものがあるのではないか。

一つは、わが国のスポーツクラブの歴史的、社会的性格に原因がありそうだ。伝統と言ってもよい。

簡単にいうと、クラブのブは、倶楽部の部である。部は、一つのパートを意味して使われる。何のパートかというと、スポーツクラブの場合は、旧制高校や帝大のスポーツ組織である体育会や校友会という会の一部としての部であった。体育会や校友会は学校は校長、社会人のクラブでいうと会社社長が、そのクラブのオーナーであった。つまり、クラブは、学校や会社のお抱えのスポーツ集団であるという伝統が明治以来、ずっと続いてきている。校長や社長という親組織のオーナーがいるのだから、クラブはクラブとして、ちょっとやそっとでは自立できないわけだ。

どのように自立できないかというと、学校や会社の恥になるようなことはしてくれるな、してはならないという規制がはたらいてくる。学校や会社を代表して出るのだからチームは強く、立派でなければならないということになってしまう。

確かに、クラブのなかにチームが複数ある場合もある。一軍のチーム、二軍のチームというわけだ。しかしこの場合は、二軍のチームは、あくまで一軍のチームの補充用メンバーとしてまとまっているのであって、二つのチームは対等な関係でクラブのなかにあるのではない。クラブのなかには一つのチーム、そのクラブにとって最強のチームしか生き残れないという歴史的性格がいまだに続いているということになる。

助け合いの集団づくり

クラブのなかに一つのチームしか存続できなくなる理由のもう一つは、戦後の学校教育の影響が考えられるかもしれない。が、これはあくまで仮説である。

○成員だけの集まり、×成員だけの集まり、そういう集団構成を、教育用語で等質集団という。強い者、弱い者がその力量に応じてグループをつくっている。これに対して、○と×の混合集団、あるいは△と×、○と△、何でもよいが能力の異なった者同士がつくる集団を異質集団という。そして、これらの集団づくりをめぐり、戦後教育は展開されてきたといってよいくらいである。

もちろん戦後の民主教育は、等質集団よりも能力のある子とない子がともに助け合って、一つの集団を構成する異質集団の編成に力を入れてきた。

具体的に、体育の授業で言おう。クラスのなかに、総和としてはどのグループも等しい力になるような小集団をたくさんつくる。体育の教材が、ボールゲームが多かったこととも重なり合う。それらの異質集団の間で、その学期を通じ、ボールゲームのリーグ戦などが展開される。こういうスタイルが戦後の体育教育のよく見かける授業風景であった。

異質集団づくりのねらいは、能力の違う子同士の助け合いにあった。それはそれで正しいのだが、問題は、相手のグループに勝つためという枠があっての助け合いであったこと。スポーツの場面では、その関係は当然のこととして見なされてきたところにあった。

勝つための助け合いということ。助け合いの仕方は、能力の劣る子、チームプレーの組めない子を少しでもレベルアップさせるため、仲間も教師もその子の尻をたたく。また自分の集団内のコミュニケーションは、外へ広げてはいけない。なぜなら、周りの集団はリーグ戦であれ、トーナメントであれ、皆、自分のグループが勝ち残っていくときのライバルであるからだ。スポーツの世界の人間関係は、競争と協同という対等な二つの社会関係がいわれても、実際は競争のための協同づくりというのが、現実の体育授業、スポーツ指導に多かったわけである。助け合うといっても、全体が競争関係のなかでの小さな集団の内部のそれであることが、一人ひとりに小さい頃から勝敗や能力差のシビアさを植え付けてしまったのかもしれない。○や×の成員が一緒にやり始めても、しだいに○の成員だけがクラブを占有しだす。それに対して、×や△のメンバーは○のメンバーに対し、一方、○のメンバーも△のメンバーに対し、「仕方がない」と諦め、また開き直るしかないのである。

クラブの崩壊

高度成長経済の終焉はスポーツの世界、特にスポーツ集団の問題に限定すると、会社のなかのクラブの解散や衰退につながった。企業にとって、有力なチームを一つ抱えておくことは格好のPRである。会社の好調時は、そのぶんの人件費が十分出せたし、チームにとって毎年不可欠のフレッシュマンの採用は、確実に保証されていた。またその頃は、会社の代表チームの活躍を見、会社の安定と自分の将来性をダブらすことのできる幸せがあった。

しかし、クロスオーバー型人間やマルチ人間など、新種の組織人間がもてはやされだした。一方、終身雇用の見通しの暗さや窓際族の処遇が具体的に問題になる。会社の昇進人事においても、クラブの現役やOBへの特別扱いもしにくく、同時に運動部出身者の新卒採用の枠もとりにくくなってしまった。

レギュラーがそのままクラブのフルメンバーであったり、登録人数に足りなくてやむなくリーグ戦の出場を見送る。あるいはそれが数年続き、尻すぼみのうちに廃部になるという事例があちこちで起きてきた。

こうなると、クラブのなかに複数のチームどころではない。クラブのなかに一つのチームでも存続できればよいほうである。しかし、それもまた問題は多かった。

そういう状態になると、残って活動するメンバーは、身内意識をきわめて強める。身内意識だけならよい。会社全体としては、小グループごとにゴルフへ行ったり、テニスや海外旅行をしたりというリラックスムードのなかで、チームのメンバーはしだいに疎外感、さらには被害者意識まで抱いてしまう。何のために私たちは、仕事の後までつらい練習をしているのだろうかという不安、昇進や家族、結婚を犠牲にしてまでやっているのにという不満……。

頼りになるのは、人か金かだ。能力のある者はプロを志向する。人の支えがあてにならないとすれば、残るは金の支えしかないからだ。アンダー・ザ・テーブル――金銭授受の論理は一般化しだしていく。会社のスポーツは「コートの外」空間どころではない。会社はやっぱり甘くない！　会社のチームは、いよいよ「コートの中」だけの集団になり、そのメンバーの意識はとっくにプロ意識に変わっている。会社というオーナーのお抱えであったとはいえ、わが国のチャンピオンたちの大部分は会社人間であり、会社のクラブのメンバーであった。新卒のヒラ社員と、いまはお偉方のOBがともに「コートの中」や「コートの外」で交流する時間と空間が少しはあったというのに……。

学校のクラブの場合も同じだろう。先生と生徒が一緒になって汗を流すというクラブ活動が、全員必須という教育の論理、やる以上は名を上げてくれないといという経営の論理、トラブルがあってはならないという管理の論理の絡み合いのなかで、しだいにチーム活動化していってしまった。いまや、学校の課外活動もクラブ活動ではなくて、チーム活動といったほうがよく似合う。こうして、会社ならびに学校という大きな日常世界のなかから、クラブは崩壊しつつある。

クラブとは何だろう。チームと違うところはどこだろう。これまでは、クラブは自発的結社であるとか、自治集団である、あるいは社交的な目的集団であるとかいわれてきた。それはそれでよい。それらの規定の一つひとつは正しいから。けれども、その規定は、チームという集団にも当てはまる。なぜなら、いままで述べたようにチームはクラブに包まれるので、クラブについての大枠の規定をチームにしても当てはまるのが当然だからだ。

　スポーツの世界でいま必要な集団論は、クラブとチームがどのように違うのかをしっかりと押さえることだ。その混同こそ、スポーツの世界を狭く、とげとげしいものにさせてしまっているからである。

クラブの比較文化

　もう一度、スポーツの世界への人間の関わり方を復習しよう。

　たとえば、野球をしようとする場合、すぐに「コートの中」でプレーできるわけではない。道具や場所をどうするかという前段階——「コートの外」の問題がいっぱいある。クラブの本質は、ここがポイントである。いろいろなものをまず持ち寄る。

　この持ち寄り方がヨーロッパ文化と日本文化の決定的な差になる。いや、ヨーロッパのクラブと、わが国のクラブの差に、と言ったほうが正しいが……。

　先祖であるヨーロッパのクラブの持ち寄り方は、They clubbed together for the purpose.

　すなわち、「金を出し合う」。そして「割勘にする」[6]がきわめつきである。クラブの社会関係は、ワリカンなのだ。

　この割勘については、口汚なくののしった第1章の第4節の項「商業主義の浸透」を思い返していただきたい。「〝割勘〟の関係は、要するにあとくされがない」のである。

　ところが、それより見過ごせない点は、ワリカンとは割勘が可能な地位、能力、財力、品性が暗黙のうちに要求されているということだ（タテマエで表現すると、割勘とは対等で、平等な人間関係ということになるからおかしいのだが）。それゆえ、クラブに入ることは、ある種の地位の保証であり、ステータスシンボルなのである。いまの世の中では、金でそれが買えることは言うまでもない。

　本書で述べてきた「コートの外」の社会関係は、ワリカン型のクラブのそれとは違う。ヨーロッパ型のクラブを翻訳輸入しようという気はさらさらない。

繰り返しになるが、「コートの外」の give and take は、互譲であり、持ちつ持たれつの関係だ。ワリカンで割りきれないものが、人と人との間を結び付けるところにこの付き合い方の価値をこそ見いだしたい。

クラブとアソシエーション

チームとクラブ概念の曖昧さについて説明してきた。同じような混乱が、アソシエーションとクラブの関係についても言えそうだ。

スポーツの世界で最も有名なアソシエーションは、JAPAN AMATEUR SPORTS ASSOCIATION――すなわち、日本体育協会である。これを総本山にし、われわれの周りには各種のアソシエーション、すなわち県や市町村、種目ごとの協会がたくさんある。

表1に示したのは、明治年間を通して倶楽部に関わる新聞記事などの切り抜きをやったときのもの。倶楽部と直接関わらない前時代的なもの、また資料が「芸備日日新聞」という地方紙のため、東京や大阪の記事がごっちゃで載っている場合もある。それにしても、「組」「群」「会」「社」などの社会集団の後に「部」が出てくることがわかる。

クラブとアソシエーションの関わりを考えるポイントがここにある。

先にも言ったが、部は一つのパートである。校友会や体育会というアソシエーションができてから、パートができるのか、それとも、小さなパートがいくつもできてから、その連合体としてのアソシエーションができるのだろうか。部分と全体――組織論の根本に関わるものがここにもある。

この点、ヨーロッパ型のクラブとアソシエーションの関係は、まずクラブありき、である。

わが国の場合、大日本体育協会の発足は、一九一一年（明治四十四年）の第五回オリンピック大会への選手派遣の母体として組織されたのをもって、まずアソシエーションありき、が通説になっている。

表1　各種社会集団の発足時期

明治初年代（1868—76年）	
5年	組合結成の条則
7	蛙鳴群
明治10年代（1877—86年）	
11年	集会取締規則
16	法律研究会
17	先善社
明治20年代（1887—96年）	
20年	広島倶楽部設立趣意書
20	備後14郡有志懇親会
21	民有倶楽部
22	自治制研究会
22	備後倶楽部
22	斉民社
22	御調倶楽部
22	安芸倶楽部
22	豊田倶楽部
22	南豊倶楽部
22	良民倶楽部
22	甲奴倶楽部
22	高田倶楽部
22	尾道倶楽部
22	広島商工倶楽部
23	尾道商業倶楽部
23	政社法によって6倶楽部解散
25	厳島倶楽部
25	囲碁倶楽部
明治30年代（1897—1906年）	
31年	府中倶楽部
31	学士倶楽部
31	学生倶楽部
32	少年倶楽部
33	広島教員倶楽部
36	広島軍人倶楽部
36	広島海員倶楽部
36	広島双輪倶楽部
37	呉交友倶楽部
38	高師同好会
38	体操研究会
明治40年代（1907—12年）	
40年	遞友倶楽部
40	広島記者倶楽部
40	自制会
41	市友倶楽部
41	広島運動倶楽部
41	広島体育会
42	泰麻倶楽部
42	山陽倶楽部
42	監獄倶楽部
42	芸備農民同志倶楽部
42	七登勢倶楽部
42	婦人くらぶ

（出典：「芸備日々新聞」明治期、広島県編『広島県史』〔「近代現代資料編」第1巻〕広島県、1985年、広島県警察部編『広島県警察史』警察協会広島支部、1941年）

しかし、あくまでそれは、中央の、東京での話である。地方の場合をみると、そう簡単にわりきれそうにない。表1にみられるように、一九〇八年（明治四十一年）には「広島運動倶楽部」という団体が発足している。スポーツのための機能集団のトップバッターのわけだ。この集団の性格をみると、クラブという名が冠せられてはいるが、多分にアソシエーション的性格を担うものらしい。たとえば、広島高等師範学校や三井銀行など地元の有力団体が名を連ねている。また、「同倶楽部に於ては明後日五日正午発令式を兼ね、庭球、大弓競技会を開催する」[7]という予告などもあるように、有力団体の集まりである点、各種の行事を主催するという点で、純粋に同好者の集団としてのクラブとは異なることがわかる。

これなどをみていくと、わが国の場合のクラブは、地域社会へのサービス機能を多分に担うものではなかったか。ヨーロッパのそれが、会員志向―社交―趣味的集団であるのに対して、わが国の場合は、地域志向―親睦―啓蒙的集団である（ここで、社交というコミュニケーションと親睦というコミュニケーションを対比させた。くつろぎ方として、社交はタテマエであり、われわれにとってはよそよそしすぎると本章第1節で述べた。なじみの深いホンネのくつろぎ方は、親睦ではないか。スポーツ世界の人間関係を考察するうえで、これから深めるべき鍵概念の一つのような気がする）。

わが国のクラブが地域志向だからといって、誰でも入れるかというと、そうではない。入れるのは地元の名士が多いからだ。それでは名士以外の地域の者が入っていないかというと、そうも言えない。入っている名士は、その輩下に多くの部下を引き連れ、代表した形でクラブに入っていることになるからである。

こういう代表参加のシステムからしても、倶楽部はクラブのようでもあるし、アソシエーションのようでもある。曖昧というか、融通性のきくというか、はなはだ線引きのしにくい集団であるとだけは言えそうだ。

クラブとアソシエーションの関係を、部分が先か、全体が先かという図式で考えようとした。クラブの連合が協会という全体組織になるとも言えない。かといって、アソシエーションという全体が先で、そこからクラブという部分が専門、分化していくというふうにもなりそうにない。

なんとも歯切れが悪いが、あえて結論めいた言い方をすれば、部分がそのまま全体になったということ。象徴して言えば、小さなピラミッドがいつのまにか(水ぶくれ式か、雪だるま式かのそれは別として)、気がついたら大きなピラミッドになっていたというのが、スポーツの世界の組織論の面白さではなかろうか。

3 チームワークからクラブワークへ——スポーツ・ネットワーキング

リレーとチームワーク

家族の協力について、妻と話し合ったことがある。もちろん、協力の大切さを云々したのではなく、協力の仕方についてである。

私は次のように言った。

「家族の協力関係は、たとえていうと、リレーみたいなものじゃないか。子育ての時代には、どうしても母親が頑張らなければいけない。その間、父親のほうも年齢的に仕事でヒーヒー言ってるわけだ。ランナーは、母親だ。子どもは大きくなってくれれば、母親の手に負えなくなるし、これからが父親の出番。第二走者はオヤジ。次が子どもたちだ。世代の交代というわけ。リレーは、バトンタッチをうまくする、そのタイミングが難しい。前の走者を、あまり長く走らせてはいけないし、かといって早めにバトンを取りに行ってはならないし……」

こういう考えだから、私の家族への関わり方は頼りないのだそうだ。失格である。家族のチームワークの例に、リレーのバトンタッチをあげるなんて、「とんでもない」ということらしい。チームワークといったってリレーは、やはり個人プレーだそうだ。

「いや、一人が走っていることになるが、しかしその間、他の家族は応援したり、休んだりしてエネルギーを蓄えているんだ。それに土俵こそ違え、男は職場で走っているんだから」

この反論もほとんど効き目はない。第一、家族という土俵に、職場という土俵を持ち込むことが、そもそもおかしいそうで、話はやっぱりかみ合わない。

「家族のチームワークをたとえるならば、ピアノの連弾よ」と、全く何もわかってないんだからという調子で妻は言う。

なるほど、〝連弾〟とは、まことに巧い言い方をするものだとひとしきり感心する。ちなみに、彼女のクラブ活動歴は、音楽クラブオンリーで、スポーツのほうはからきし駄目ということになっている。

近所の奥さんに、体育大出の方がおり、妻がこの話をしたそうだ。すると即座に「ご主人は個人スポーツしかやってないんでしょ」と言ったそうである。その奥さんは、バレーボールをずっとやってきており、近頃では近所の子どもに教えたりするキャリアの持ち主である。

なるほど。言われてみると、私は個人スポーツしかやってきていない。いや、テニスがある。シングルスよりはダブルスのほうが少しはよい成績を残せたし……。とはいっても、バレーボールほどには、チームワークの深さや広さ、複雑さはないか……。ここでも、しだいに頼りなげになってしまうのである。

チームワークのイメージ

チームワークの真骨頂は、チームスポーツにあることぐらいはわかっている。スポーツ評論家の虫明亜呂無氏一流の美文調で、戦闘状態に擬してチームプレーを活写するとき、チームワークの人生に占める役割の大切さは、ズシーンと胸に響いてくるのである。

「僕は見てはならぬ光景を見まいとして、眼をつぶった。近鉄フォワードの集団が通過した跡には、早稲田の若者の姿はなく、猛々《たけだけ》しい汗と肉のにおいが通過者の威力を物語って、たちこめているはずであった。

が、早稲田のフォワードたちは、近鉄の猛攻に屈しなかった。むしろ、攻め込む近鉄勢よりも、早稲田の石塚、佐藤らが果敢にタックルをくりかえしていた。かれらの背に弾力がゆきわたり、意志が宿り、激情が迸《ほとばし》っていた。かれらは若い野獣がサバンナを跳躍し、他の猛獣に挑んでゆくけなげさだった」

氏の文章を読ませていただくと、私はいつもの源義経の出る源平合戦を描いた派手な絵本を思い出す。

「跳躍するごとに、かれらの全身から光がきらめいた。そして、かれらの跳躍の影の原動力であるかのように、他の早稲田の選手がかれらに殉じるように、地に倒れていた[8]」

一つの目的に向かって、フィフティーンが一致団結する。仲間が倒れても、それを乗り越えるように意志を受け継ぐ。そういう協同関係の発現こそ、チームワークの究極の形態ということになるのだろう。

たびたび引用してきた中井正一も、チームワークに関わると思われる点を、次のようにいう。

「スポーツに於けるシートを守る、シートに着くと言うシートのもつ感じ、そのシートが他のシートとの間に存在する間合或いは間をとると言う間《ま》の気分が即ちそれである。そこでは自分と言うものは他のシートとの各々の特殊なる機能と部署に従って、共同相互存在としてのみその存在の意義をもつのである。しかも、スポーツに於いて浮上り来るものは、その共同に顧慮する道具の附託性よりも、寧ろその相互の共同性そのものなのである[9]」

ここから、先にも引用した「共同存在の気分的開示」という表現も出てくるのである。

いずれにしろ、虫明氏、中井氏の場合とも、チームワークのネットワークの結び目を、一つの目的＝勝利のための、きわめて強い人間関係に見いだしている。チームワークの一般的なイメージは、まさにそれに尽きる。ス

写真17　疲れるなあ

ポーツの世界の場合の目的は、ゲームの勝利だ。その大切さが職場で強調されれば、それは生産性向上や販売促進、ノルマ達成になるのである。

ここまではよい。「コートの中」で、一点でも多くとるために、メンバーが団結する。その協同のネットワークがチームワークだ。誰しもそれは否定できない。

しかし、その協同ネットワークの範囲が、「コートの中」から「コートの外」へずんずん広がりやすいこと。「コートの外」のネットワークをも、チームワークと呼んでしまう方向がどうしても肯けないのである。

その方向が、スポーツの世界の人間関係を協同といい、競争と協同を対等に位置づけはしても、実質は競争のための協同関係がスポーツの世界のネットワークであり、それがすべてというスポーツ世界のネットワーク感覚をつくりあげやすいのだ。はたしてスポーツの世界のネットワークは、チームワークしかないのだろうか。

チームワークとチームプレー

先に進む前に、もう少しいまの点を吟味しておく。スポーツに、学校教育や社会教育などからいろいろな期待が寄せられるその内容は、チームワークの組める人間づくりが主眼といってよい。「スポーツの世界のネットワークはチームワークだけでない」などと言ったら、大問題にならないともかぎらないからだ。

先にチームワークという言葉が「コートの中」から「コートの

外」へ、また「実社会」までまたがって使われやすいと説明した。なぜそうなるのだろうか。

それは虫明氏のチームワーク論のところでも少し触れたが、チームワークというと、われわれのどこかに、心理的な絆や仲間意識といったものをどこでも追い求める面があるからである。チームワークがよいなどというと、それをどこで評価するかというと、入場や退場の足並みがきれいにそろっていたり、声のかけ方がしまっていたり、コーチの指示を聞く態度が決まっていたり等々。本来は、虫明氏が鮮やかに記述しているように「コートの中」のネットワークであったものが、いつのまにか「コートの外」から「実社会」までの期待になってしまうのだ。チームワーク概念の拡大解釈現象と言ってよい。

この点、プロスポーツのリーダーたちは、チームワークについては、もっとクールな見方をしている。

「極論すれば、選手同士がケンカしていてもいいし、変人がそろっていてもかまわない。要はグラウンドでいい成績をあげるかどうかである。チームプレーは非常に厳しかったが、チームワークについては、ほとんどいわなかった。チームの勝利に貢献するプレーがいかに大切か、またチームが勝つためには、個人が犠牲になることがどれだけ重要かを、毎日練習で徹底的に教え込む。そうすれば、優勝した時は自然に、みんなで手を取り合って喜ぶようになる。つまり結果さえよければ、自然にチームワークは生まれてくる、というのがプロである(10)」

川上巨人V9の名参謀、牧野氏のチームワーク観である。

チームワークを妙に云々する前にチームプレーがあることを忘れるな、チームプレーこそ大切だという、チームワークの拡大解釈化に対する歯止め発言として受け止めたい。われわれの集団感覚かどうか、チームワークというと、技術的結合よりも、心理的結合のほうに重きを置きたくなる。チームワークの発現空間を「コートの中」から「コートの外」へ「実社会」へとズルズル広げたくなってしまうのである。スポーツの世界に入った以上、仲間や指導者とはいつも仲よく、いつもまとまることがスポーツマンの学習内容に仕立て上げられる。

クラブワークの提案

スポーツの世界には、チームとクラブという二つの集団があること、その区別の必要性は述べてきた。チームワークは、言うまでもなくチーム、すなわち「コートの中」の協同のネットワークである。チームにチームワークがあるのならば、クラブにクラブワークという「コートの外」のネットワークを考えてもおかしくないのではないか。これが、ここでの提案である。

図9は、チームワークに対して、クラブワークがどう異なるかを強調して示したモデルである。クラブのなかに、三つのチームが存在している。いや、クラブは三つのチームからつくられているというべきだ。三つあるチームのそれぞれ内部の協同ネットワークが、チームプレーだ。

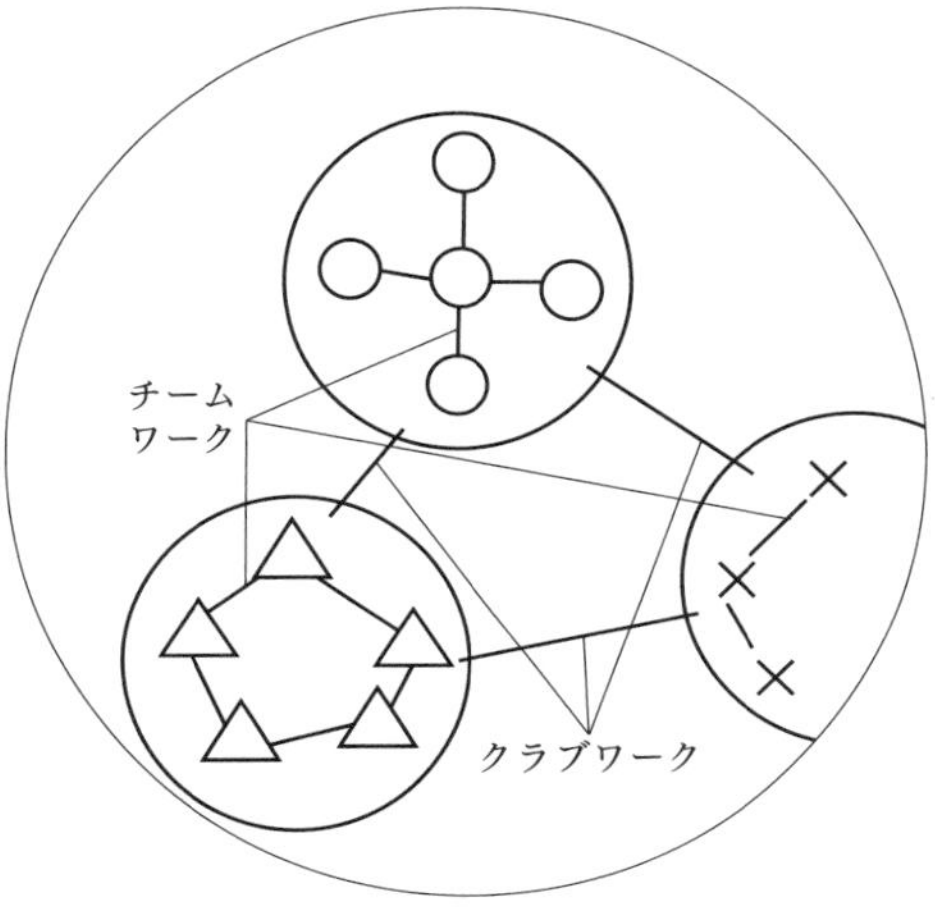

図9　「チームワーク」と「クラブワーク」のちがい

○の集まりのチームは、他のクラブのチームと対戦する。それに勝つための協同関係がチームプレーである。△のチームも他のクラブの△レベルのチームとゲームができれば望ましい。△のチームにも、もちろん協同ネットワークが期待される。

一方、一つのクラブのなかの三つのチームの存在は共存するといったほうが適切だ。このネットワーク――○と△と×のチームの間で結ばれる協同の関係は、目的のために自己を犠牲にしたり、他を踏み台にしたりするようなものではない。こういうタイプの社会関係こそ、クラブワークというべきものなのだ。共存、さらには共栄できればもっと素晴らしい。クラブネットワークづくりがへただから、クラブのなかには一つのチームしか残れなくなってしまう。

クラブワークの発現空間は、「コートの外」である。強いチームと弱いチーム、上級生と下級生、レギュラーと二軍といったそれぞれのチームが持ちつ持たれつでやっていくネットワーキングが、クラブワークだ。

「コートの中」のネットワークはつくりやすい。目標が一つだから。相手に勝つ。それですべて。弱さよりも強さ、シロウトよりもベテランだ。ところが、クラブワークは、強さと弱さ、シロウトとベテランの間にネットワークをつくろうというのだから難しい。

クラブワークは、集団と集団の間のネットワークづくりだ。そこが根本的にチームプレーと違う。優勝や生産性向上というカチッとした共通の目標がなくて取り結ぶ関係である点も、チームワークとは全く違っている。

クラブワークの難しさ

上級生と下級生、一軍と二軍の間のネットワークづくりは、チームプレーの論理で達成しようとしてもうまくいかない。チームプレーでは、本来無理である。うまくいっているところは、チームプレーの論理とは異なるネットワークを、意識するしないにかかわらず取り入れているにちがいない。

たとえば、川喜田二郎の名著『チームワーク』(11)を読んでもよくわかる。このなかに出てくるチームプレー論をみると、何でもかんでもチームプレーであり、先に述べたチームプレーの拡大解釈論的すぎる気がしてしまう。そのなかでも、「ソニーにおけるチームプレーの成功」は、この本をイメージアップしている有力な実践事例だ。

ソニーの厚木工場におけるチームプレーの一大刷新は、まず女子社員の寮の改造から始まったという。重要な点だ。ここで採られた方法は、工場と寮という二つの生活空間をしっかり分けようとしている。仕事のための寮生活でもなく、生活のための仕事でもない。どちらも大切だというトータルな人間観を持ち込むところから始まっている。

その考えは、「コートの中」のチームプレーづくりを外へ向かって広げていこう、「コートの外」までチームプレー化しようという方法ではない。むしろ、「コートの中」のネットワークづくりとは異なるネットワーク——「コートの外」のクラブワークをつくりあげたと理解すべきではないか。クラブワークづくりが軌道にのって、チームプレーづくりにも好結果をもたらしたと解読すべきではないだろうか。

もう一つの事例として紹介される大学のなかのチームプレー云々にしても同じだ。そこで提案されている有名な順次指導制という指導のネットワークは「コートの外」のgive and take——持ちつ持たれつの関係である。そういうネットワークは、クラブワークと言ったほうがよいのだ。なぜならそこには、一つの強い目的のために団結するといった関係はない。個人の自由や判断のゆとりが十分に含まれた共存—共栄（教えることで自分も伸びる）の関係が理想として描かれているからである。

「チームワークという言葉には、君の言うクラブワークというネットワークづくりも含まれているんだよ」と言われそうである。それならばなおのこと、チームワークとはどういうネットワークなのか、その範囲を明確に規定する必要がある。

どちらかというと、これまでのチームワーク論は、人生における協力の必要性を熱心に主張するか、それとも協力する心がけや技術（会議の進め方や意見のまとめ方など）を細かくリストアップするものだった。協力それ自体のネットワーク構造や、チームワークが全体組織のなかでどう位置づけられるかについては、曖昧であった。

スポーツ空間モデルのネットワーク論からすると、それは明白になる。チームワークは、競争のための協同というネットワークである。クラブワークはそうではない。○○のためにという目的意識は弱い。どちらかといえばなくてもよいくらい。しかし共存、できれば共栄もしたい（共栄という言葉は、共存—共栄《キョウエイ》で語呂はよいが、ある世代にはいやなイメージがある。他に適当な言葉が思いあたらないので、「できれば」とちょっと弱気にした）。そういう意味では、チームプレーよりも難しく、欲張ったネットワークづくりかもしれない。繰り返そう。クラブワークは、共存のための協同ネットワークなのである。

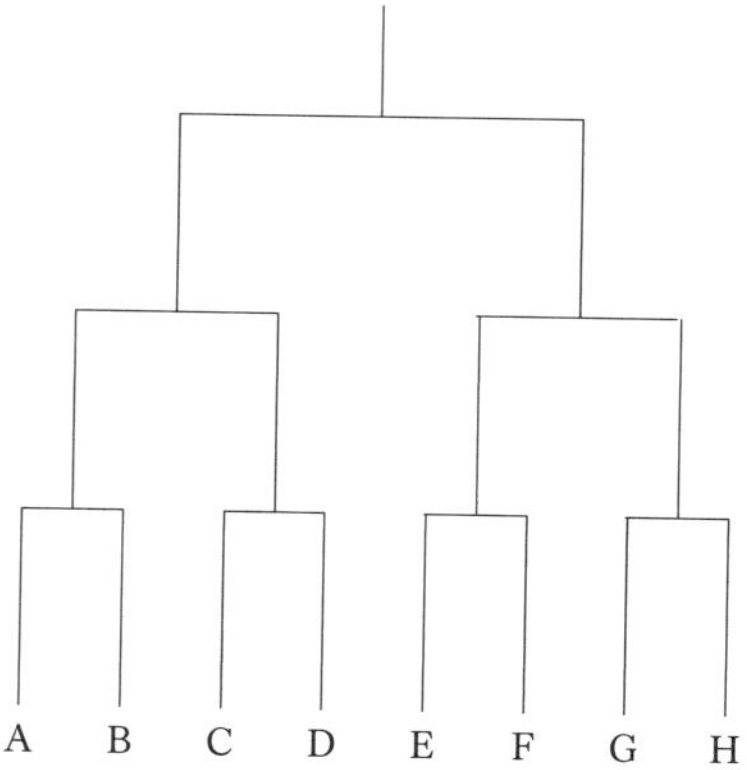

図10　チームは上昇志向

ピラミッドとタテ社会

さて、チームプレーを生ずるエネルギーは、倦むことのない勝利者願望である。弱いチームは少しでも強く、勝てないチームは一点でも多くとるように、毎日の練習が上を上を目指しておこなわれる。一人ひとりのメンバーの心の内に、その種の願望は強まる。二軍よりも一軍入りを、ローカルチャンピオンよりも、中国地区→西日本地区→全日本→アジア大会→オリンピックと夢は広がっていく。この上昇志向がチームプレーを支える大きな力になっている。停滞は許されないのだ。

ある集団のチームワークと、他の集団のチームワークが結び付くことはありえない。同じ協同ネットワークなのに結び付けないのは、あくまで競争のためという大目的がそれぞれにあるから。したがって、チームとチームの間での連合は不可能だ。

いや、この言い方は誤解を招く。正確にはAクラブのAチームと、Bチームの間での連合ネットワークはできないということ。要するに、「コートの外」のないスポーツ集団、すなわちチーム間での連合ネットワークは成立しない。

チームとチーム間のネットワークを象徴するのが、よく見かけるトーナメントの組み合わせだ。チームの間には、実線が引かれ、いちばん下から上まで、一見するとみごとにつながっていて、一つひとつのチームは全くつながっていない。当然かもしれないが、これがチームとチームの間のネットワークの本質である。

このトーナメント表のネットワークをみて思い浮かぶのは、ピラミッド型のネットワーク構造だ。同じレベルのチームを足場にして、上へ上へと上がっていく、スリリングなネットワーク。全部の参加チームが一致して頂点を目指す。それでこのピラミッドが成立している。上へ、上への志向、上がりすごろく的な日本の文化風土から言えば、東京志向のネットワークと言ってもよい。

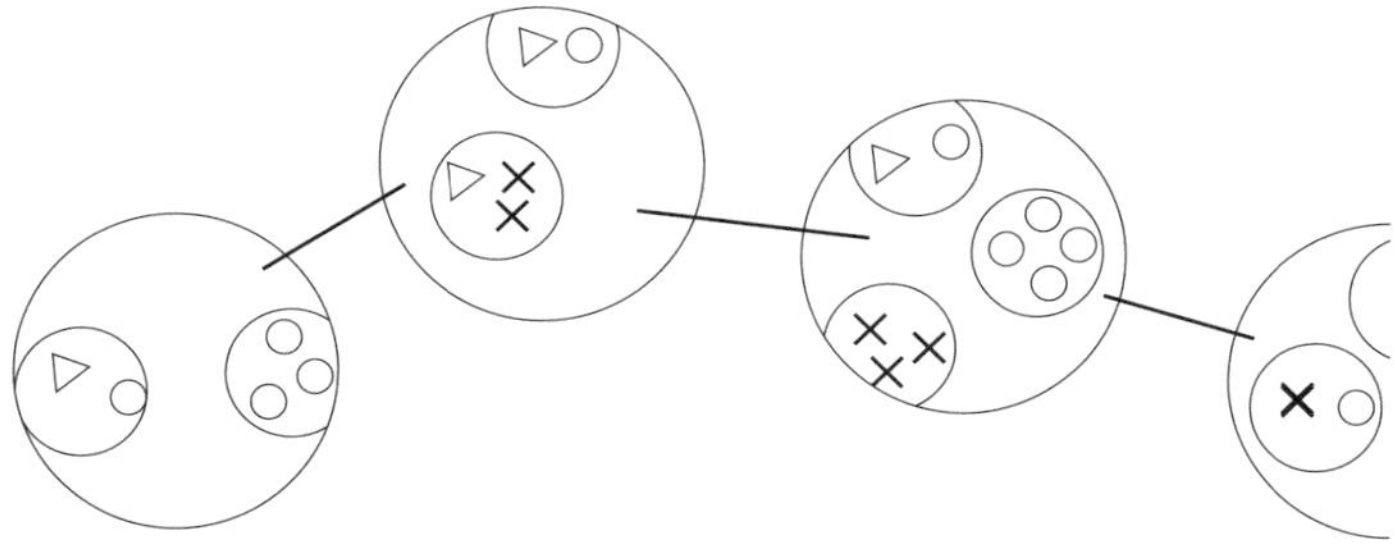
図11　クラブは水平志向

おらが町や村の代表を出すための底辺であり、裾野だ。上へ上がれなかったチームや人間は、もう一度次のチャンスに賭けるしかない。上に上がっていくものは、出世頭だ。しかし、それだけにかつての同じレベルの者からのプレッシャーを相当に受けてしまう。郷土の代表という名誉につぶされないように必死に耐える。しかしそれに耐えるほど、三回戦チーム、四回戦チームの間でのヨコ連合は当然できなくなる。

われわれの身の回りの大部分の集団は、「コートの外」をなくし、チームになってしまった。チームの寄せ集まりばかりだから、日本の社会のネットワークは、ピラミッドのようにタテ型だ。タテ社会の原集団は、チームなのだ。チームワークの論理がタテ社会を強め、日本株式会社をつくりあげたと言える。

連合ネットワークとクラブ

さて、チームワークのエネルギーは上昇志向であるのに比べ、クラブワークのそれは、水平志向である。なぜなら、共存のための協同ネットワークでは、他を踏み台に上がりようがない。持ちつ、持たれつでやっていく。上昇志向が中央志向であったのに比べて、水平志向は地方志向と言ってもよい。クラブワークは、地方の論理なのである。

これを連合のネットワークで示せば、図11のようになろう。チーム間のネットワークがピラミッド型になるのに比べ、クラブ間のネットワークはサークル型とでもいうもの。また、「コートの外」空間で、結び付いている点を強調したい。

集団をそのコミュニケーション構造から比較分析したヴァーヴェラス・Aは、サークル型を、課題解決の遅さ、課題解決の不正確さ、組織のできにくさ、できても不安定さ、リーダーの決まらなさなど悪いことばかりをあげているが、最後にメンバーのモラール（満足感）の高さをよしとしている。(12)

全くそのとおりだ。スポーツの集団においても同じだろう。問題は、モラールの獲得と引き換えならば、遅さや不正確さ、不安定さなどを「まあまあ」と認めるゆとりを持てるかどうかである。チームの論理ではそれが駄目だが、クラブワーキングは、本来それを保証するものとしたい。学校や職場、地域社会、はたまた家庭から国際社会に連なるすべての集団や組織に、〝チームかクラブか〟〝チームワークかクラブワークか〟といった対立図式をこのあたりで持ち込みたいものである。

4 リーダーシップのバトンタッチ――ライフサイクル論の必要性

リーダーシップ論の花盛り

スポーツの世界には、スポーツマンシップから始まり、○○シップという語尾のつく言葉が少なくない。スポーツマンシップのほかに、チャンピオンシップ、あるいはパートナーシップなどという言葉もよく使われる。スポーツの世界だけの用語ではないが、リーダーシップのようによく使われる言葉をあげれば、○○シップは花盛りだ。メンバーシップ、フォロアーシップ、ヘッドシップ等々。

シップは、shipであり、スポーツマンやリーダーの後につける名詞語尾。身分や状態、技量、手腕などを示すという。だから、名詞の後につけさえすればなんでもできる。ファザーシップやマザーシップ、チルドレンシップなどもそのうちできるかもしれない。ひょっとして、○○シップという複合語ができるときは、○○自体の存続や価値自体が揺らぎ、危うくなりだしているときなのかもしれない。

だいたい、リーダーシップという言葉は、何と訳すのだろうか。そのまま訳せば、指導者の技量、手腕となる。少し意訳すれば、指導者らしさぐらいになろうか。

松下幸之助のリーダーシップ論、大石蔵之助のリーダーシップ論、川上哲治のリーダーシップ論等々、古今東西、様々な分野のリーダーシップ論が花盛りである。オーバーに言えば、指導者の数だけリーダーシップ論は成立してしまうからである。さしずめ、経営者向けの総合雑誌「プレジデント」などは、リーダーシップ論の索引集のようなものである。価値観や存在観がもろくなるとシップ論ができるという先の仮説からすれば、リーダーシップ論の隆盛は、リーダー不在の時代の証明ということになるかもしれない。

リーダーシップ論は、サクセス・ストーリーと二重写しである。松下幸之助のリーダーシップ論は、氏の華やかな成功物語や人生の処生訓集と言える。その人の生きざまのうち、人生の転換点に焦点を多く当ててストーリーを構想するからである。したがって、転換点を多く持つ指導者のリーダーシップほど、見栄えがする。分岐点に立たされ、いつも決断を迫られているような指導者である。

リーダーシップはまた、決断力と同義語のように受け止められやすい。大方の予想を裏切り、自分の陣営に有利に展開させるスリリングな会議の駆け引き、一か八かの賭けをしているようにみえ、実は周到な根まわしがある人間関係術の巧みさ、思いがけない出会い、いつ助け、助けられるかわからない人脈の結び付きの不思議さなど、これらの場面を多く持つリーダーシップ論はベストセラー疑いなしである。

創始者のリーダーシップ

それはドラマのあるストーリーとも言えよう。会社経営でいうと、創始者や初代のリーダーたちにしてはじめて、語りうるものである。明治の政治家や経営者、太平洋戦争後の政治家や経営者の啓蒙家的精神や自己犠牲的精神、不撓不屈の精神力やバイタリティに、われわれ一般大衆は驚嘆するわけだ。

これに比べて二代目は損である。現状の維持は当然、発展してもマアマア。もちろん現状が保てなくては、ボ

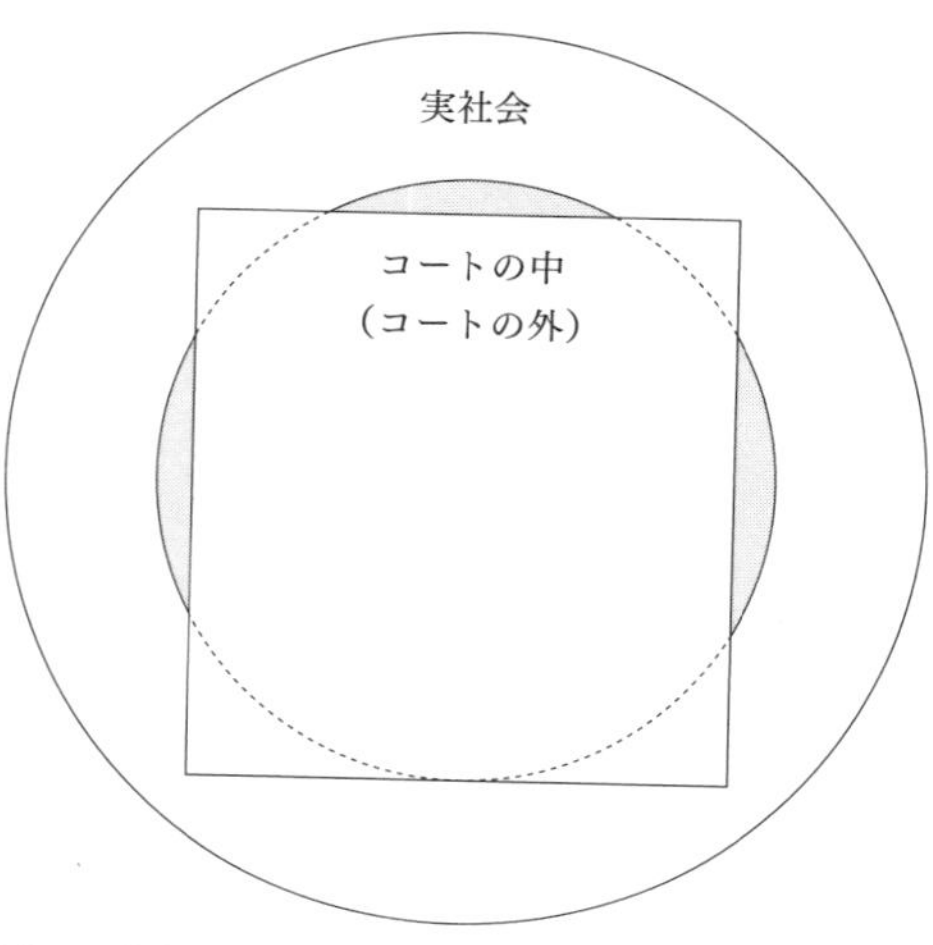

図12　創始者のリーダーシップの範囲

ロくそだ。特に一代目のやり方はエネルギッシュで、職人肌であるだけに大雑把なところ、偏奇なところが多い。そのしわ寄せ（つけ）が二代目には、じかにかかってくる。そのハンディを考えてくれと言いたいくらい。それなのに、周囲は初代の力強いリーダーシップをことあるごとに持ち出してくる。幅広くすべてに関わる度量の大きさ、誰にでも親しく関わる気さくさを、あてつけがましく二代目の前で懐かしがるのである。

スポーツの世界のリーダーシップのイメージも、これと似たような面が多い。勝ち負けの即決さは、特に力強さに結び付くから。いつまでたっても、一代目のリーダーシップの大雑把さを度量の大きさ、人間的なスケールの大きさなどと言って称賛する（ところが、心の中ではそれを煙たがりつつあることも事実なのだ。しかし、それは公にはタブー。創始者は何といっても偉大であり、いまこうして食っていけるのもその人のおかげだから）。

図12は、リーダーシップの範囲をスポーツの世界空間のモデルとの関わりで示している。初代のリーダーシップは、いわば「コートの外」まで含めて、「コートの中」だ。「コートの中」も「コートの外」もすべてを一人のリーダーがとりしきってしまうから。未開拓、不毛の時代だから、そうしなければ成り立たない。指導者の研修会やセミナーなどもちろんない。指導者用のテキストなどもありはしない。全く独学の時代である。

選手のスカウトや練習場探し、上部団体との連絡調整、選手の生活の面倒、遠征や合宿の手はず等々、それらを全部一人で手配してから練習場や用具の準備と整備にかかり、ようやく「コートの中」での技術的指導が始まる。一代目のリーダーは、スーパーマンシップでなければやっていけない。誰にでもまねのできることではない。

たいへんな自己犠牲と家族の犠牲の上に成り立つのである。創始者のリーダーシップは、「コートの中」と「コートの外」がこみになるチームをつくる。チームワークを強固に、急速に力をつけ、東京に、国際舞台に乗り出していくのである。

リーダーシップのバトンタッチ

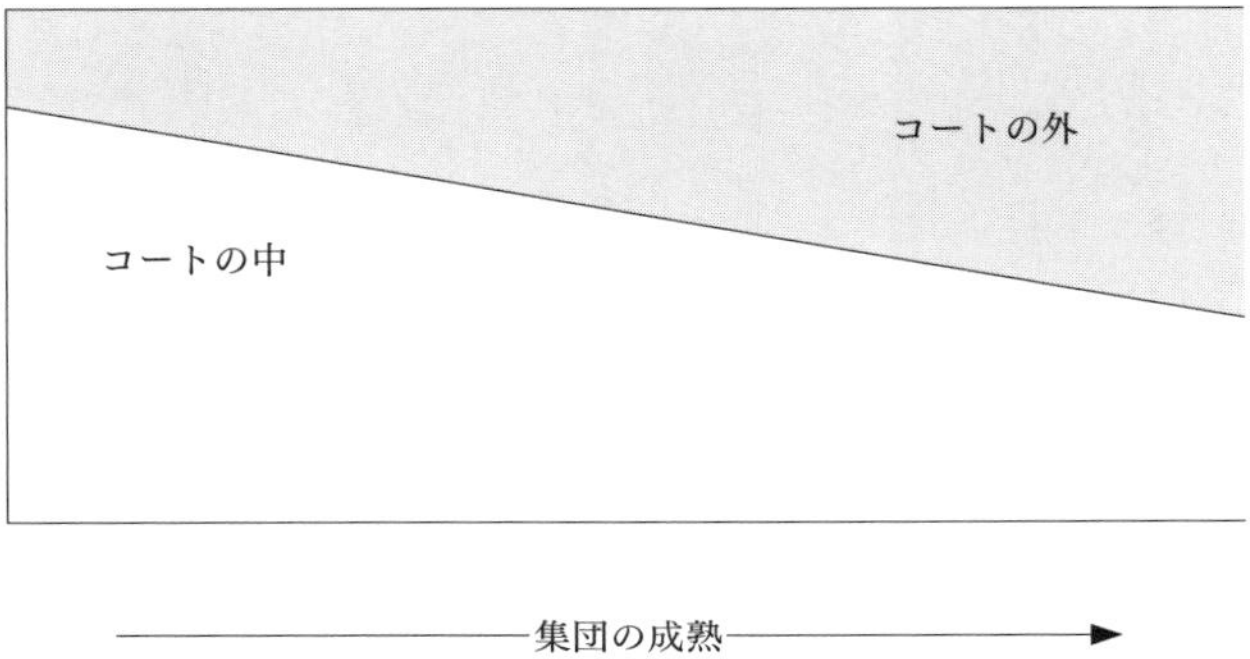

図13　「コートの中」と「コートの外」の分化

初代のリーダーたちは、一様に頑固である。どこが頑固かというと、そのリーダーシップのスタイルを決して変えない点だ。しかし、どうしても変えざるをえない局面にさしかかると、自分を変えることなく、〝若返り人事〟という秘策で、リーダーシップの転換を図る。

ナンバーツーに禅譲では、自分のリーダーシップのスタイルと逆のスタイルがとられるおそれがある。そこを読む。むしろ、次の次の世代ぐらいにスキップさせた人事を好む。若返りということで大方の支持を得られるし、あまり内幕を知らない若い世代のほうが、自分のリーダーシップのスタイルに対する反感も少なかろう。そのあたりを読むのである。

しかし、集団のライフサイクルはクールに、着実に次の局面を迎えている。「コートの中」も「コートの外」も一緒になって、ワイワイやれたような状態から、それらが分化していく時代をすでに迎えているのである。「コートの中」も「コートの外」も、一人の指導者がとりしきるワンマンプレーには、しだいにメンバーはついていかない。不毛の時代にはそれが通用した。しかし、時代精神は自己主張から自己表現の時代に突入している。特に、遊びやスポーツの世界では、誰しもそれぞれの良さを生かし、王様として振る舞いたい。「実社会」では一兵卒でも、「コートの中」ないし「コートの外」では、たとえ裸であったとしても王様として扱ってほしいのである。

リーダーシップは、「コートの中」も「コートの外」も、幅広く一人がカバーしたスタイルから、「コートの中」と「コートの外」を分離する方向に変わっていく。

誰がリーダーシップをとっても、「コートの中」と「コートの外」を一人がとりしきるスタイルは、もはや時代錯誤なのである。たとえ、若返り人事で初代の志を受け継ぐ形でポストにつくニューリーダーたちも、このリーダーシップのライフサイクルに逆らって、業績をあげることは不可能だ。ニューリーダーも「コートの中」と「コートの外」を分けながら、それぞれの空間に、適材適所のサブリーダーを委嘱していく。それでいい。それが彼のベストのリーダーシップである。

おそらく初代のリーダーは言うだろう。「だから、若いやつは腑抜けだ」と。それは黙って聞いておけばよい。元ナンバーツーは、初代のやり方としだいにズレていく三代目のやり方に、それみたことかと内心ニンマリするにちがいない。そうして、それなりに八方が円満におさまって、リーダーシップのバトンタッチ劇は完了する。

リーダーこけたら、皆こけた

指導者の交代は、そこには程度の差があるにせよ、リーダーシップのスタイルに必ず変化を及ぼす。初代の頑固リーダーが、自らの意志で交代をしようというちは、いまだ愛社精神ならぬ愛チーム精神が残っている。いやその精神はかなり高度なものとして認めるべきだ。

ところが、スポーツの世界でのリーダーシップの交代劇を見ると、自分が変わらねばならぬなら、かわいいチームやクラブは人に渡さない、つぶしてしまったほうがよいという元気のよいリーダーが多くて困るのだ。

気持ちは十分わかる。なぜなら、自分が苦労してゼロからつくりあげたものだから。「つぶしてしまったほうがよい」という表現は物騒だが、そこまでいかなくても、たとえばリーダーが転勤か何かでいなくなったときを境に、それまで順風満帆だったチームが、一気に崩壊する事例は多い。

戦後、生活改善運動などの時流にのって、熱心な指導者のもとでテニスやバレーボールが急速に盛んになった地域があった。そこはテニス村やバレー村と呼ばれ、モデル地域として人々の関心を集めた。が、それらがどこの地域も同じようなパターンで衰退してしまう。その原因は、リーダーが一代限りで、後に続かなかったことにあったという。

私自身も、妙な体験をしたことがある。もう十年ぐらい前の話だ。その頃は、地域のスポーツ指導者の講習会や研修会の講義のテーマは、「スポーツクラブの育成」とか、「スポーツのグループづくり」などが多かった。ある指導者講習会で、そのようなテーマで、クラブの自立について話をしていると、受講者がゾロゾロ退室していく。その頃は、まだキャリア不足で、冗談も言えない。とにかくバツが悪いが、下を向いて話を進めるだけ。後で係の人に聞くと、自分の指導しているクラブの練習が始まる時間だから帰ったのだろうという。おそれいった。なぜなら、話している内容が、クラブのリーダーからの自立に関してだからだ。

それより、少し前の話になるが、もっとおそれいったことがある。山間地域のある講習会で、だいたいいままで述べたようなことについて話をした。講義が終わって、質疑応答の時間になる。その会は年配の人が多いせいもあったろうが、どのくらい、何を運動すれば長生きできるかという質問が続出したのだ。こっちは、一所懸命、「コートの外」の大切さについて力説したつもりでいたのに……。

質問は「コートの中」、それもど真ん中に関わるようなものだ。そのときは、内心憤慨しながら、「脈拍が、エー、栄養が、エー……」などとしどろもどろに答えたように記憶している。いまから思えば、長生きのためにも「コートの中」の運動と「コートの外」のヤレヤレ空間でストレス解消をし、心身症など現代病から防衛しようと説くべきだったろう。

やはりその頃も、スポーツの世界と言えば「コートの中」だけだったのだ。確かに、大会や行事の飲み会はいまよりも盛んだったかもしれない。しかし、それは「コートの外」のコミュニケーションで飲むのではなく、

「実社会」の関係に戻り、あるいは「コートの中」の関係をそのまま持ち込んで激しく飲んでいた。一人のリーダーの大活躍によって、「コートの中」も「コートの外」も切り盛りされるリーダーシップは、チームのクラブへの脱皮をどこかで押し留めてしまっていたのである。

PとMはどの空間か

スポーツの世界のリーダーシップの理想型で有名な三隅二不二のPM型は、初代のリーダーのためのリーダーシップだろうか。何でもかんでも、一人のリーダーがやる。一人が、Performance型のリーダーシップとMaintenance型のリーダーシップを所有し、集団を動かす。P型とは、集団の目標達成、M型とは集団の維持・強化の機能のことである。

P型のリーダーは、「もっと早く」「急いで、急いで」とか、「他のグループより遅れていますよ」「ここがいちばんまずい」などという言葉で引っ張る。これに比べるとM型は、「さあ楽しく、愉快にしましょう」「もう少し仲よく進めましょう」、また「たいへんですね」「もう少しの辛抱ですよ」という言葉をかけるリーダーシップということになっている[13]。

PM型がそれを合わせ持つリーダーシップとして、初代のリーダーたちのスタイルを観察すると、そんなにPもMもはできていない。器用な使い分けは無理。「コートの中」と「コートの外」などという区別をしたがらないからだ。「コートの中」と「コートの外」を一緒くたにしてグイグイ引っ張るリーダーシップ。「コートの中」が「急いで、急いで」ならば「コートの外」も、やはり「急いで、急いで」にちがいない。

PM理論の実証法は、リーダーの仕事のさせ方を部下に評価させる。だから自分ではP型でタカ派と思っている部長でも、PM型と評価され、案外仕事の与え方も自分では気がついてないが、ソフトタッチなんだとニヤニヤするケースも出てきたりする。

しかし、はたしてそうだろうか。思い込み違いではないか。部下は、上司が自分では気のついていない面も含め、もっと言えば、意識しない空間での振る舞いも含めて評価するのではないか。職場で、ある仕事をさせようとするときに、同一人物が「急いで、急いで」と「さあ楽しく、愉快にしましょう」などというリーダーシップ型をそう簡単に交互にとれるだろうか。タカ派の部長も、そういうやり方でPM型として褒められたわけではないのではないか。

仕事の世界の「コートの中」では、あくまでPはP。妥協はしない。しかし、「コートの外」が、そのぶん際立ってM型のやり方ではないか。そこを評価された。おそらくPM型のリーダーは、自分は意識しないにかかわらず、どこかで役割を極端に切り替えられる人なのではないか。

そういうと、はじめに言ったPM型と初代のリーダーシップの関連はどうなるか。なぜなら、初代は「コートの中」と「コートの外」などを区分けできない人だから。

初代のリーダーたちがPM型とすれば、おそらくPMでも、たいへんグレイトなPMだろう。職場のデスクワークでは、もちろんPだ。お茶の時間もP。しかし、会社世界ではP、限りなくPであっても、いったん会社が退けば、今度は限りなくMではなかったか。

「コートの中」では徹底してシゴクが、そのかわり「コートの外」で、はたまた「実社会」でたいへん部下をかわいがる。就職の面倒から結婚、息子の就職、そして葬式まで世話してくれるかもしれない。面倒見のよい教授や部長というのは、「もう少し仲よく仕事をしましょう」などとM型で言い寄ってくる人たちではない。「コートの中」では、「早くやれ」「なってない」「やる気はあるのか」と、Pそのものだ。しかし、「コートの外」や「実社会」ではたいへんなM。そこのMを部下が評価して、「コートの中」ではPである鬼部長も、PMと評価されて悦に入ったのだ。

ところが、いまはそうはいかない。会社、もしくは職場のオフィスルームのなかで「コートの中」と「コートの外」がセットとなって完結する必要がある。なぜなら、一歩会社の門を出れば、会社の人間関係自体がなくなるのだから。

リーダーは、仕事の頼み方から始まってすべてでＰとＭを、午前中にＰとＭを、五時までにＰとＭを、何度も何度もとらざるをえなくなる。したがってＰとＭは、初代のリーダーのグレイトＰＭ型に比べれば、ずっとスモールＰＭ型になってしまった。プライバシーの観念がすべてにわたって入り込み、グレイトＰＭ型のリーダーたち、つまり初代のリーダーは、「老兵は静かに……」のリタイア宣言をせざるをえなくなっている。

リーダーシップのライフサイクル

リーダーシップのスタイルは変えにくい。松下幸之助は、松下幸之助らしさで難局を切り抜けてきた。彼がおかれた時代と環境は、彼のスタイルが最も適していたのだ。それが運の強さというものだろう。変えようと思っても、身体の隅々までしみついたスタイルはそう簡単に変わるはずがない。そこで初代のリーダーたちは、リーダーシップのスタイルの変換を、指導者の交代劇を通してやった。それはワンマンリーダー時代の終わりでもある。

図14は、「コートの中」も「コートの外」も、一人のリーダーに担われていた時期から、「コートの中」と「コートの外」がしだいに分化していく過程を示している。一人から複数の人間の指導力へ、仲間の力や集団の力へ。そういう意味でリーダーシップとメンバーシップの二つの力をうまく噛み合わせる統率力への転換と言ってよい（リーダーシップと対の言葉は、普通はフォロアーシップだ。しかし、フォロアーシップもタテのネットワークが軸。ヨコの軸を強調するネットワークは、むしろメンバーシップと言ったほうがよい）。「コートの中」の指導者と、「コートの外」の指導者が分かれ、それぞれの空間の気分に合うパーソナリティーのリーダーが活躍する。「コートの中」のフェアな take に合うリーダー、「コートの外」の give and take の関係にふさわしいリーダーの出現である。

この段階の指導者の手腕は、リーダーシップとメンバーシップを分ける境界線の勾配をどのように見極めるかになる。キャリアのまだない集団なのに、早くからメンバーシップに多く頼るのはまずい。逆に相当の経験を積んでいる集団に対し、いつまでもリーダーシップだけで押しきろうとしても、そこには無理がある。必ずメンバーの不満が爆発する。

　初代のリーダーの時代は、リーダーシップの占める割合は一〇〇パーセントに近い。そうしなければ、集団は動かない。しかし、二代目のリーダー、三代目のリーダーになると、集団にかなりの成熟度ができていることから、リーダーシップ一〇〇パーセントでは通用しなくなってしまう。

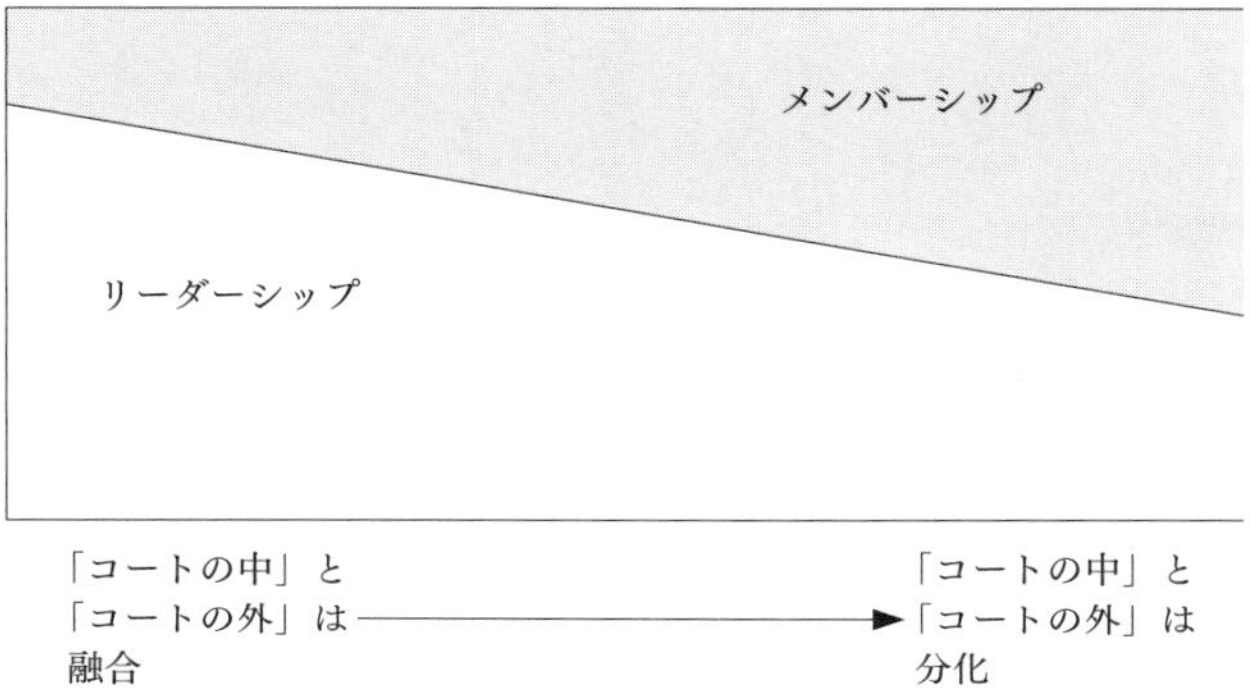

図14　スポーツ空間の融合と分化

　いつまでも、一〇〇パーセントリーダーシップ型の集団が、リーダーこけると、皆こけるのである。テニス村やバレーボール村のリーダーシップがそれだった。一代限りであるので、時間がたって振り返れば、その印象はきわめて強い。全盛の時代が懐かしい。一代目のリーダーがいよいよ力強く、頼もしく思えてしまい、銅像などが建ってしまう。

　好成績を長く残せるスポーツ集団は、リーダーシップとメンバーシップの力の兼ね合いが、どこかでバランスがとれている。強力な指導者が欠けそうになると、メンバーシップの力で、次の指導者をかつぎ出す。それとも外部から、自分たちの力で指導者を招聘してくる。

「コートの中」も「コートの外」も一人がとりしきろうとするリーダーシップの別名がヘッドシップだ。一代目のリーダーシップのスタイルは、ヘッドシップの時代と言える。ベストセラーになったり、映画化されるリーダーシップ論は、一代限り、しかも、創設者や創始者のヘッドシップ・ストーリーなのである。

　これから必要とされるリーダーシップ論はバトンタッチがうまくいき、集団がさらに成果をあげる世代間の交代を含むリーダーシップのライフサイクル理論である。どこの世界でも、このバトンタッチがうまくいかない。大学の教授の椅子のバトンタッチ、お役所や企業のなかの各種ポストのバトンタッチ、あるいは親と子のバトンタッチ等々。スポーツだけでなく、すべての世界で創始者の時代が終わろうとしているいま、次の世代のリーダーにつなぐ新たな角度からのリーダーシップ論が望まれている。

5 コーチ、マネージャー、オーナー——指導者の類型論

苦悩の時代

一九八二年一月三日の「朝日新聞」朝刊二十二面は、見るに忍びない痛ましい見出しが並んでいる。これほど悲惨な記事の並ぶ正月の紙面もないのではないか。

まず目につくのは、「母家出『寂しい正月でした』切々と遺書　姉妹、父と焼身」の見出しである。「おかあさん、なぜ、正月に帰ってこなかったの。ばか」「さびしい正月でした。おかあさん、さようなら」などの遺書が残されていたという。その右隣は、「家族の風景」という連載で、その日のテーマは「通い父　煩わしさから逃げる」となっている。母が家を出、父が出る現代の家族、取り残されてしまう子どもたち、どうしてこうなってしまうのか。おそらく一人ひとりは、一所懸命やっている。それなのに、どこかが狂い始めてしまう……。

そして、焼身の見出しのすぐ下に、「埼玉では野球部監督　部員の喫煙を苦に」というあぜんとする見出しが目に入る。スポーツ指導者が自殺する時代！　校長先生や教頭先生が自殺する悲しい記事は、これまで何度か見ている。同じ指導者であることからすれば、そんなに突拍子もない出来事かもしれない。しかし、選手ではなくスポーツの指導者が自殺をするなんて……。しかもこの人は、呉服店の経営者で高校の部の監督だから、いわゆるボランティアのリーダーである。

読んでいくと、当時三十五歳のこの方は、非常に熱心に野球部の面倒をみておられ、部結成以来わずか三年で県大会のベスト8に進出するほどだったという。「Mさんは平素から野球技術の向上のためには、生活面をきちんとしなければならないと部員に言い聞かせていた。信頼していた部員たちに裏切られたことが、ショックだったらしい」とある。しかも自殺の直前に、奥さんに「子どもを頼む」と電話をしているという。普通に考えれば、自分の子どもよりも野球部の子どものほうが大切なのかと逆に批難されそうだ。新聞記事だけでは、事件の複雑な背景は探りにくい。しかし、火のないところには煙は立たないという。おそらく、これに近い事実はあったのだろう。スポーツの指導者にはまだまだ手弁当シップの人は多い。一つの世界に自らのめり込んでいく気持ちは、人ごととは思えない。それはスポーツ・ホリック（仕事中毒はワーク・ホリックだが、スポーツ中毒症というべき人も多い）などという言葉では片付けられない。いろいろな人間関係が絡まってしまい、引くに引けなくなってしまうのだ。

いままでも、記録が伸びなくて部をやめたり、選手生活が続けられなくなって学校や職場をやめた選手はたくさんいた。やめられればよいが、もろもろの事情でスポーツの世界から抜けられず、苦悩に苦悩を重ねた選手はさらに多かったろう。その悲劇の極まりが、「父上様、母上様、幸吉はもうすっかり疲れ切ってしまって走れません」という遺書を残して自殺する東京オリンピックの銅メダリスト、円谷幸吉選手であった。

そして、それからほぼ十五年、現代スポーツの混迷は、選手ではなく、指導者が自らの命を絶つところにあるのだろうか。

指導者の忙しさ

この記事を読み直すと、Mさんは技術向上のために選手の生活面をきちんとさせる指導を怠らなかったという。「コートの外」のみならず、「実社会」にまで指導の範囲が広がっていってしまっているわけだ。

そこまでやらないと、いまの選手はやってくれない、動かないというわけだろう。経営者という仕事の世界、

写真18　オーナーたちの出番です

父親という家庭、そして野球部監督というスポーツの世界、その三つの世界で常にリーダーとしての役割をMさんは遂行しなければならなかった。一日が三十時間も四十時間もあればよい。しかし、二十四時間！　仕事の世界、家庭、スポーツの世界はそれぞれ相当な緊張関係をはらみながら、三十五歳の監督の心の中でしだいにプレッシャーの度合いを強めていったと思われる。

それも、スポーツの世界の指導者としての守備範囲が、「コートの中」だけならば、少しは時間的にも楽だし、心理的にゆとりもあったろう。部員がたばこを吸っているのを見、それこそ瀬古選手のお父さんのように、部員の格好がユニフォームならば私の責任、私服ならば私の責任ではない、とつっぱねられたかもしれない。

しかし、なかなかこれができにくい。そういう関わり方は、一般的には無責任な監督というレッテルを貼られてしまうからだ。「コートの中」も「コートの外」も、そればかりか「実社会」にも関わらざるをえなくなってしまう。指導者は、ますます忙しくなってしまうのである。

M監督は、おそらく律気な人であったろう。頼まれれば、いやとは言えない人だ。どこの空間でも、人一倍の努力をされていたにちがいない。そして、気がついてみると自分が自分らしさを取り戻す「コートの外」空間、ヤレヤレできるリラックス空間を失ってしまっているのだ。

前の節で、「コートの中」も「コートの外」も一人の指導者がとりしきるリーダーシップのスタイルをスーパーマンシップなどと皮肉ってみた。しかし、よく考えるとスーパーマン氏にしても、「実社会」での新聞記者ケント氏のときは、どちらかといえば、ボンクラな二流のブン屋さんであった。そのボンクラ氏が、窓から飛び出すときに超人になる「ヘンシィーン」が、変身のしにくくなっているわれわれフツー人にはたまらなかった。

　スポーツの世界に限ってみても、そうだ。はじめの頃は、指導者も選手も「コートの中」で烈しくやりあう。けれどその頃は、「コートの外」でもお互いにうまくリラックスできる。なぜなら、初めの頃は指導者は若いし、選手の気持ちもよくわかる。第一、かけだしの頃は、与えられる社会的な役割も少ない。練習が終わって、芝の上で一緒に取っ組み合いをしたり、ごろりと寝ころんで自慢話をする時間が持てるのである。

　それが、勝ちだすとそうはいかない。協会や連盟、中体連や高体連、そのうち職場や家庭という「実社会」のなかでの各種の役割が急激に増えだす。「コートの中」での指導が終われば、たいてい会議やら、打ち合わせやら付き合いが待っている。しだいに指導者は「コートの外」の気分を忘れてしまう。指導者にとっては、いつも「コートの中」から「コートの外」へ、あるいは「実社会」への往復だけになる。そのたびに変身ができるうちはよい。しかし、それも相当の無理をしながらの変身なのだ。

指導者の三つのタイプ

　指導者は忙しい。いくつもの役割を持たねばならなくなる。その役割を大づかみにまとめると、図15に書き込んだが、コーチ、マネージャー、オーナーの三つにタイプ分けできそうである。指導者も選手であったことを含めると、この他にプレーヤーという役割がある。例のプレーイング・マネージャーなどと

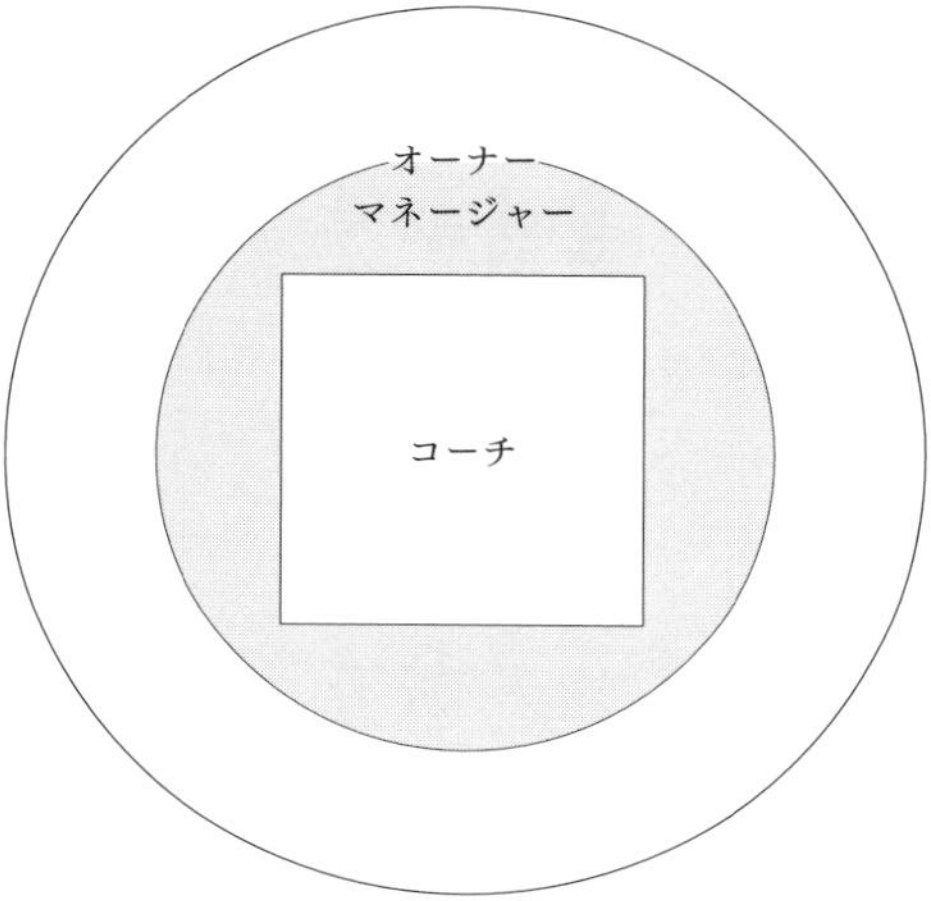

図15　スポーツ集団・組織における3つの指導者（論）

いう複合役割もあるからだ。しかし、指導者論のここではプレーヤーははずして考えよう。まず、「コートの中」の指導者は、技術の指導者としてのコーチをまっさきに思いつく。

私も、大学院時代の二年とちょっとの間、東京のT学園という女子高のテニスのコーチをやった。ささやかな指導体験である。楽しかったと言わなければ嘘だ。こっちもまだ二十代の前半だったから。引き受けて二年目に、それまで対外試合で一勝もできなかった彼女たちが、都のインターハイで準決勝まで進出した。痛快だった。しかし、そのときコーチという役割に私は向いていないと痛感した。ゲームの後にクールな分析ができないのだ。

大学で主将をやったときもそうだった。試合の流れを要領よく再現してみせ、あのポイント、このポイントの大切さを指摘するのが仕事だ。けれど、それらをほとんど思い出せない。本人は、試合の流れのまっただなかで、喜んだり、悲しんだり、押し流されるだけ。結局、例の「頑張《がんば》った」「頑張《がんば》ろう」の繰り返しで終わってしまう。いや、いまから思えば、主将とコーチの複合役割が重荷だったのかもしれない。とにかく、コーチには向いていない性格である。

ここでのコーチという言い方は、一つのタイプとして考えてほしい。いわゆるバッティングコーチ、ピッチングコーチのほかに、作戦指導者としての監督なども含めて考えているからだ。「コートの中」、すなわち集団類型で言えば、チームのなかにはそれぞれコーチと監督がいる。二軍コーチ、二軍監督などといわれる人たちを含めている。

さて、「コートの外」の指導者がマネージャーである。一般的には、会計係あるいは主務のようなレギュラーになりそこねた上級生の役割をいう。この場合のマネージャーも一つのタイプとして考えてほしい。

このマネージャーという指導者の位置づけがはっきりしない。マネージャーといえば、支配人だ。かなりの力を所有しているはずである。なぜなら、コーチは、それぞれの「コートの中」、すなわちチームのなかにいる。けれども、マネージャーは、唯一人だ。「コートの外」空間は、クラブのなかの各チームには共通の場となり一つしかない。スポーツの世界のなかで、最も偉い指導者はマネージャーかもしれないのである。

写真19　憧れのマネージャーだもん

というのは、マネージャーは「コートの外」の give and take の関係やメンバーシップの感覚に長じて選ばれ、この役割を遂行する人だ。そのクラブの全成員の同意を得、みんなの代表者として選ばれている強みがある。いわゆるイン・リーダーというやつだ。こう言ってもよい。「コートの中」のリーダーは、指導者としてのリーダであり、「コートの外」のリーダーは代表者としてのリーダーである。

だから、マネージャーの本来は、会員の代表がなる。そうでない場合は、雇われマネージャーなどとわざわざいわれ、特別視される。マネージャーの雇われなどは、論理矛盾であり、自らクラブが本来のクラブになっていないことを公言しているようなものだが……。

正確にいうと、マネージャーは、すべての会員の意志をまとめて、代行する執行者だ。うまくまとめていく手腕、少々の条件の悪さをはねのける行動力などが期待される。クラブの顔と言ってよい。だから、学生のクラブのマネージャーは学生、男子のクラブなら男子、女子ならば女子がやるべきもの。みんなの意志をまとめて、マネージャーがそのチームに合うコーチを雇う。コーチはマネージャーによって雇われる。決してこの逆ではない。

マネージャーが本来の役割につけないところが、いまのスポーツの世界のおかしな点だ。たとえば野球部のマネージャーというと、いまでは大部分女子である。ユニフォームの洗濯や、食事の買い出しに走り回る。なぜ、マネージャーがそんなことをするようになるかというと、クラブのなかには一つのチームしかないから。すなわち、スポーツの世界には「コートの外」がなくなっている。マネージャーのパワーを発揮する場が消えてしまっているからだ。

もう一つの指導者のタイプが「コートの外」と「実社会」の境界線上に、位置づけられたオーナーである。この役割が曲者。「コートの中」も「コートの外」も包み込んでしまう位置にあるからである。

タイプとしてのオーナーは、会長あるいは顧問、学校の部でいうと部長というような立場の人だ。経営者感覚や政治家肌が要求される指導者である。まじめなだけでは駄目。ふだんは、名誉会長などと飾りだけのようだが、実質はあちこちに人脈、金脈を張り巡らしている人たちである。

こうも言ってよい。マネージャーはクラブの表の顔であり、オーナーはクラブの裏の顔である。マネージャーは、スポーツの世界の内側を向き、オーナーは、スポーツの世界の外側に熱心な人だとも言える。

三つのタイプの使い分け

先のM監督にしても、コーチの役割だけですますべきだった。学校との関係は、オーナーである部長や部員の代表としてのマネージャーに委せていたら、あるいはこのような悲劇は起こらなかったかもしれない。「いや、委せられなかった」と言われるかもしれないが、そこがその人の性分だ。と同時に、現在のスポーツの世界の指導者像が混乱しているところからくる悲劇かもしれない。

スポーツの世界の指導者像にもライフサイクルがありそうだ。いちばん初めは、言うまでもなくプレーヤーだ。プレーヤーとしてかなりのキャリアを持たないと、指導者のライセンスはおりにくい。引退すると、まずコーチである。コーチのなかには、いわゆるコーチと監督の二つがある。順序はコーチから監督へ。ユニフォームから背広へのロールスイッチングが始まる。最後にたどり着くのが名誉あるオーナーの椅子である。

もう一つのパターンも考えられよう。プレーヤーの時期に代表者としてのリーダーであるマネージャーを務める。引退しても現役とOBをつなぐマネージャーとして敏腕を発揮する。それが買われてのオーナーへの昇格である。

問題は、一つの役割が終われば、それを他の人へ任せ、次の役割へ転進すればよい。しかし、前の役割を兼ねながら先へ進むところに無理がある。人が現実にいないという理由もあろう。いや本当は、いないと勝手にその人の判断で思い込んでしまっている。いないという判断は、一代目のリーダーシップ、「コートの中」も「コートの外」もとりしきる指導者万能型のイメージに基づくからいないのだ。

もう一つの現実は、先にも触れたが、プレーヤーの時期からずっと同じ「コートの中」と「コートの外」を過ごした人でないと、コーチやオーナーにさせない伝統がある。同じ釜の飯を食い、たたき上げた人でないと務まらないという通念だ。

こっちはコーチであり、こっちはマネージャーである、そういう複数の役割を使い分ける配慮をしているうちはよい。しかし、いつのまにか、コーチの顔でマネージャーやオーナーを演ずるようになりやすい。コーチがクラブの代表になってしまうのである。

指導のよりどころ

一人の指導者が何役も兼ねてやっていくような場合、現実には、どのように役割を使い分けていくのか。「コートの中」「コートの外」、また「実社会」をカバーする指導者は、それぞれの空間で、何をよりどころに指導することがそこでの空間にふさわしい振る舞い方になるのだろう。ここでは、それを、「権威」「影響」「権力」という三つの鍵概念からとらえてみよう。これは、デイビッド・Ｖ・Ｊ・ベルという政治学者の著書 *Power, Influence and Authority*(14) からとらせてもらった。

まず権威は、その人の専門的知識や能力、おのずとにじみ出るような品位や知性、経験などが、指導力にプラスに作用するような場合をいう。スポーツ指導者の場合では、過去の競技力、コーチとしての知識や能力、どれだけスーパースターを育てたかのキャリアなどが、コーチの指導力にプラスの形ではたらくとき、あの指導者は、権威をよりどころに指導していると規定される。

この権威と次の権力は、似ているようでいて、本質は全く違う。権威をよりどころとする指導は、子どもたち

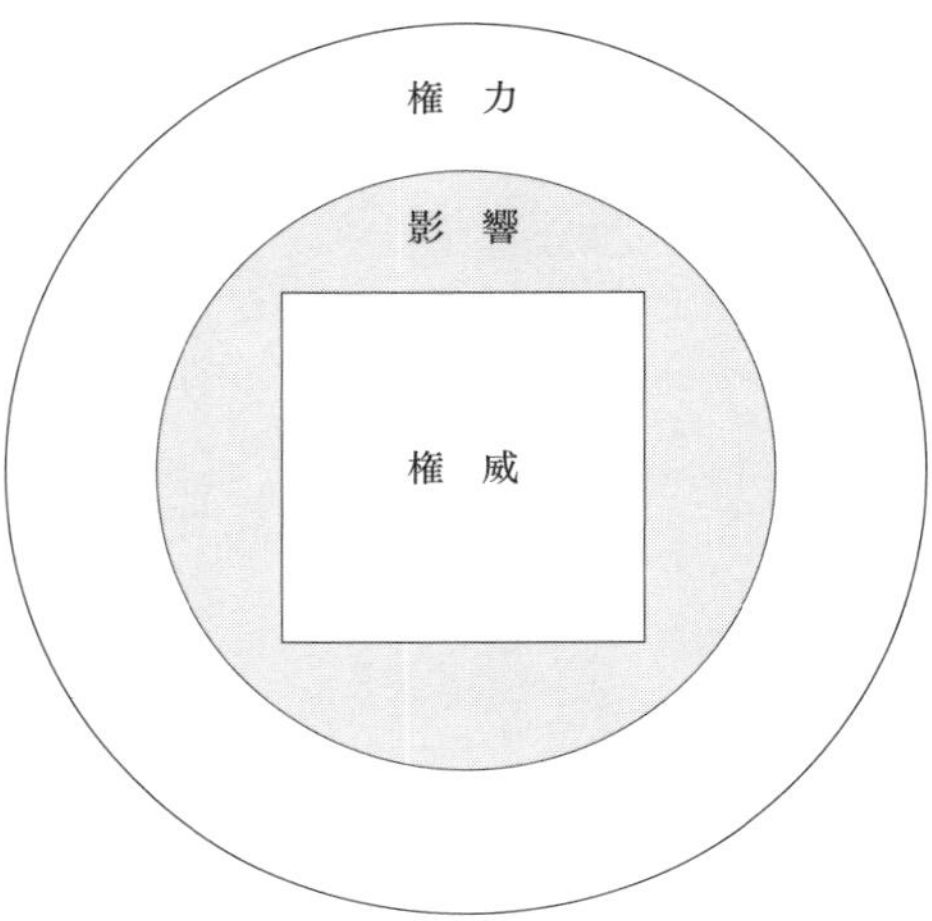

図16　指導力のタイプ

や選手が、進んでその指導者の言うことや指導に従う状態である。ところが権力は、いわば強制力によって人を動かしていく。体罰や規則、また金などの報酬による操作も含めて考えられる（大学教師になると、単位の認定が権力なのか、権威なのか、と問われるところではある）。権力をよりどころとする指導になると、子どもや選手は、自ら進んでというより後ろから追いたてられるように、またひきずられるようにして動かされる。

もう一つの影響というコンセプトの定義がしにくい。というのは、権威にしろ、権力にしろ、力の加え方は違っても、ある方向に子どもや選手を向けてやるという点では同じだ。しかし、影響をよりどころとする指導は、権威と権力に比べ、あまり方向性がない。お互いが接し合うなかで、相手の人格や個性に触発され、結ばれていく人間関係の温かさで、指導者も被指導者もともにメンバーとして成長する。いわば共育のような作用を果たしている指導の状態である。

もちろん、権力百パーセントの指導者、影響力百パーセントの指導者という人はいない。どのくらいの割合で、この三つの指導者のよりどころを持つかである。もっと大切な点は、被指導者のタイプ、また指導空間の違いによって、この指導のよりどころを区別して用いる配慮である。

図16は、「コートの中」「コートの外」「実社会」ごとに、指導力の三つのよりどころを当てはめたものである。「コートの中」、すなわち指導者のタイプでいうと、コーチの指導のよりどころの基本は、権威という力である。フェアなtakeの関係のもとでは、権威が人を動かす。これに比べると、アンフェアなtake関係にある「実社会」は、リーダーの指導のよりどころは、権力だ。人脈、金脈を操作できる指導者が権力者であり、首領《ドン》である。

オーナーは、権力をよりどころに人を動かしていく人である。

さて、影響をよりどころに指導―被指導関係を展開する場が、「コートの外」空間である。マネージャーは、影響力を介して人を動かしていくタイプだ。動かすといっても、権力や権威をよりどころとする動かし方とは違うことは、先に述べた。give and take の関係が基本であるこの空間では、指導者も選手もその役割をはずしてコミュニケートする。その触れ合いのなかで、お互いが人間的に成熟できれば、この空間での指導者――マネージャーの役割は完璧である。

先にも書いたように、権力的な要素、権威的な要素、影響的な要素は誰もが持っている。「コートの中」では、そのうちの権威を、「コートの外」では影響を、「実社会」では権力をうまく区別し、発揮できるかどうかである。この切り替えがとても難しい。一人の指導者がこの切り替えをやるのか、それとも指導者のパーソナリティーに応じて指導の空間を複数で分担していくか、それが問われてくる。

マンツーマン指導と影響

わが国のチャンピオンたちやチャンピオンチームが国際レベルからずり落ちているなかで、マラソンの瀬古選手はピカリと光っている。注目すべきは、指導者との関係だ。瀬古選手には、中村監督がピタリとついていたことはいまさら言うまでもなく有名なこと。マンツーマンの指導であった。

新聞記事からは、細かい事情を知ることはできない。それにしても、いくつかの記事をとおして浮かび上がる中村監督の指導者像は、従来の指導者のライフサイクル、すなわちコーチから組織のオーナーへと昇っていくスタイルをとろうとしなかった点である。瀬古選手のコーチとして徹しようとする生き方だ。マイペースすぎる試合の参加の仕方など、いろいろな批判はされる。が、師弟とも頑として、周囲の雑音を排除するかのようであった。

マンツーマンの指導というのは、二十四時間、三百六十五日が常に指導者と選手の関係になるのだろうか。コーチとプレーヤーとして接する時間が長くなるだけだろうか。自宅を私塾のようにして選手を下宿させて鍛えるマンツーマンの場合、その中身は本当はどうなのか。

マンツーマンの指導は、外見的にはいつも同じ顔、同じ役割同士のコミュニケーションのようだ。が、実際は外見とは違って、「コートの外」が多くとれる指導者と選手の人間関係ではないか。コーチと選手は、権威というプレッシャーからはずれ、影響という人間関係のなかで付き合いができるのではないのだろうか。

グラウンドを離れ、ユニフォームを脱いで付き合えば、指導者も選手もしだいにうちとけ始め、その人本来の長所や短所を出さざるをえなくなる。そこでの指導者は、一人のスポーツマンとして、同じスポーツクラブのメンバーとして選手と人間関係を結ぶ。せいぜい先輩スポーツマンが彼の演じなければならない役割である。だから、指導者は「コートの中」と違って、気楽だし、リラックスできる。そういう関わりのなかでこそ、選手の悩みや不安について深く知ることができ、影響を与え合うことができるのではないか。

権威、権力から影響へ

同じマンツーマンの指導でも、中学時代だけ、高校時代だけというぐあいに、短期間で指導しなければならないとなると、事情が違う。のんびりと「コートの外」などとは言っておれない。とにかく「コートの中」で一分でも長く練習し、高校総体や甲子園を目指す。指導者の指導のよりどころは、どうしても権威、ないしは権力になってくる。

それでもジュニアの頃は、権威（女子選手が男の監督に憧れるという擬似的セクシャリティーなど）ないしは権力（飛行機に乗れて東京見物できるから親方の下に弟子入りするという報酬操作）をよりどころとする指導でも、彼らは素直に動くかもしれない。短期間に成績を上げることもできよう。

竹宇治聡子、旧姓田中聡子氏は、一九六〇年代の日本水泳界を代表するスイマーである。当時のスポーツ界の数少ないスター的存在であった。

彼女の指導者の関わり方には示唆されるところが多い。まず、中学時代の指導者には、権力的な指導イメージを抱いている。

「中学に入ったら、早速、水泳部に誘われました。本格的に選手生活を始めたのは、中学に入ってからなんです。それも自分から望んで、部に入ったわけでなく、なかば強制的でした。練習は、いやでいやでたまりませんでした。西林さんという、なぜか水泳気狂いの先生がいて、むりやり練習をやらされました。練習したくないものだから、放課後、さっと家に帰える。すると、その先生が自転車にのって追っかけてくるんです」

これが、高校段階のコーチになると、がらりとタイプが変わってくる。黒佐氏がコーチになり、次のような関わり方が印象的だったという。

「ビールをのみながら、自分の人間をさらけ出し、オレもやるから、お前もオレを信頼してやれという風でした。道理を説明して、むちゃなことをしません。練習計画も、綿密にノートをとってすべて納得ずくでした」

権威や権力をよりどころにする指導というよりも、指導者と選手の人間関係的な影響をよりどころとしてきている。

さらに、次のシーンをみると、指導者と選手は一体化し、選手の悩みや不安をともに考えていこうとする姿勢がよく出ている。

「スランプを脱するため、当時、八幡製鉄にいたマラソンの君原さんの練習を見学させられました。君原さんは、まだ出始めのころで盛んに走り込んでいました。伴走して走る車に便乗させてくださり、君原さんの走る時の顔をよくみろ、といわれました。君原さんのマラソンから、がまんということを教えようとされたのでしょう。人の苦労をみて、視野を広め、何のためスポーツをやるのかを感じさせようとされたのかもしれません[15]」

中学生から高校生、大学生、社会人になるにつれ、練習時間は増えていく。その増え方が問題だ。二時間から三時間、三時間から四時間へと増えていくとき、「コートの中」だけが増えるのか。「コートの中」と「コートの外」の両方がバランスよく増えるのか。竹宇治聡子の事例は、中学段階のコーチは「コートの中」がすべてというコーチ、高校、社会人のコーチになると「コートの中」と「コートの外」を区別するというタイプの違いがよい結果を生んだケースだろう。選手の人間としての成熟の度合いにつれ、権威や権力の空間だけでなく、影響の指導空間を取り入れる必要があるということだ。

「コートの中」が権威、「コートの外」が影響、「実社会」が権力という分け方は、あくまでモデルだからできる。実際の指導は、その三つの組み合わせから、子どもや選手を動かす。しかし、「コートの外」がスポーツの世界からしだいに喪失していくにつれ、当然、影響空間も失われやすい。指導者のほうも、権威や権力というプレッシャーを背負って選手と接する。M監督のようにである。選手のほうもそのぶん、指導者の背からプレッシャーを感じてしまう。プレッシャーをともに担わされた選手と指導者の関係は、徐々に嚙み合わず、すれ違いだす。「選手はやる気がない」vs「コーチはわかってくれない」の反目、そこまでいかなくても避け合いの関係になってしまう。選手だけでなく、指導者もプレッシャーに弱くなっている時代かもしれないのである。

6　ゲームズマンシップとスポーツマンシップ——スポーツマン精神の再創造

ミックスダブルスのややこしさ

三年お世話になった九州大学教養学部の教職員テニスクラブは、クレージーなプレーヤーの集まりだった。女性会員の方もおり、おじょうずだ。私も社会人ホヤホヤで、よくひっぱり出されたが、ミックスを組まされるのには弱った。

女性の方をつく。これがミックスダブルスのマナーだ。それを男性パートナーがカバーする妙味がミックスの面白さということになっている。それはわかるのだが、つかなければならないとなるとイージーミスが目立つ。逆に、男性パートナーのほうへボールが集まったりしてしまう。

どうもややこしいプレッシャーがかかる。女性をつくのがマナー。もちろんつかなくてもよい。ルールと違って、そうしなくてもペナルティはないからだ。けれども、そこには、つかないのはかえって失礼にあたるというマナーがある。なぜなら、男性と女性がパートナーになった場合、男性の方がカバーする範囲も広い。決め球も多いから、つくのを避けるのが当たり前。つまり弱いのは女性の方だ。弱い方が女性だから、つくのは女性の方。むしろつかないと、手をぬいていることにも通じてしまう。だから言い方としては、女性をつくのがマナーということになる。

女性をつくのではない。弱いほうをつくというダブルスのセオリーに従っているのだ。しかし、どうも割り切れないから困る。おそらく私のなかに、男と女は違うのだという先入観が強く巣くっているからだろう。つまり、「女をつくのは卑怯ではないか。そういうやり方はスポーツマンシップからいって問題だ」という自意識である。いや、もっと言うと、女性のほうをついても、もし逆に決定打でもくらったら男の面目丸つぶれという不安がある。男らしさの規範からすると、そういうやり方はきわめてまずいのだ。

男は、生物学的に言って、本来タフでないという。それを小さい頃から「男の子らしい」「強そう」とか、「やっぱり男ね」などと女性にバックアップされてきた。ミックスのマナーが、その女をつくるということになると、男らしくという「実社会」のマナーを背負いがちな人間にとっては、大変やりにくいゲームの構造になってしまうのである。

ルールが人を自由にし、離す

これが、「女性をつくべくときにつかないと〇・五ポイントの減点とする」などというルールが定められれば、かえって楽だ。いくらでもつけるというような気がする。何となくすべての人に対して言い訳がたつ。ハードショットも、せこいドロップショットも打てる。コートの上にはいつくばらせてやりたい気になる。

ルール化するというのは「ここまでなら、どんなあこぎなことをしてもよい」という公の宣言であることは言うまでもない。ルールは、「これ以上したらペナルティ」という取り決めだ。当然、その裏には、それ以下ならば何をしてもよいという暗黙のルールが含まれているということになる。したがって、ルールを決めるということは、上限はありながらも、その範囲内では、人間の個性や能力が磨きをかけられることを意味する。そのなかで、プレーヤーやチームの能力が目いっぱい伸ばされ、工夫やアイデアも尽きたと判断されたとき、その上限ははずされ、さらにワンステップ、歯止めは引き上げられる。

ルールは、危険防止や抑制のための規範という見方は単純だ。ルールはむしろ人間の自由度の幅を広げていく作用を果たす。しかし、そのぶんだけ、人間間の信頼度を逆に減らしていくという点も最も注意しなければならない。

女性をついてもよいだろうか、よくないだろうかという判断を、自分の内に求めようとするマナーは、まだ失われてはいない。幸いなことに、そこまではルール化されていない。しかし、スポーツを高度にさせ、複雑化させ、エキサイティングな情況をつくりだそうとすれば、あれかこれか迷うハムレット式マナーはじゃまになる。スポーツの高度化は、マナーがルールに置き換えられてゆく過程と言えなくもない。たとえば、テニス大会を例にとっても、「コートの中」のルールは、そのときそのときでそう変わるはずがない。コートレフェリーが、「テニス協会の規則にのっとって」と宣言するとおりである。問題は、「コートの外」空間の規範が変わっていく、どんどんマナーがルール化しつつある点だ。

九大時代、ドイツ語の助教授でとにかく遅刻常習犯のT先生がいた。団体戦のときは、たいへん困る。前の晩に電話をしても、試合の前日は「気合いを入れる」と称してたいてい飲んでいる。何となくそれがクラブのマナーで、クラブのメンバーも、たいがい一緒。そこで念を押せばよいようなものだが、その場はそんな下衆《げす》はしないのがこれまたクラブのマナーだ。次の日の朝、またTさん遅刻かとウンザリしながらもみんなで待つ。これもマナーだ。クラブはマナーの世界である。

そのうち、「十分前まで二人そろって届け出がないときは、デホとする」という張り書が、コートサイドに張り出される。ルール化されたら、マナーの世界はおしまいだ。もうちょっと、もうちょっとと待ってと相手ペアに頼み込んだり、いないとわかっていても一応は電話してみようなどという手間は、一切なくなってしまう。とにかく二人そろった形にして（代わりがわからないようにし）届けておけ。それで駄目なら駄目だ。次からは、T氏をはずしてしまえ、ということになってしまう。

ルールだから仕方ない。ルールは無駄を省いてくれるのだ。「コートの中」が肥大し、「コートの外」が縮小するか、あるいは「実社会」が肥大し、そのぶん「コートの外」が侵犯される関係かどうかはともかく、規範論からすれば、マナー空間が縮小し、ルール空間が膨れ上がっていくという現実がある。

ルール空間は、すばしこい者の勝ちだ。届けの代わりがわからないように、気転をきかせる人がルール空間の勝者だ、すばしこさの競い合い、ズル賢さの競い合い。それは、人間の行動をスピーディーに、自由に、活発にするが、そのぶん人と人のコミュニケーションを薄くさせていく。決定は、すべて人以外のルールに委ねてしまうから、駄目なものは駄目になる。締めも早いが、やることはますますあくどく、スレスレになっていく。

ルールをつくる場、守る場

ルールとマナーの関係は、特に子どもたちの場合は重要である。子どもたちのスポーツの世界への関わり方を振り返ろう。先にみた「ゆうやけこやけ」は、スポーツの世界から帰るとき。今度は、スポーツの世界へ入っていく場合を考える。

学校から帰ってくる。帰る道すがらも、誰と遊ぼうかとか、何をしようかとか、あいつは入れない、あいつを呼ぼうなどと、塾のない日は気もそぞろ。メンバーを集めるのはこの頃はたいへん。子どものスケジュールはいっぱいだ。遊ぶ仲間がいないから、仕方なく塾へ行ったり、地域のスポーツ少年団へ入れたりする悪循環が、なおそうさせてしまう。

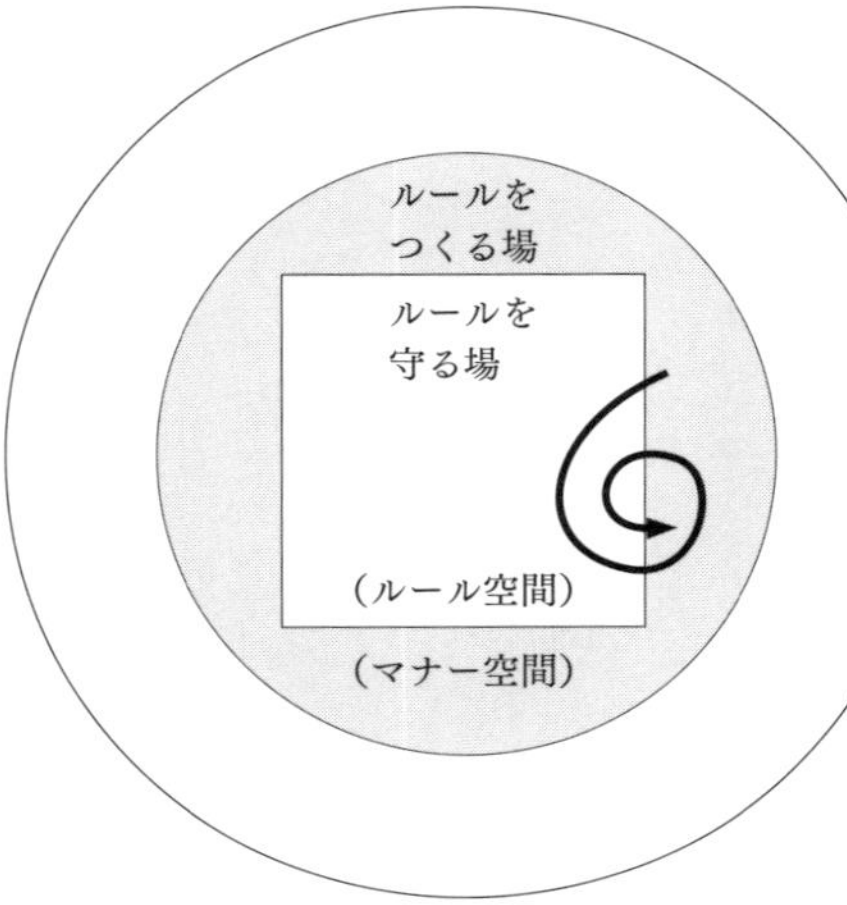

図17　ルールを「つくる」と「守る」

野球をしようか、缶けり（などというのはもうオジンだ）をしようか。ボールを持ってくる子、バットを持ってくる子。そして、次のチーム編成がたいへん。

子どもなりに、力のバランスを考える。人数が足りないときは、一塁ベースと三塁ベースの間を狭めたり、キャッチャーは、相手にやってもらったり……。この時間のほうが、長いくらいだ。しかし、この時間のほうが子どもがみんな活発にしゃべっている！

「コートの外」はルールをつくっていく空間である。そして、そこは、一人が最後まで出しゃばらない、一応は一年ぼうずのことも聞いてやろう、最後は多数決、いやジャンケンにしようなどの暗黙の取り決めもある。それが子どもたちのマナーだ。「コートの外」はルールをつくる場であること。そしてルールをつくっているときの社会規範がマナーであり、これが遊びの教育論で高く買われるところのものなのだ。

「コートの中」が、つくったルールを守る場である。自分たちがつくったルールだから、それを守らない者に対しては、自分たちでペナルティーを与える。与えられた者はそれを泣く泣く受けるか、はぶてて（ふてくされて）その世界から立ち去るしかない。

写真20は、近くの学校を通ったときに見かけたもの。子どもが一人仲間はずれ。ルールに従うか、自分の欲求を押し通すか、子どもなりの戦いだ。けれども、仲間はずれが増え始め、また仲間はずれの者の言い分のほうが面白そうならば、「コートの外」でもう一度新しいルールをつくる。これが子どもの世界の復元力。大人にはない強みである。

写真20　おとながいないから、この間《ま》が保てる

だから、子どもの遊びは、ルールをつくったり、壊したり、「コートの中」と「コートの外」が入り混じる。野球をしているのか、野球でもめているのか。おそらく、そのどちらも子どもは本来楽しんでいる。その楽しみ方が強いほど、ルールをつくる大切さとルールを守る大切さがよくわかる。結果として、ルールの必要性を子どもなりに身にしみて感じる。深いレベルでの社会化がなされていく。

逸脱者と「コートの外」

スポーツの世界の規範論、そのモデルは、前ページの図17のとおりである。そして、スポーツの世界の逸脱論は、その規範モデルと表裏の関係にある。その一つは、はみ出してしまった者をどこまで放り出すかである。少なくとも「コートの中」のルールについていけない者は、「コートの外」への逸脱までで留めるべきだ。「コートの外」が逸脱者で膨れ上がれば、「コートの中」の活動も成立しにくい。成り立たなくなる。うまくいけば、「コートの中」がもっとよい形でよみがえる。「コートの中」のルールが、再構造化される必要をみんなが認めるからである。

そういう意味からも、「コートの外」空間は大切である。「コートの中」のルールで逸脱してしまった者が、そのまま「実社会」にまで放り出されないようにすること。それが子ども同士なら、「コートの外」が逸脱者で膨れ上がっても、案外のん気にやっている。そこに熱心な大人の指導者が入ってくると、逸脱者をけちらかす。子どもたちは、「コートの外」でブラブラふてくされながらも、ルールの大切さを習得しているというのに。それを大人が壊す。壊しておいて「いまの子は規則を守らない」などと、ぼやくのだから、こういう大人の熱心さは考えものだ。

「コートの中」のルールの逸脱は、まだよいほうだ。問題は、「コートの外」のマナーによる逸脱者の扱いである。「コートの外」の逸脱者のとるべき道は、一つしかない。「実社会」への引きこもり。スポーツの世界そのものから引き揚げざるをえないこと。シビアである。

けれども、そういうはみ出し者に限って「コートの中」の評価や名声が高かったりするから、指導者はよけいに苛立って、権力的になる。スーパースターの資質の一つは、こり症である。徹底して物事をする。言い方を換えれば、自分の世界を頑固につくってしまう人だから。「コートの中」と「コートの外」をごっちゃにして頑張る初代型のリーダーにとってはこういう選手は目の上のたんこぶなのである。「コートの外」での共存の人間関係や影響型のリーダーシップがこの人たちにはわからない。だから追い出す。初代型のリーダーの時代は、スーパースターはリーダー自身でなければならないからだ。

こうして、「コートの外」の逸脱者は、スポーツの世界そのものからいびり出される。「コートの外」での逸脱者の烙印は、想像以上に厳しいものになる。「コートの外」は、役割をはずす空間である。したがって、人間性そのものが問われたという刻印になってしまうから。

どんな調査をみても、部やクラブをやめていった者の原因、またやめたいとする者の原因の第一は、人間関係のトラブルが多い。スーパースターの資質を持った子どもや選手が、そういう形でやめていくとすればチャンピオンスポーツの世界にとってはなはだしいロスだし、またファンの夢を裏切るものだろう。

「コートの中」の逸脱者は、「コートの外」までで留める配慮がほしい。また人間関係のトラブルというのは、「コートの外」のトラブルに関わるものが大部分だ。スポーツの世界の逸脱者の扱いに、「コートの外」のありようが、重要な意味を持つのはそのためでもある。

スポーツマンシップは「コートの中」か

規範があるから、逸脱するのか。逸脱するから、規範があるのか。管理する者とされる者の立場の違いを、根本的に象徴する論理のすれ違いがここにある。

しかし、アナーキストやアウトローを別にすれば、大部分の逸脱者の怒りと悔やみは、気がついてみたら逸脱していたというものだ。

「知らなかったじゃすまされないよ」と言われる場合も、「確かにそういうきまりがあるのは知ってます。けれど、いま、この場がそのきまりを守る場ということを知りませんでした。教わっていませんでした」などとは、そういう人に限って言えないものである。

遊びに夢中で、気がついたらみんなは教室に入っていた。ほどほどに夢中にならないと、逸脱してしまうのだ。「人間は言葉の全き意味に於て人間である時にのみ遊戯する、而して人間は遊戯する時にのみ全き人間であるから」[16]とシラーが主張しても、それはグラウンドで通用する規範であって、学校世界の親規範は、やはり「よく学び、よく遊べ」の大人流の規範だ。物事をわきまえないということで、本人は一所懸命なのに結果としてはいつも放り出されてしまう。

同じく、スポーツマンシップも、「実社会」で貫徹しようとしても、ばか扱いされ、迷惑がられるだけである。

「実社会」では、スポーツマンシップは、こうありたいとするタテマエの了解ですませるもの。ドンキホーテになってはいけない。スポーツマンシップは「コートの中」で発揮し、称賛を得ておけばよいのである。

いま、思わず、スポーツマンシップは「コートの中」で発揮すればよいという言い方をした。本当にスポーツマンシップは「コートの中」の規範だろうか。今度は、それが気になりだす。というのも、スポーツマンシップの規定をみると、「コートの中」での正々堂々さをいっている箇所はあまりないからだ。

たとえば、近代スポーツの発祥の地といわれるイギリスは、スポーツマンシップにかけても、お手本の国である。よく引用されるスポーツマンシップの教本である『スポーツマン心得』をみていくと、「スポーツマンシップにのっとって、正々堂々と闘うことを誓います[17]」などという言い方は単純すぎることがわかる。一筋縄では、到底いかない複雑さをスポーツマンシップは持っている気がする。

そこで第一番目に出てくる心得は、有名な「ゲームのためのゲームを行なえ」だ。ストイシズム、ないしはアマチュアリズムのバックボーンのようなものである。第二番目に出てくるのが、「自己のためではなくて、味方のためにプレイをせよ」。私利私欲のためにするのではない。こちらはチームワークのバックボーンである。

問題は、この心得のトップに出てくる、自分のためでもない、むしろ味方のためにするというゲ︎ー︎ム︎そ︎の︎も︎の︎についての解釈である。このゲームそのものを、われわれが好きな正々堂々論で理解していると、とんでもない目にあいそうなのだ。

ゲームズマンシップの欠如

スポーツは、身体的、かつ制度的に整ったゲームである。そうよく言われるようになった。スポーツは、ゲームの洗練されたものであると。しかし、見方を変えると、ゲームとスポーツの間を「整った」とか「洗練」という言葉で分節化しようとする意図の底には、どうもゲームには、駆け引きやゴマかしの臭いが漂っているからかもしれない。

たとえば、どんな辞書を引いてもすぐにわかる。gameのつく言い方は、ろくなものがない。「make game of」は、なぶりものにする、ばかにするだ。「play a double game」となると、裏表のあるおこないをするになる。「play the game」になると、りっぱに振る舞う。まあまあかと思うと、deepがついて、「play a deep game」になってしまうと、深謀遠慮をめぐらすというぐあいで、見方によってはかなりダーティーになる。

　それでは、「gamesman-ship」はどうなるかというと、試合の上の駆け引きとある。ゲームのためにゲームをおこなえがそう簡単に一筋縄ではいかないと言ったのは、このあたりにある。わが国のスポーツマンシップの原型を形作った、一周遅れの走者が内側のコースを譲った話、ゆるい球を返してやったテニスの話などを、額面どおりにスポーツマンシップの華として受け止めてよいのだろうか。

写真21　ええっと、スポーツマン精神に…

『スポーツマン心得』の三番目は「よき勝利者、よき敗者であれ」、四番目は「あらゆる決定を冷静に受け容れよ」と続いていく。それらを見ると、三番目以降では、勝敗の結果への身の処し方を言っていることに気づく。

　考えようによっては、スポーツマンシップというのは、ゲームが駆け引きの下に執拗にかつ貪欲におこなわれるのを認めておいて、その結果に対しては、いちいち文句を言うなと言っている。しつこく、こすっからくやらないと負けになるぞと脅かしている。負けになっても何も言えないよ、知らないよと言っている。そういう複雑さを持つのがスポーツマンシップという規範の正体ではないか。

　ゲームはあらゆる手を使って何とか敵を打ち倒す、それだけの厳しい社会関係だ。もちろんルールを守るお互いのフェアさはあるということになっている。それが闘争から競争を区別しているという。

けれどもルールを守るというのは、ライバル間でのフェアさがあるからと言い切れる時代は過ぎた。守るのはレフェリーがいるから、退場になると負けるから守るのだ。そして、その範囲内では、何をやってもよい。潔さや正々堂々さの論理では負けてしまう。つまり、「コートの中」は、正々堂々流のスポーツマンシップの通用する空間ではない。「コートの中」の本当の規範は、先の辞書でみたゲームズマンシップとでもいうものである。

スポーツマンシップの正々堂々さの論理が必要なのは、「コートの外」、もう少し詳しくいうと、「コートの中」への入り方（たとえばハンディキャップのつけ方）と出方（握手やノーサイドの精神など）に関わるものくらいである。しかし、これが最も扱いにくいし、大切なことはもちろんだ。

ゲームズマンシップは異端

このゲームズマンシップの精神が、いつのまにかスポーツマンシップの精神によって追い出されてしまったところが、スポーツの世界の規範論の最も興味深い点である。

スーパースターは、誰でもゲームズマンシップの持ち主だ。宮本武蔵は、『五輪書』や枯れた感じの水墨画などで思い浮かべないほうがよい。やはり待ち伏せをしたり、待ちぼうけを喰わせたり、目くらましまで使うギラギラした野性の武蔵を思い浮かべるべきなのだ。日本で最初のゴールドメダリストの織田幹雄にしても、「走幅跳では、こんなことをやった。競技開始直前の練習に入ると、出来るだけ他の選手にみられるように、踏み切ってから空間に高くあがり、大きな動作をやって置く。これを見た選手は、私が調子がよいと勘違いしてしまうから、意外に悪い記録で勝つことが出来た」[18]と楽しそうに告白している。してやったりとニンマリする側面をいっぱい持っている者が真のスーパースターになれる。

勝負師や業師《わざ》は正統派には決してなれないのが、わが国の精神風土かもしれない。あくまで異端であり、亜流だ。武蔵にしても、織田氏にしても、ゲームズマンシップ的なイメージは切り落とされて、チャンピオンの正統派にしたてあげられる。

「火蓋は切られました。隙を窺い虚を衝く、さながら竜虎の争です。秒一秒、チルデン君と清水君の球はさえて来ました。観覧者は球の動くままに、その瞳を忙しく右に左に動かしてゐました。と、或瞬間、一心不乱に視入った彼等の瞳に、忽ちチルデン君の片足を滑らして取乱した姿が映りました。彼等ははっと思いました。この時です、清水君はチルデン君の血走った眼元に、取乱した脚元に、柔かい程のよい球を送ってやったのは。この刹那に於ける清水君は、チルデン君に対する任侠の精神に燃えて、自己の優勝に対する名誉の感情などは、全くうち忘れてしまったのでした。

『ミスター、シミズ』の歓声の声と共に、米人三万の手は林の如く一斉に振上げられました」[19]（現代文に修正）

私のような戦後世代でも、スポーツマンシップというと、先にも触れた内側のコースを譲った陸上の竹中選手（一九三二年ロサンゼルスオリンピック、五千メートル走者）と、この清水選手の美談を思い浮かべる。「スポーツの精神」と題されたこの文章は、まことに夢のような世界である。できないことだろう。それだけに人々の胸を打つ。そして、妙なうたれ方をしてしまうと、ミックスダブルスはどうも苦手のようなゲームズマンをつくってしまうのかもしれない。

「もともとぼくの球はゆるいからね。そんなふうに見られることがあったかもしれない」と、本人の清水善造選手は、当時笑いながら答えたという。またコートわきで観戦していた熊谷一弥選手も「例のチルデンが転んだ時に、（清水が）ボールを打ち易いところに返したという美談は、そんなことはなかったと思う。ポイントは必ず奪うさ。まあ、その頃はコートマナーが良かったので、あんな話がでたのであろう」[20]と語っているという。

案外そういうものかもしれない。ウエスタンのグリップからのループ・ドライブも、いまのボルグのそれとは違い、当時はもっとスロースピードで、ネットを高く越えただろう。「ポイントは必ず奪うさ」と言い切っている熊谷氏のひと言が、正解のようだ。真のチャンピオンとは、そういう人たち、ゲームズマンシップの持ち主たちなのだ。だからいまと違ってわが国のスポーツが世界をリードできたのだろう。

スポーツマンシップで勝つのではない。ゲームズマンシップで勝つのだ。その猛々しいゲーム空間の拡大に歯止めをかけるのが、スポーツマンシップというスポーツの世界の親規範なのである。

スポーツマンシップの精神

私自身は、ゲームズマンシップは得意でない。ついていけない。九大のクレージープレーヤーの教授たちのなかで、ひときわ熱心な心理学のH先生がいた。この人などは、プレー中にゲームを中断させて、指につばをつけて風向きを確かめたという。そういうショーマンシップにあふれた楽しいゲームズマンシップは大歓迎だ。しかし、ゲームズマンシップが拡大しすぎると、ボクシングの世界チャンピオンG選手にみられた薬物入りのジュースの噂から、スティックで仲間をなぐり殺したゲートボール事件までになってしまう。それらが噂や特殊な事例といわれているうちはよい。けれども、「コートの外」空間が消滅しかけている現代スポーツの世界には、それらが一般化する危険性がかなりある。

ゲームズマンシップは得意でない、と言った。しかし、本当は、「コートの中」はゲームズマンらしく、したたかなポーカーフェイスでやるべきなのだ。きつい練習に歯を食いしばってがんばる精神がスポーツの精神と思い込みすぎた。負けるのは根性が足りないから、勝負へのこだわりが足りないからと、「コートの中」と「コートの外」、そして「実社会」を自分の内部で連続させ、スポーツの勝ち負けが人生の勝ち負けに通じると自らにプレッシャーをかけすぎたのかもしれない。

スポーツの世界の親規範のスポーツマンシップはもっと違ったものだろう。「コートの中」はゲームズマンシップでいき、正々堂々さは「コートの中」の結果に対する身の構えなのだ。「コートの中」と「コートの外」と

「実社会」をしたたかに、しなやかに移動していく、強くて豊かな精神こそスポーツマンシップの精神である。この関わり方の拙さが、「コートの中」の素晴らしさを忌避するスポーツ嫌いの子どもや大人をつくり、勝負に対する逃げ腰やおよび腰、執着心のない選手たちをつくりあげてしまっている。

たまにゲームズマンシップの資質を持った子どもや選手が入ってきても、今度は、それを発揮する空間を間違えてしまう。「コートの外」もゲームズマンシップでやりだして嫌われ、逸脱する。そういう形でスポーツの世界に入りながら芽を出せなかった人間は、また追い出されていった人間は、きっとたくさんいるだろう。

スポーツの世界は不思議である。親しみやすく温かく、人間を豊かに鍛え上げる場になる半面、一歩間違うと、全く反対の冷たく、とげとげしく、人間をスポイルする場に変わってしまう。問題はどういうふうにスポーツの世界へ関わるかだ。その関わり方によって、スポーツ空間の膨らみ方が違う。その関わり方の精神がスポーツマンシップであり、その精神を内面化していくのが、スポーツによる人間形成ということになるのだろう。

スポーツの世界にどう関わり、どういうスポーツ空間を自らが創造するか。一人ひとりのスポーツがスポーツになっているかどうか、それがいままさに問われているのである。

注

(1) H. Lenk, *Zur Soziologie des Sportsvereins, Der Verein*, Olympischen Sport-Verlag, 1966, p. 255.
(2) G・ジンメル『社会学の根本問題——個人と社会』阿閉吉男訳、社会思想社、一九七三年、八二ページ
(3) 同書八三—八四ページ
(4) 渡辺淳一「レディー・ファースト——退屈な午後」、毎日新聞社編「サンデー毎日」一九八〇年十二月二十一日号、毎日新聞社、一二八—一二九ページ
(5) 曾野綾子『テニス・コート』角川書店、一九八〇年、八八ページ

（6）中島文雄編『岩波英和大辞典』岩波書店、一九七〇年

（7）「芸備日日新聞」一九〇八年七月三日付

（8）虫明亜呂無「力と技 近鉄vs早大戦」『人生読本チームワーク』河出書房新社、一九八〇年、三四ページ

（9）中井正一「スポーツ気分の構造」、中井正一、久野収編『美と集団の論理』所収、中央公論社、一九六二年、一七七―一八八ページ

（10）牧野茂「川上式マネジメントの極意」「プレジデント」一九七八年八月号、プレジデント社、三三ページ

（11）川喜田二郎『チームワーク――組織の中で自己を実現する』光文社、一九六六年

（12）久保良敏監修『心理学図説』北大路書房、一九七八年、一五四ページ

（13）三隅二不二『新しいリーダーシップ――集団指導の行動科学』ダイヤモンド社、一九六六年、一三二―一三三ページ

（14）David V. J. Bell, *Power, Influence and Authority: Essay in Political Linguistics*, Oxford University Press, 1975.

（15）中条一雄「名選手は語る　竹宇治聡子さん」、日本体育協会編「体協時報」一九七六年十一月号、日本体育協会、三五―四〇ページ

（16）フリードリヒ・シラー『人間の美的教育について』島村教次訳（改造文庫）、改造社、一九四〇年、八七ページ

（17）Howard James Savage, *Games and sports in British schools and universities Bulletin Number Eighteen*, Carnegie Publications, 1927, pp. 21-28.

（18）織田幹雄『金メダル』早稲田大学出版部、一九七二年、八〇ページ

（19）矢島鐘二『スポーツマンの精神』東京宝文館、一九二四年、七九ページ

（20）上前淳一郎「やわらかなボール」「文藝春秋」一九八二年二月号、文藝春秋、三六八ページ

あとがき

谷口勇一

ようやく、「あとがき」にたどり着いた。ヤレヤレだし、望外の喜び、そして達成感にも近い思いである。

夕暮れの研究室、任された仕事を黙々とこなしていたとき、仕切りの向こうから突然発せられた「脱稿！　終わったぜえ！」との声を思い出してしまう。原稿用紙の上でリズムよく奏でられていた鉛筆の格闘する音、定期的に聞こえてくる鉛筆削りの休憩の音が懐かしい。そうそう、執筆時には、決まってオルゴールのBGMが流れていた。しかし、消しゴムの軌道修正の音の記憶は不思議とあまりない。あの頃の荒井先生の執筆活動は手書きだった。思えば、終生、基本的には手書きだったか。途中、研究室の黒電話が鳴ると、「うるせえな」と言いながらも、「あー！せんせー！　いえいえ、忙しくないですよ」と丁寧に対応されることが常だった。「リンリンリンは外線なんじゃ（ちなみにリンリンは内線。意味が通じない世代も多くなったと思うが）。でなくちゃまずいしさあ」と愚痴られていたが、義理堅く、気配りに満ちた方だった。そういうわけで、大学の電話交換が終了するおおむね十七時以降が荒井先生の「脱稿」の時間帯だったように思う。『「コートの外」より愛をこめ――スポーツ空間の人間学』の「おわりに」は「春雨に煙る研究室にて」と締められている。電話がつながらない明け方に著されたものなのだろう。ちなみに、『「コートの外」より愛をこめ』の「おわりに」原稿をワープロで清書したのは、本書共著者である水上氏だったことを先日のミーティング時に知った。「達筆」だった先生の原稿を頻繁に清書していたことを、共著者一同懐かしく語り合ったものである。

本書を執筆した四人の共著者はいずれも荒井先生の門下生である。水上、谷口が広島大学大学院、迫、浜田は広島市立大学（大学院を含めて）で先生に師事した。前の二人が体育学、後の二人は国際学に身を置いてきた、いわば、異種同門の衆ということになる。四人の年齢差も約十五歳と幅が広い。そのような事情にある門下四人が『「コートの外」より愛をこめ』の復刻とともに、「スポーツクラブの社会学――『「コートの外」より愛をこめ』の射程」なる主題のもと、荒井先生のスポーツ社会学に再接近できたこと、さらには、各人のクラブ文化論とスポーツ社会学を発信できたことは大変有意義であるとの思いを強くする。

そもそも、本書出版の契機は、一九八七年に出版された『「コートの外」より愛をこめ――スポーツ空間の人間学』（遊戯社）が絶版になってしまっていて、「読んでみたいが図書館にも所蔵されていない」という声に多く接してきたことにある。門下生の論考との「抱き合わせ」の体裁によって、荒井先生の玉稿を復刻できたことは、まさに感慨に浸る思いである。本書作成の構想から上梓までに、ほぼ三年の歳月を要した。静岡での「発起式」を皮切りとし（日本体育学会大会の折）、その後、東京で三回、大阪で一回ミーティングを重ねてきた。各回のミーティング終了後には、当然のようにヤレヤレ空間があったわけで、それもまた、本書の制作に大きく「貢献」してきたことは間違いない、と思う。

二〇〇二年の日本体育学会体育社会学専門分科会キーノートレクチャーのスピーカーを務めた荒井先生のテーマは、「二十一世紀への『体育・スポーツ集団・組織』論の展開と課題」であった。この年が先生にとって最後の日本体育学会参加となる。このレクチャーでは、以下のような主張がなされている。抄録原稿の一部をそのまま転載する。

「社会学者のやるスポーツ社会学」と「体育教員のやる体育（スポーツ）社会学」とは違うこと、これだけは一貫して主張してきたつもりである。両者の違いは、前者のエートスは〈みる〉にあり、後者のそれは〈つくる〉にある。〈つくりつつみる〉というスタンスを体育（スポーツ）社会学研究者がとることで、社会を語り造る説得力ある社会学言語とモデルをつくりたいではないか。

記されて十八年近くを経過した今日においてもなお、背筋が伸びる思いになるのは私たち共著者だけではないだろう。

本書では、わが国でのスポーツクラブ文化論の提唱者、第一人者は荒井先生であることを力説してきた。荒井先生の〈つくりつつみる〉の実践は、「広島クリーンテニスクラブ」の設立と長年にわたる運営に顕著だし、広島大学時代は、テニス部の部長とともに、トライアスロン部の立ち上げと発展に尽力されてきた。また、荒井先生は、「広島コミュニティ・スポーツ研究会」「広島スポレク文化研究会」「広島地域スポーツ研究会」などを設立・運営してきたし、さらには、全国組織である「みんなのスポーツ全国研究会」でも中心的な役割を長年にわたって担ってこられた。先生はまさにバイタリティーあふれる学究者だったのだと思い、あらためて畏敬の念を抱いてしまう。

休日、研究室で勉強しているとき、隣のテニスコートでプレーされている荒井先生の姿を見るにつけ、素人ながらも「すごいなあ」と、その力量に驚愕したものである。テニスに関わる興味深い話を聞いたことがある。「僕はプレーヤーとしては駄目だった。大学のときは主将だったから、ゲーム中も、帰りのミーティングでなにを話そうかと、それればかり考えていた」そうである。軽妙洒脱な語り口であったこともあり、笑ってしまいそうになりながらも、必死に神妙な表情をこしらえながら、「そうだったんですかあ」と受け止めさせてもらった(別に笑ってもかまわなかったのだと思う)。そのときふと、「先生のスポーツ空間論の原点はそこらへんにあるのかな」と感じ入ったことを思い出す。そしてまた、荒井先生がスポーツにおけるクラブライフの重要性を説くことになった発想の原点もそこらあたりにありはしないのか、とそれはいまごろになって思うことである。「スポーツに生きられたひと」という言葉こそ、荒井貞光というクラブ文化論者、スポーツ社会学者を形容するのにふさわしい表現であるように思う。本書もまた、荒井先生の気概を踏襲すべく制作したつもりだが、まだまだ先生には遠く及ばないことは重々認識している。本書、特に門下生の論考に対するご批判ご批評を切望するところである。

まもなく、オリンピックとパラリンピックが東京にやってくる。東京、否、中央集権に対する批判と「恨み節」に終始されていた荒井先生がご存命だったら、どのように対峙されたのだろうか？と考えてしまう。批判の学問である社会学を標榜する本書の執筆者の一人としては、「スポーツシーンのあるべき姿としてのクラブライフの重要性を国民の多くが認知する契機となりうる」ことを期待したい。〝ハラハラドキドキ〟する、賑々しいまでの祭典の後、私たちのスポーツ熱は一旦〝ヤレヤレ〟することになるだろう。その先にある「実生活空間」としてのスポーツシーンへの回帰にあたって、私たちは何を新たに創造できるのか。東京で開催されるオリンピック・パラリンピックは、私たちスポーツパーソンに対する多くの「投げかけ」に満ちた装置として存在することになるのだろう。楽しみとともに、緊張感をもって臨みたい。

おやおや。この「あとがき」の校正中にオリンピック・パラリンピックの開催延期が決定した。しかたない。とにもかくにも終息を願うばかりだ。アスリートほかの関係者にとってはそんな悠長な事情にないことは重々承知のうえであえて言えば、オリンピック・パラリンピック開催に向けた〝ハラハラドキドキ〟なる期待感が先延ばしになった、と前向きに捉えるしかない。「世界的危機」を乗り越えて開催されるだろう東京二〇二X大会は、前述した「投げかけ」を多様なかたちで全世界に発信することになるだろう。「がんばろう！　世界！」「リラックス！　スポーツ界！」

末筆になりますが、本書の出版にあたり、ご快諾とご支援をいただいた荒井先生のご長男・荒井丈介氏（毎日放送）、ご次男・荒井雄司氏（ＡＭＡＴＩ）、先生の夫人でいらっしゃる荒井美佐子氏に対し誠心からお礼を申し上げます。

また、本書上梓にあたっては、青弓社の矢野未知生さんから懇切丁寧なご指導・ご助言をたまわりました。記して深甚の謝意を表します。

二〇二〇年四月　著者を代表して

［著者略歴］

水上博司（みずかみ ひろし）
1965年、広島県生まれ
日本大学文理学部教授
専攻はスポーツ社会学
共編著に『スポーツ・コモンズ』（創文企画）、共著に『スポーツプロモーション論』（明和出版）、論文に「総合型地域スポーツクラブと情報ネットワーク支援 NPO の関係性から形成された社会関係資本」（「体育学研究」第64巻第1号）など

谷口勇一（たにぐち ゆういち）
1969年、宮崎県生まれ
大分大学教育学部教授
専攻はスポーツ社会学、体育社会学
共著に『変わりゆく日本のスポーツ』『福祉社会のアミューズメントとスポーツ』（ともに世界思想社）、論文に「部活動と総合型地域スポーツクラブの関係構築動向をめぐる批判的検討」（「体育学研究」第59巻第2号）など

浜田雄介（はまだ ゆうすけ）
1981年、広島県生まれ
京都産業大学現代社会学部講師
専攻はスポーツ社会学
共著に『〈際〉からの探究』（文眞堂）、『スポーツの「あたりまえ」を疑え！』（晃洋書房）、論文に「エンデュランススポーツの体験に関する一考察」（「スポーツ社会学研究」第21巻第1号）など

迫 俊道（さこ としみち）
1976年、広島県生まれ
大阪商業大学公共学部教授
専攻はスポーツ社会学、身体教育学
著書に『芸道におけるフロー体験』（溪水社）、共著に『フロー理論の展開』（世界思想社）、『〈際〉からの探究』（文眞堂）、論文に「芸道における身体教育の段階性に関する一考察」（「スポーツ社会学研究」第14巻）など

荒井貞光（あらい さだみつ）
1945年、神奈川県生まれ
専攻はスポーツ社会学
九州大学、広島大学、広島市立大学に奉職。2005年没
著書に『「コートの外」より愛をこめ』（遊戯社）、『クラブ文化が人を育てる』（大修館書店）、『ローテーション社会』（第一法規出版）、訳書に『リラックス』（ベースボール・マガジン社）など

スポーツクラブの社会学《しゃかいがく》　『「コートの外」より愛をこめ』の射程

発行――2020年4月27日　第1刷
　　　　2020年7月 3 日　第2刷

定価――3000円＋税

著者――水上博司／谷口勇一／浜田雄介／迫 俊道／荒井貞光

発行者――矢野恵二

発行所――株式会社青弓社
〒162-0801 東京都新宿区山吹町337
電話 03-3268-0381（代）
http://www.seikyusha.co.jp

印刷所――三松堂

製本所――三松堂

ISBN978-4-7872-3467-4　C0036